JN024659

［シリーズ］メディアの未来⑭

media, culture & technology

技術と文化の
メディア論

梅田拓也・近藤和都・新倉貴仁 編著

UMEDA Takuya, KONDO Kazuto & NIIKURA Takahito

ナカニシヤ出版

はじめに

　私たちは朝起きると身支度をして職場や学校に行き，さまざまな人と出会って話しあい何かを学んだり作ったりする。休み時間には色々なものを食べたり一人で音楽を聴いたりするだろう。帰り道に寄り道をして買い物をしたり，ときには音楽ライブや映画館に行ったりするかもしれない。このように，私たちの日常はさまざまな文化であふれている。こういった日常を取り巻く文化がなぜ・どのように起きているのかを研究してきたのが，文化社会学や文化史研究という領域である。私たちにとって身近な文化的現象でも，それがなぜ起きているのかは，一言では言い表せないほど複雑である。だからある文化的現象には，その現象を研究してきた研究者や，その現象に携わっている当人すらも，気づかなかったり重視していなかったりする前提や原因が関わっていることがある。そのような隠れた前提や原因を発見することは，その文化をもっと楽しみたいと思っている人や，逆にその文化のせいで苦しんでいる人，あるいはその文化を新しい形に変えていきたいと考える人にとって有用な知識となる。だから文化の研究者は，そのような隠れた前提や原因を発見することを目指している。

　ところでそれらの日常文化は，何かしらの技術に支えられている。たとえば，私たちは，今日の晩ご飯を選ぶのにも，明日の天気を調べるにも，スマートフォンを使いインターネットで情報収集をしている。現代の音楽家たちは楽器だけではなく，楽器から発された音を加工・処理するさまざまな機械や，コンピューター上のソフトウェアを用いて音楽を作り出している。画像処理技術は日夜更新され，テレビの画質はどんどん上がり，3DやVRやARなどを用いたさまざまなコンテンツが生み出され続けている。あるいは買い物一

つをとっても，バーコードやレジスターを使って商品が管理され，磁気カードやIC チップを使って決済が行われている。私たちの日常文化は，さまざまな技術によって支えられており，もはやこれらの技術なしに生活することができないほどになっているだろう。

　このような文化を支える技術に注目することが，文化の研究にとって強力な手がかりとなる。ある日常文化を享受するときに，それを支える技術がなぜ使われているのかとか，どう働いているのかには関心を払わなくてもよいことが多い。逆にいえば，技術に注目することは，その日常文化に携わっている人も気づいていない隠れた前提や原因を発見するきっかけとなる。また技術の問題は文化研究者たちにとっても盲点となりがちである。なぜなら自然科学や工学の知識が必要になったり，技術を開発した研究所や企業や軍事機関がその開発過程を隠していたりするからである。これも逆にいえば，分野横断的な知識をもっているか，手に入れにくい資料を発見できれば，文化の隠れた前提や原因を発見する突破口となる。つまり，文化の研究者がある文化的現象の隠れた前提や原因を発見するために，その現象を支える技術に着目する考え方は大きな糸口となるのである。

　そのため文化研究において技術に注目する重要性は広く受け入れられてきた。このような方針は（少なくとも日本語圏では）「メディア論」と呼ばれてきた。しかも，実は「メディア論」と宣言していなくても，文学，芸術学，宗教学，歴史学，社会学，人類学といったさまざまな領域の研究者が，技術から文化を問うという方向性を共有し続けている。だから『技術と文化のメディア論』と題された本書も，技術から文化を問うことが重要であると主張する。だがこの何度も繰り返され，広く受け入れられた考えを単に復唱するのみで終わってはならないと思う。

　本書の一番の目的は，**「技術から文化を問う」**ことが，**具体的に**

は何をどうすることなのかを考えていくことにある。本書は，身近な文化の研究をやっていきたいと考えている大学生や，これまで何らかの文化的現象の研究を進めてきたが今後その現象を支える技術にも注目したいと考えている研究者を読者として想定している。そのような読者にとって必要なのは，ある文化的現象を技術から考察するとは，具体的にはどうすればよいのかという議論であろう。たとえば，どのような技術を取り上げたり，どのような技術の機能や作用に注目したり，もっと具体的にいえばどのような資料を見ればよいのかを考えるための糸口が必要であると思う。

　そこで本書では，これまでのメディア研究が技術をどのように捉えてきたのかを振り返り（詳細は各部の解説文と各章の扉文を参照），分析対象となる技術の数と，分析対象の抽象度に即して，次の四つの分析水準に分けて考えることを提案する。

　①**ある技術を構成する素材や部品（マテリアル）の考察**。ある技術の素材や部品が，なぜ選ばれ，どのように機能し，利用にどのように関わっているかに注目することができる。たとえば，コンピューターでいえば，シリコンチップやプラスチックなどである。

　②**ある技術において人と直接関わる部分（インターフェース）の考察**。ある技術を論じるとき，その技術と人間が取り結ぶ関係について扱うことができる。コンピューターでいえば，マウスやキーボードと手の関係，画面表示と目の関係などである。

　③**複数の技術が駆動するために共有されている技術（インフラストラクチャー）の考察**。複数の技術が共有し，それらの前提となっている技術が存在する。コンピューターでいえば，データを送受信するためのアンテナや電話線，テレビ線などである。

　④**複数の技術を組み合わせることで可能になる制度（システム）の考察**。複数の技術が連動して働くことで，私たちの文化や社会の基盤となる制度が可能になる。たとえば，コンピューター，本棚，

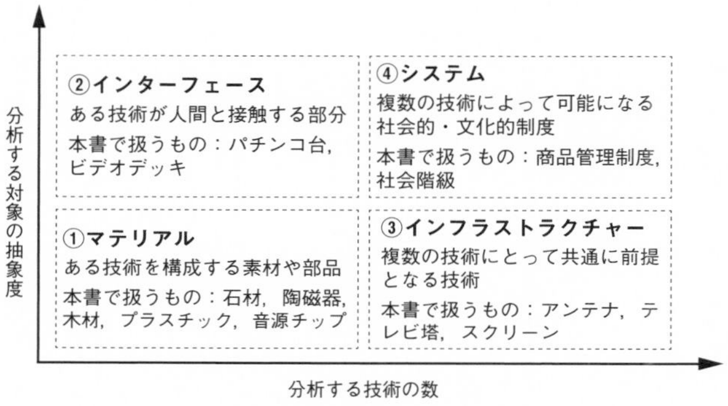

図 0-1　本書で採用する分析水準の区別

利用者カード，バーコードリーダー，プリンターなどさまざまな装置が連動することで，図書館という制度が成り立っている。

　この四つの水準は，作業仮説的に分割したものであり，それぞれ相互に関連しあっていて対立するものでもないし，もちろん他にも分け方や呼び方はありうると思う。だが，このように分けてみることで，技術を考えるときに次の二つの指針が得られる。（1）技術の数という点でいうと，単数の技術のマテリアルやインターフェースといったきわめて局所的で微細なものから，複数の技術が関わりあってできるインフラストラクチャーやシステムのように広範囲で大規模なものまである。（2）その技術の抽象度という点でいうと，技術を可能にするマテリアルやインフラストラクチャーのようにきわめて具体的なものから，さまざまな技術と人間の関係性の上で成り立つインターフェースやシステムのような抽象的なものも分析対象となる。だから本書も石材やプラスチックのようなミクロで具体的なものから，商品管理制度のようなマクロで抽象的なものまで広く扱っている。

　本書の各章はこの四つにそって配置している。各章を読み，音楽や映像や趣味など，私たちにとって身近な日常文化を，それを支え

る技術のインターフェース，マテリアル，インフラストラクチャー，システムからみると，意識もしていなかった前提や原因が発見できることに驚いてほしい。また，同じ文化についてもどのような技術に注目するかによって見方が変わってくることにも注目してほしい。たとえば音楽という文化でも，ライブの演出装置（第8章），ハッキング（第5章）などさまざまな技術から考えることができる。あるいは同じ技術でも，そのどの要素に注目するかによって異なる文化との関わり方がみえることも考えてみてほしい。たとえば放送技術一つをとっても，都市の中でラジオのアンテナ塔がどう見えるのか（第10章），アンテナの配置が視聴実践にどう影響を与えるのか（第11章），放送というメカニズムを人びとがどう経験し，そこからどのような実践が生じてきたのか（第9章・第12章）といったさまざまな側面が示される。これらの記述によって，これから文化研究を始める読者にとって，「技術から文化を問う」ことが，具体的には何をどうすることなのかを考える補助線となると考えている。

　本書は2017年から活動を始めた「モノ-メディア研究会」の参加者を中心に作られている。研究会の参加者たちは，昨今の「文系」軽視の風潮のなかで文化の研究が存在感を失う一方，情報社会の進展により科学技術の存在感が増すなかで，文化と技術の関係を改めて問い直すため試行錯誤してきた。この本の執筆者として加わっていない参加者の方々にも，さまざまな形でこの議論に関わっていただいたし，それらは本書にも明確に反映されている。本書の制作に関わったすべての人へ，言葉では言い尽くせないが，感謝を述べたい。いくら逆風が吹いても，この議論は続けなければならない。この本を読み，文化の研究に挑戦する人びとが，私たちの議論に加わってくれることを切に願う。

編者一同

目　　次

第II部　インターフェース

第III部　インフラストラクチャー

第IV部 システム

第1章

メディア研究と技術決定論

梅田拓也

ドイツのメディア研究者フリードリヒ・キットラーは，著書『グラモフォン・フィルム・タイプライター』の冒頭で，「メディアはわれわれの情況を決定している。にもかかわらず，だからこそ，その情況が記述されなければならない」と述べた（Kittler, 1986: 3）。現代社会でさまざまな技術に取り囲まれながら生活する私たちは，キットラーのいうような考え方に慣れきってしまっている。歴史を振り返ってみると，印刷技術の発明と普及は宗教改革や近代国家の成立の重要な条件となったし，蓄音機や映画といった技術の発明は音響や映像を使

電流が体に流れて驚く
兵士の漫画（1843 年）
[National Library of Medicine,
パブリックドメイン]

った娯楽を生み出したし，電信や電話の発明は日々のコミュニケーションやビジネスの現場を大きく変えた。そしてコンピューターは，現代の私たちの文化的習慣や社会的制度を根深く決定しているといえるだろう。しかし多くの研究者たちが，このような捉え方を批判してきた。なぜこのような考え方は批判されるのだろうか。それらの批判をふまえて，これからのメディア研究は何をすればよいのだろうか。本章ではこのことについて考えていこう。

① はじめに

　これまでの技術史研究やメディア研究では，何らかの技術が文化的習慣や社会的制度の変化を決定していると考えることを「技術決定論」と呼んできた。技術決定論とは，古典的には，次の二つの考え方で構成される視座である[1]。①まず，技術は，人間の文化的習慣や社会的制度からは独立した，科学的発見から生まれるという考え方である。たとえばスマートフォンは，金属やプラスチックの加工技術，無線通信，液晶画面，シリコンチップ，タッチスクリーン，ソフトウェアといったさまざまな発明によって生み出された。②もう一つは，技術は文化的習慣や社会的制度を変化させているという考え方である。たとえば，スマートフォンが普及して以来，新聞や本を読む人が減ったと言われたら，客観的な根拠がなくても，そうかもしれないと思ってしまわないだろうか。

　この技術決定論という言葉は，多くの場合，批判の意味を込めて使われてきた。①まず一つ目の論点に対してよくある反論が，技術の誕生にはさまざまな文化的習慣や社会的制度が関わっている，というものである。上述の例にあわせていえば，スマートフォンの形状や機能は，ポケットに入れやすいか，また，外出先でどんな情報が必要になるかといった，私たちのさまざまな生活習慣をふまえて作られている。②二つ目の論点については，文化的習慣や社会的制度はそう簡単には変わらないという反論がよくある。たとえば上の意見に対し，「スマートフォンを使っている人の中には，ネットニュースや電子書籍を読んでいる人もいる。一見変化したようにみえるが，新聞や本を読むという習慣は残っている」と反論すること

---

1) 古典的な定義としてウィリアムズの定義を参照（Williams, 1974：10-14）。また技術決定論を批判的に検討したフィッシャーや，スミスとマークスの著作でも同様の捉え方がなされている（フィッシャー, 2000：7-29；Smith & Marx, 1994：x）。

ができるだろう。つまり技術決定論的な議論の進め方は，技術の歴史を単純化しすぎているという批判にさらされてきたのである。

　ではこのような批判をふまえると，これから何らかの技術やメディアの研究をする人は何に注意すればよいのだろうか。技術決定論として批判されている議論は捨てればよいのだろうか。そのような議論の中にも，まだ拾い上げてよい可能性が潜んでいるのではないだろうか。本章では，古典として知られるものからごく最近のものまで，いくつかの技術史・メディア史の研究を時系列順に振り返り，このなかでどのような議論が「技術決定論」と呼ばれ，それがどのような形で批判されてきたのかを振り返る。それらをふまえ，改めて，これからのメディア研究が，この技術決定論とどう向き合っていくべきなのか考えてみよう。

❷ マクルーハンとトロント学派（1950–60 年代）──

　そもそも技術決定論と呼ばれる議論は歴史研究や社会理論研究といった広い領域に展開してきた[2]。そのなかでもメディア研究における技術決定論の代名詞となっているのが，カナダの思想家マーシャル・マクルーハン（M. McLuhan）の議論だった。それまでのコミュニケーション研究が人と人の間で交わされるメッセージの内容に注目してきたのに対して，マクルーハンは，「メディアはメッセージである」（McLuhan, 1964 : 7）という有名な言葉からもわかるように，メッセージを媒介するメディアに注目する必要性を訴えた。

　マクルーハンは『グーテンベルクの銀河系──活字人間の形成』

2）技術が社会や文化を変えるという発想は，19 世紀のドイツの哲学者・経済思想家のカール・マルクスの思想にもみられる。またソースティン・ヴェブレンやウィリアム・オグバーンといったアメリカの経済学者や社会学者たちも，社会や文化に「技術」が与える影響を論じた。

で，話し言葉，文字，印刷，電子メディアという四つのメディアが，人類の歴史を大きく変えてきたと捉える（McLuhan, 1962）。この議論を要約すると次のようになる。①原始社会においては，話し言葉が人間の認識を決定していた。彼は，話し言葉しかなかった時代の人間は，視覚や聴覚を均しく用いて現実を認識しており，その認識を集落の中でうまく共有できていたと考える。②これが文字の登場によって大きく変わる。文字とは目で見ることで成立するものであるため，それが登場した結果，世界の認識において視覚が優位になる。③さらに15世紀にヨハネス・グーテンベルクによって活版印刷が登場すると視覚の優位性は完成する。印刷によって，多くの人が知識にアクセス可能となるが，逆に文字の読み書きができない人は世界や社会について認識できなくなる。彼は「合理性」や「国家」といった近代社会の基盤となる概念の前提にも印刷技術があると考えた。④しかし20世紀の電子メディア，とくに視覚情報と同時に聴覚情報を一瞬のうちに伝達するテレビの登場によって，視覚の支配が解除される。人間はかつての話し言葉の時代のように世界を認識することができるようになる。だが今度は，小さな原始人の集落ではなく，地球全体の規模で感覚の統合が起きるのである。このことを彼は「地球村」の出現と表現した。

　つまりマクルーハンは，さまざまな技術を人間の身体に影響を与えるものであると捉え，それによって社会のあり方を変化させていくものだと論じていた。この考え方は，技術が人間に影響を与え，社会や文化を変えていくものと捉えている点で，技術決定論の典型と捉えられる。このような彼の問題意識は，ハロルド・イニス（H. Innis），エリック・ハヴロック（E. Havelock），ウォルター・オング（W. Ong），ヒュー・ケナー（H. Kenner）などの，20世紀半ばに展開した「トロント学派」と呼ばれる研究者たちと共有されていた（イニス, 1987〔原著初版：1951年〕；ハヴロック, 1997〔1963年〕；オング,

1991〔1982 年〕；ケナー, 2009〔1987 年〕)。またマクルーハンの視座は,電子メディアによるコミュニケーションを「場所感の喪失」という語で描き出したジョシュア・メイロウィッツ (J. Meyrowitz) など,さまざまな研究者に影響を与えることになる (メイロウィッツ, 2003)。だが他方で, 多くの研究者たちに批判されることにもなった。

3 ウィリアムズとカルチュラル・スタディーズ（1970 年代）

　比較的早い時期にマクルーハンの議論を「技術決定論」として批判しはじめた人物の一人が, イギリスの批評家レイモンド・ウィリアムズ (R. Williams) だった。ウィリアムズは, リチャード・ホガート (R. Hoggart) やスチュアート・ホール (S. Hall) らとともに, 20世紀後半のイギリスを中心に発展した「カルチュラル・スタディーズ」と呼ばれる領域の初期の発展を支えた人物の一人である。

　ウィリアムズが文化と技術の関係について論じた著作のなかで,とくによく引用されるのが『テレヴィジョン——技術と文化形式』(Williams, 1974) である。このなかで彼は, ①テレビに先立って存在したコミュニケーションのための技術（出版, 電信, 写真, 映像,ラジオなど）の成立と利用の歴史, ②アメリカとイギリスの放送制度史, ③報道や討論, ドラマ, 広告といったテレビ番組の形式の前提としての, 小説や演劇や映画といった他の芸術作品の形式など,テレビが出現するまでのさまざまな文脈を記述した。彼は, テレビがこのように形成されるなかで, 番組と番組や, 番組とCM のつなぎ目や境目が曖昧になり, 流れるように連続していると指摘し, これをテレビの「フロー」と呼ぶ (Williams, 1974 : 86-96)。つまり,テレビとは, それを使って政治や商活動を行う人びとの意図に即し,視聴者をテレビの前にくぎ付けにする技術となっているのである。

　ウィリアムズは以上の議論をふまえ，マクルーハンの技術決定論的な視座を強く批判する。彼は，テレビとは社会的・文化的文脈のなかで形成されたものであり，その過程でテレビがどのような性質をもつことになったのかを批判的に検討すべきだと考えていた。だから，そのような側面を無視してテレビの登場を言祝いだマクルーハンの視座は，彼にとってはテレビを使って社会を操作したいと考える政治家や財界人にとって都合のよい理屈にみえたのである。

　つまりウィリアムズは，テレビが技術や制度，文化に関するさまざまな文脈の中で，多数の目的や利害と関わりながら成立したことを示し，マクルーハンのようにそれらの文脈を無視することに含まれる問題を指摘したのである（本書第11章，第12章も参照）。このことに注目すると，後に紹介する1980年代に進んだ社会構築主義的な技術史の議論を，彼が1970年代の時点で先取りしていたことがわかる。ウィリアムズ以降のカルチュラル・スタディーズにおいてメディアをめぐる問題系は，デヴィッド・モーレー（D. Morley）やジョン・フィスク（J. Fiske），ロジャー・シルバーストーン（R. Silverstone）などの多くの研究者たちに引き継がれることになる（Morley, 1986；Fiske, 1987；シルバーストーン, 2003）。

❹ キットラーと文化技術論（1980–90年代）─────

　ウィリアムズとは異なる角度からマクルーハンに関する議論を批判的に引き継いだのが，ドイツのメディア研究者フリードリヒ・キットラー（F. A. Kittler）である。キットラーは文学研究から出発した研究者で，ミシェル・フーコー（M. Foucault）やジャック・ラカン（J. Lacan）といった20世紀半ばのフランスの思想に影響を受けつつ，文学や思想の前提としての社会制度や技術について考察した。彼の議論で，技術決定論を考えるうえで重要なことが二つある。

一つは，キットラーがマクルーハンを批判しつつ，技術と身体の関係を捉え直したことである。キットラーは，書籍，蓄音機，映画，タイプライター，コンピューターといった複数の技術を，情報をどのように保存・伝送・処理しているのかという観点から捉えていた。そんな彼にとって，マクルーハンのように人間の身体の拡張という観点から技術を捉えることは不十分だった。彼は，メディアが情報を保存・伝送・処理するやり方を「知覚の可能性を図式化するもの」として，つまり人間の身体を捉え直すものとして位置づけようとした。いうなれば，マクルーハンの議論が人間から技術を理解しようとしているのを批判し，キットラーは技術から人間を捉え直すという方向性を示したのである（Kittler, 1986：5）。

もう一つは，キットラーがコンピューターの重要性を強調したことである。キットラーは，ソフトウェア，OS，BIOS，CPUという，コンピューター・アーキテクチャの階層構造に注目する。そして「ソフトウェアは存在しない」というセンセーショナルなキャッチフレーズからもわかるように，コンピューターと文化の関係について論じるにあたって，その階層構造のもっとも下にあるシリコンチップや記憶ディスクの働きを重視すべきだと主張した（Kittler, 1993）。この考え方は，近年のデジタルメディア研究に影響を与えることになる。

キットラーは，技術の形成や利用に際する社会的文脈も重視している[3]にもかかわらず，人間や文化を理解するための必要条件として技術を捉えたという点で技術決定論と呼ばれることが多い。彼の視座は，ベルンハルト・ジーゲルト（B. Siegert）やヴォルフガング・エルンスト（W. Ernst）といったドイツの文化研究者たちへと

---

[3] たとえば『書き取りシステム 1800・1900』では，1800 年前後の文字の読み書きに関わる教育制度や，1900 年前後のタイプライターの受容過程に注目している（Kittler, 1985）。

引き継がれ，文字や数字，時計，カレンダーといった古くからある「文化技術（Kulturtechnik）」の歴史から文化を捉え直す研究領域を開くことになった（Siegert, 2015；Ernst, 2015）[4]（本書第2章，第3章，第13章も参照）。また彼の議論はドイツ国内だけでなく英語圏でも広く読まれ，キットラーを批判的に引き継ぎながら文字の筆記に関する技術を研究したリサ・ギテルマン（L. Gitelman）の研究や，「メディア考古学」を掲げるユッシ・パリッカ（J. Parikka）やエルキ・フータモ（E. Huhtamo）らの文化史研究などに引き継がれている（Gitelman, 1999；Huhtamo & Parikka, 2011；Parikka, 2012）。

5 科学技術社会論と技術の社会的構成（1980–90年代）

キットラーと同時期に，マクルーハンへの批判とは別の文脈で「技術決定論」を批判する一派があった。それは科学技術社会論（STS）と呼ばれる分野の，技術の社会的構成（Social Construction of Technology: SCOT）と呼ばれるアプローチだ[5]。ここでは，SCOTを知らしめることになった記念碑的な著作である『技術システムの社会的構成——技術の社会学と歴史の新しい方向性』に掲載された，トレヴァー・ピンチ（T. Pinch）とウィーベ・バイカー（W. Bijker）の「事実と人工物の社会的構成」（Pinch & Bijker, 1987）を紹介しよう。

ピンチとバイカーは，19世紀末のイギリスの自転車を題材に，技術と社会の関係について論じた（Pinch & Bijker, 1987）。19世紀末のイギリスでは，「オーディナリー」と呼ばれる後輪に対し前輪が極端に大きな自転車が普及していたが，速度が出る代わりにブ

---

4) この動向は英語圏で「ドイツメディア理論（German media theory）」と呼ばれる。ただしこの呼び方はドイツの学術動向の多様なあり方を捨象しているという批判もある（Winthrop-Young, 2011）。
5) SCOTは，科学者の社会的側面（人間関係，研究費の調達先など）と科学的知識の関係を考える「科学知識の社会学（SSK）」を技術史に応用したものである。

レーキをかけると乗り手が前に吹っ飛んでしまうという危険なもの
で，主に中流階級の白人男性がスポーツのために使うものだった。
だが，女性や老人も含む，街中での移動の道具として用いたいと考
えていた人びとのニーズを取り込むうちに，現代の自転車と同じよ
うに前輪と後輪の大きさが同じ「セーフティー」が主流となって
いった。また，この頃の自転車のタイヤは鉄製が主流で，技術者た
ちは走る際の振動を抑えるためにゴム製タイヤを開発したのだが，
当初は「ソーセージみたいだ」と不評であった。しかし自転車競技
の場で，ゴム製の方が鉄製と比べ速度が出ることがわかると，ゴム
製タイヤが普及するようになった。このようにして自転車は現在の
形へと近づいたのである。

　このように，ある技術の役割や機能は，科学者やエンジニアたち
による実践だけではなく，それを売る人や使う人の考えからも影響
を与えられる。このように技術に関わる人びと（関係社会集団）に
注目して技術を分析することで，その人びとの実践や価値観が技術
を作り上げていく過程を分析できる（本書第 7 章，第 10 章，第 14 章
も参照）。そしてこの考え方は，技術が社会とは独立して発展し，
社会を決定すると捉える技術決定論的な議論とは，明確に対立する。

　SCOT は STS の文脈から生起した議論だったのだが，SCOT が提
起した問題意識は同時期の技術史研究でも，直接的または間接的に
共有されている。たとえば，19 世紀の電気を使ったコミュニケー
ションの歴史について論じたトーマス・ヒューズ（T. P. Hughes）や
キャロリン・マーヴィン（C. Marvin），アメリカのラジオの歴史を描
き「ソシオメディア論」を唱える水越伸，20 世紀初頭のアメリカに
おける電話の受容について論じたクロード・フィッシャー（C.
Fisher）らの，1990 年前後に発展した議論をみれば明らかだろう
（Hughes, 1983；マーヴィン, 2003〔原著初版：1988 年〕；水越, 1993；フィッ
シャー, 2000〔1992 年〕）。

6 ANT（1990–2000 年代）

1980 年代後半から社会構築主義的な技術史研究が広がるなかで，「技術決定論」という言葉は批判の意味を帯びるようになっていった。他方で，この流れに歯向かうように，技術決定論にならないようなかたちで技術の影響を捉え直そうとする取り組みがあった。その最たる例が，ブリュノ・ラトゥール（B. Latour），ミシェル・カロン（M. Callon），ジョン・ロー（J. Law）らが中心となって提唱された，アクターネットワーク理論（ANT）と呼ばれるアプローチである。

ANT では，ある現象を研究するとき，その現象に関わる人間や非人間をすべて「アクター」として捉え，そのアクター同士が近づいたり反発したりしながら「ネットワーク」を築くプロセスとして現象を記述する。たとえば，カロンは，フランスのサン=ブリユー湾でのホタテ貝養殖技術の導入の過程を，研究者や漁師，ホタテ貝，ヒトデといったアクターがネットワークを取り結んでいく過程として描き出した（Callon, 1984）。

このように，ANT を採用することで，ある社会現象の原因を考えるとき，人間と非人間どちらが重要な原因なのかという問題を保留しつつ，それらの関係性が作り出されるプロセスを研究できる。技術決定論が「非人間が人間を決定する」という議論で，社会構築主義が「人間が非人間を構築する」という議論だとすれば，ANT は「人間と非人間がフラットに関係を取り結んでいる」ことを強調する議論なのである。ANT は技術だけでなくホタテやヒトデなどさまざまな「非人間」を射程に入れた議論であり，ANT 自体にも多くの批判が寄せられているが[6)]，技術決定論への批判を超えて技術が社会に及ぼす力を再考するきっかけとなったことは間違いない（本書第 4 章，第 6 章も参照）。

7 デジタルメディア研究（2000–10年代）

　そして技術が文化に与える影響を考えることは，デジタルメディア文化の研究においてより重要となっている。1990年代頃，コンピューターやインターネットなどのメディアはしばしば「ニューメディア（new media）」と呼ばれ，新たな研究対象として脚光を浴びた。これらの動向では，コンピューターの部品や仕組みが文化に与える影響を考えるという，一見技術決定論的にみえる方針が共有されている。この方針自体はキットラーが1980年代に示していたのだが，彼を引き継ぎつつ，より実証的な検討が進んでいる。

　たとえばレフ・マノヴィッチ（L. Manovich）の研究をみてみよう。マノヴィッチは2001年の『ニューメディアの言語』や，2013年の『ソフトウェアが指揮を執る』のなかで，コンピューターの開発者たちの設計思想を振り返りつつ，Adobe社の提供するPhotoshopなどのソフトウェアの分析を進めた。彼は，コンピューターとは，書籍や絵画，映像，音響技術など，さまざまなメディアを，さまざまなソフトウェアを用いることで，単一のメディアでその細部までシミュレートすることが可能な，「メタメディウム」であると主張する（Manovich, 2013：105-106）。つまりコンピューターのソフトウェアは，さまざまな古いメディアの原理を組み合わせており（ハイブリット化），その個々の原理には還元できない新しい文化の条件となっているというのである。キットラーがハードウェアの力に注目していたのに対し，マノヴィッチはソフトウェアの複雑性を捉える必要性を訴えていた。

　ソフトウェアに注目するにせよハードウェアに注目するにせよ，

---

6) たとえば「オブジェクト指向存在論（OOO）」を提唱するグレアム・ハーマン（G. Harman）は，存在論の立場からラトゥールのANT を批判している（ハーマン, 2019）。

デジタルメディアの研究は，コンピューターの原理を文化の新たな
前提として捉える方向性を共有している（本書第5章，第8章，第9
章も参照）。たとえば，アレクサンダー・ギャロウェイ（A.
Galloway）は，インターネットの通信規格（プロトコル）を現代社
会の権力として分析しようとした（ギャロウェイ, 2017）。また濱野
智史は，さまざまなウェブサービスにおけるユーザーインター
フェースの設計思想を分析し，その参照関係を「アーキテクチャの
生態系」として描き出した（濱野, 2008）。またニック・モンフォー
ト（N. Montfort）とイアン・ボゴスト（I. Bogost）はコンピューター
ゲームの分析において，ソフトウェアやハードウェアの「プラット
フォーム」の特性を重視している（Montfort & Bogost, 2009）。さら
にマシュー・カーシェンバーム（M. Kirschenbaum）は，コンピュー
ター技術を用いた文学作品を，そこで利用されているハードウェア
の特性を重視して議論した（Kirschenbaum, 2012）。他方で，こう
いった議論は，現代文化の前提として技術を位置づけるという意味
で技術決定論的にみえる。だが，必ずしもコンピューターが人間の
習慣や社会的制度といったものに影響されていることを否定するよ
うな議論ではない。

8 おわりに

　ここまで，技術決定論とそれに対する批判という観点から，古典
的なものから近年のものに至るメディア研究を紹介してきた。図式
的に振り返ってみると，1990年代までに技術決定論が批判されて
以降，メディア研究は「技術が偶然発明された技術的前提から生じ
る」とか「技術が文化的習慣や社会的制度を変化させている」と
いった前提を弱めるかたちで進んできた。他方で，1990年代以降
コンピューターの存在感が増すにつれ，その技術的前提への関心が

高まっている。だがそれでも，上述の技術決定論的な方向性には留保がつけられてきた。ではこれらをふまえると，技術やメディアの研究に向けてどういう示唆が得られるだろうか。

　まず，当たり前のことかもしれないが，これまで技術決定論が批判されてきたとしても，文化研究において技術の影響を考慮することの重要性は変わらない。マクルーハンの想定のように，ある文化的現象を説明するうえでそこに関わる技術がもっとも重要な決定要因となるという主張を棄てたとしても，その文化的現象にとってその技術が要因の一つであることに変わりはない。本書の各章でも示しているように，さまざまな文化的現象にとって，それを支える技術は必要不可欠な前提となっている。そしてこれも本書の各章が示しているように，ある文化的現象を享受する人びとにとっても，それを研究してきた研究者にとっても，それを支える技術自体は盲点になってきた。そのため，以降の章を読むときは，ある文化的現象を支える技術に注目することで，どのような新しい側面が明らかになるのかに注目して読んでほしい。

　また一口に「技術」といっても，さまざまな抽象度のものがあり，技術が与えている影響もさまざまなものであることに注目しなければならない。ピンチとバイカーのように自転車のタイヤの素材のようなミクロな技術に注目した研究から，ウィリアムズのようにテレビ受像機だけでなく利用法や放送制度を含めたマクロな意味での技術を議論したものまでさまざまな研究が行われてきた。本書はこのことに目を向けるために，技術の素材や部品（マテリアル），技術と人間の関係（インターフェース），複数の技術の前提となる技術（インフラストラクチャー），複数の技術によってもたらされる制度（システム）の四部から構成されている。以下の各章を読むとき，どういった「技術」に注目するかによって異なる示唆が得られることにも注目してほしい。

●**ディスカッションのために**
1 メディア研究において「技術決定論」と呼ばれてきたのはどのような議論か。本文の言葉を使いながらまとめてみよう。
2 メディア研究において「技術決定論」と呼ばれる議論に対してどのような反論があっただろうか。本文の言葉を使いながらまとめてみよう。
3 本書の各章の筆者たちは，あえて技術決定論的な発想をすることで先行研究を覆している。以下の各章を読み，どのような側面が技術決定論的といえるのか考えてみよう。

【引用・参考文献】

イニス, H. A.／久保秀幹［訳］（1987）.『メディアの文明史——コミュニケーションの傾向性とその循環』新曜社（Innis, H. A. (1951). *The bias of communication*. Toronto: University of Toronto Press.）

オング, W. J.／桜井直文・林 正寛・糟谷啓介［訳］（1991）.『声の文化と文字の文化』藤原書店（Ong, W. J. (1982). *Orality and literacy: The technologizing of the word*. London: Methuen.）

ギャロウェイ, A. R.／北野圭介［訳］（2017）.『プロトコル——脱中心化以後のコントロールはいかに作動するのか』人文書院（Galloway, A. R. (2004). *Protocol: How control exists after decentralization*. Cambridge, MA: MIT Press.）

ケナー, H.／松本 朗［訳］（2009）.『機械という名の詩神——メカニック・ミューズ』上智大学出版（Kenner, H. (1987). *The mechanic muse*. New York: Oxford University Press.）

シルバーストーン, R.／吉見俊哉・伊藤 守・土橋臣吾［訳］（2003）.『なぜメディア研究か——経験・テクスト・他者』せりか書房（Silverstone, R. (1999). *Why study the media?* London: Sage.）

ハーマン, G.／上野俊哉［訳］（2019）.『非唯物論——オブジェクトと社会理論』河出書房新社（Harman, G. (2016). *Immaterialism: Objects and social theory*. Cambridge: Polity.）

ハヴロック, E. A.／村岡晋一［訳］（1997）.『プラトン序説』新書館（Havelock, E. A. (1994). *Preface to Plato* (*7th print*). Cambridge, MA: Harvard University Press.〔原著初版：1963 年〕）

濱野智史（2008）.『アーキテクチャの生態系——情報環境はいかに設計されてきたか』NTT 出版

フィッシャー, C. S.／吉見俊也・松田美佐・片岡みい子［訳］（2000）.『電話するアメリカ——テレフォンネットワークの社会史』NTT 出版（Fisher, C. (1992). *America calling: A social history of telephone to 1940*. Berkeley, CA: University of California Press.）

マーヴィン, C.／吉見俊哉・伊藤昌亮・水越 伸［訳］（2003）.『古いメディアが新しかった時——19 世紀末社会と電気テクノロジー』新曜社（Marvin, C. (1988). *When old technologies were new: Thinking about electric communication in the late nineteenth century*. New York & Oxford: Oxford University Press.）

マノヴィッチ, L. ／堀 潤之［訳］(2013)．『ニューメディアの言語——デジタル時代のアート, デザイン, 映画』みすず書房（Manovich, L. (2001). *The language of new media.* Cambridge, MA: MIT Press.）

水越　伸 (1993)．『メディアの生成——アメリカ・ラジオの動態史』同文舘出版

メイロウィッツ, J. ／安川　一・高山啓子・上谷香陽［訳］(2003)．『場所感の喪失〈上〉——電子メディアが社会的行動に及ぼす影響』新曜社（Meyrowitz, J. (1985). *No sense of place: The impact of electronic media on social behavior.* New York: Oxford University Press.）

ラトゥール, B. ／伊藤嘉高［訳］(2019)．『社会的なものを組み直す——アクターネットワーク理論入門』法政大学出版局（Latour, B. (2005). *Reassembling the social: An introduction to Actor-Network-Theory.* Oxford: Oxford University Press.）

Callon, M. (1984). Some elements of a sociology of translation: Domestication of the scallops and the fishermen of St. Brieuc Bay. *The Sociological Review, 32* (1), 196–233.

Ernst, W. ／Siegel, A. (trans.) (2015). *Stirrings in the archives: Order from disorder.* Lanham, MD: Rowman & Littlefield.

Fiske, J. (1987). *Television culture.* London: Routledge.

Gitelman, L. (1999). *Scripts, grooves and writing machines: Representing technology in the Edison era.* Stanford, CA: Stanford University Press.

Hughes, T. P. (1983). *Networks of power: Electrification in Western society, 1880–1930.* Baltimore, MD: Johns Hopkins University Press.

Huhtamo, E., & Parikka, J. (eds.) (2011). *Media archaeology approaches, applications, and implications.* Berkeley, CA: University of California Press.

Kirschenbaum, M. G. (2012). *Mechanisms: New media and the forensic imagination.* Cambridge, MA: MIT Press.

Kittler, F. A. (1985). *Aufschreibesysteme 1800・1900.* München: Wilhelm Fink.

Kittler, F. A. (1986). *Grammophon Film Typewriter.* Berlin: Brinkmann und Bose. (キットラー, F. ／石光泰夫・石光輝子［訳］(1999)．『グラモフォン・フィルム・タイプライター』筑摩書房)

Kittler, F. A. (1993). *Draculas Vermächtnis: Technische Schriften.* Leipzig: Reclam. (キットラー, F. ／原　克・大宮勘一郎・前田良三・神尾達之・副島博彦［訳］(1998)．『ドラキュラの遺言——ソフトウェアなど存在しない』産業図書)

Manovich, L. (2013). *Software takes command.* London: Bloomsbury.

McLuhan, M. (1962). *The Gutenberg galaxy: The making of typographic man.* London: Routledge & Kegan Paul.

McLuhan, M. (1964). *Understanding media: The extensions of man.* New York: McGraw-Hill.

Montfort, N., & Bogost, I. (2009). *Racing the beam: The Atari video computer system.* Cambridge, MA: MIT Press.

Morley, D. (1986). *Family television: Cultural power and domestic leisure.* London: Routledge.

Parikka, J. (2012). *What is media archaeology?* Cambridge: Polity.

Pinch, T. J., & Bijker, W. E. (1987). The social construction of facts and artifacts. In W. E. Bijker, T. P. Huges, & T. J. Pinch (eds.), *The social construction of technological systems: New directions in the sociology and history of technology.* Cambridge, MA: MIT Press, pp.17–50.

Siegert, B. ／Winthrop-Young, G. (trans.) (2015). *Cultural techniques: Grids, filters, doors, and other articulations of the real.* New York: Fordham University Press.

Smith, M. R., & Marx, L. (eds.) (1994). *Does technology drive history?: The dilemma of technological determinism.* Cambridge, MA: MIT Press.

Williams, R. (1974). *Television: Technology and cultural form.* London: Fontana.

Winthrop-Young, G. (2011). *Kittler and the media.* Cambridge: Polity.

第 I 部　マテリアル

第 I 部　マテリアル

　ある技術は必ず何らかの素材や部品から構成されている。その素材や部品がなぜ選ばれたのかということには，科学的な前提だけではなく，社会的・文化的な前提が関わっている。あるいは，その素材や部品のもつ性質によって，ある種の文化的実践が可能になっているといえるかもしれない。だから「マテリアル」，すなわち技術の素材や部品に注目することで，文化と技術の間にある隠れた関係性を考察することができるだろう。

　デジタルメディアを射程に収めるようになった現代のメディア研究において，「マテリアル」に注目することがより重要な課題として認識されている。20 世紀末から現在にかけて，わずか数十年のあいだにさまざまなデジタル機器の発明と普及が起こった。これらの急速な発展を目の当たりにしたメディア研究者たちは，このデジタルメディアの基層をなすシリコンチップなどの部品や素材が，デジタル文化にとって重大な前提となっていることを訴えはじめた。たとえば第 1 章でも扱ったフリードリヒ・キットラーは，早くも 1990 年代初頭にマイクロプロセッサーのアーキテクチャに内在する資本主義的・官僚主義的な設計思想に注目し，これがデジタル文化の条件となっていることを指摘していた。このような考え方が 2000 年代以降のメディア研究者にも共有されていたことは，インターネットの技術的前提を権力装置として分析したアレクサンダー・ギャロウェイの議論や，電子テクストの物質性を問うたマシュー・カーシェンバームの議論を見れば明らかである。このような研究方針は「デジタル唯物論（digital materialism）」や「物質性（materiality）」といった概念によって特徴づけられてきた。

　第 I 部におさめられた四つの論文は，いずれもある技術の「マテリアル」という観点から，技術と文化の関わりを論じている。辻井は，日本人にとってなじみ深い仏教という宗教文化を，墓石の素材とその加工技術から描き出す（第 2 章）。遠藤は，写真を印刷する素材に注目し，かつて退色の解決策として陶磁器が用いられていたことと，それがどのように成立し衰退していったのかを描く（第 3 章）。松井は，模型の素材やその利用法と生産場所の複雑なネットワークから模型文化の成立を描く（第 4 章）。日高は，「チップチューン」と呼ばれる音楽の考察から，デジタル音楽を支えるハードウェアの関係を描き出す（第 5 章）。

第2章

墓石加工技術の変容と死にまつわる平等性

辻井敦大

規格化された墓石が並ぶ冨士霊園の風景
（墓地墓石研究会，1981）

　戦後に形成された郊外霊園には，この写真のように均一な墓石が並んだものも多い。こうした規格化された墓石が並ぶような墓地の景観はいかにして成立したのだろうか。そして，このような規格化された墓石というメディアは，いかなる文化的な意味を表象しているのだろうか。

　本章では，こうした均一な墓石が並ぶ郊外霊園が，いかなる技術的背景のなかで成立したのかを解き明かしていく。そして同時にその均一な墓石が並べられた墓地が，家格的秩序とは異なる平等性を表象したものとして受け入れられた点をみていきたい。

❶ はじめに：メディアとしての墓 ─────────

　墓は死者を記憶するメディアの一つといえよう[1]。同時に，それは歴史ごとの死生観，宗教観，家族観，社会像を表してきたメディアとしても扱われる。そして，そのメディアとしての墓は，過去の歴史だけではなく，現代社会を表象するモノとしても分析されてきた。

　たとえば，社会学では「家」の先祖祭祀のシンボルとみなされてきた墓の意味づけの変化を検討し，戦後日本における家族・親族関係の変容の一端を解明してきた（井上, 2003；中筋, 2006；安藤, 2013）。すなわち墓は，古くは「家」，そして現代においては変容しつつある家族・親族関係，意識を表わすメディアとして捉えられているのである。このように墓はある種の現代社会，なかでも家族・親族関係，意識を表象する文化的な記憶メディアとして読み解かれてきた。

　こうした墓が表象する社会像の一端を描き出すことも一つの研究課題である。とはいえ，近年，死と物質文化（Material Culture）という観点から，死に関連するモノの研究が行われはじめている（Hallam & Hockey, 2001）。また，宗教学のなかで，宗教，信仰におけるマテリアルな側面に着目し，人びとの宗教的実践や慣習を具体的に捉えようとするアプローチも生まれている（中村, 2017；角南, 2018）。なかでも，考古学者の朽木量は，物質文化研究の資料として墓標（墓）はきわめて有用であると指摘し，モノとしての性質や組成といった物質的な側面を検討する必要性を提起している（朽木, 2004）。

　そうした点をふまえ，本章ではメディア，モノとしての墓石の加工に関わる技術がいかに構成されているかを記述し，その技術がもたらした文化的な実践を明らかにする。具体的には，高度経済成長期の日

---

1) たとえば阿部純は，人物を記念する記憶装置＝記憶メディアとして墓を捉える視座を提起している。そして，この視座に基づいたうえで戦争の記憶継承の議論を念頭におき，「どのような形態の記憶メディアを有するかということが，そのままその共同体の歴史観の反映と見なされる」（阿部, 2010：159）と指摘する。

本において墓石加工技術の変容，すなわち墓石加工の機械化が進むことに注目する。そして，その墓石加工技術の変容が，戦後の社会変動のなかで進む墓・墓地への意味づけの変化にいかなる影響を与えたのかを明らかにする。そうした作業は，多くの人が自身の利用できる墓をもつという状況が，いかなる技術的な背景のもとで現れたのかを明らかにすることにつながるだろう。そして，本章の結論では，墓石加工技術の変容がもたらした規格化された墓・墓地が，死にまつわる平等性を象徴するモノとして受容された点を解明する。

　以上をふまえ，以下ではまず機械化以前に，墓石の加工がいかに行われていたかを示す（☞2節）。そのうえで，1960年代に始まる墓石加工の機械化がいかなる技術的背景のもとで進んだかを明らかにする（☞3節）。そして，墓石加工の機械化がもたらした墓石の規格化に伴う洋型墓石の増加が，いかなる意味をもって受けいれられたのかを論じる（☞4節）。最後に，そうした墓石加工技術から墓というメディアを捉え直すことが，いかなる意義をもつかを示す（☞5節）。

❷ 機械化以前の墓石加工体制（–1960年）

　1960年代以前の日本において，墓石は家内工業的な石材店によって加工され，建立されてきた。そうした家内工業的な石材店は，寺院と深いつながりをもちながら檀家の墓石の建立を引き受ける業者と，宗派不問の霊園前に店を構え，霊園に墓所を求める人の依頼を受けて墓石の建立を行う業者の二つのタイプに分かれていた（メモリアルアートの大野屋社史編纂委員会（以下，大野屋），1989：38）。両者の家内工業的な石材店では，それぞれ職人を抱え，職人によるノミとセットウを用いた，石を割る，叩く，砥石で磨くといった手作業による石材加工を通して墓石が作られ，建立されていた[2]（大野屋，1989：53；須藤石材株式会社社史編纂委員会（以下，須藤石材），2005：106）。また，

そこで加工される墓石の原石は日本各地の規模の小さな丁場から国産材が供給されていた（須藤石材, 2005：105）。

　このように墓石加工の機械化が進む以前は，墓石加工には職人の手作業の部分が多く，墓石の生産量＝供給量はそれほど多くなかった（中江, 1979a：255）。そのため，墓石を建立するにはかなりの費用を要し，それはある種の「一大事業といえた」という（須藤石材, 2005：105）。首都圏においては関東大震災や太平洋戦争などで多くの被災者や戦死者が発生していたが，墓石の価格が高いために墓を建てられるほどの経済的余裕がない人びとも少なくなかった（須藤石材, 2005：105）。そもそも庶民が墓地に墓石を建てることは，近世において普及した（関根, 2018）。しかし，柳田国男が『明治大正史 世相篇』で指摘するように，明治以降には資産が許す限り巨大な墓石を建立する人びともいた。そのため，共同墓地の狭さから墓地の権利料は非常に高くなり，「貧しき人々は死後にも安眠の場所が得やすからぬ」状況になっていた（柳田, 1993：282）。そして，この傾向はとくに都市部で大きく，柳田は「大きな都市では寄寓生活者の，遺骨を寺に託して墓を設けぬ者がはなはだ多」かったことを指摘している（柳田, 1993：284）。こうした実態は，上述したように墓石を建立する費用が高く，墓地が不足していた点と関連していたと考えられる。

　しかし1955年以降になると，戦後の混乱もおさまり，日本社会は高度経済成長期に突入した。この高度経済成長のなかで人びとは経済的に豊かになってきたため，墓の需要は高まりをみせはじめた（須藤石材, 2005：105）。それは戦後の引揚者が外地で亡くなった親

---

2)　なお，墓地の近隣に石材店が立地し，墓石の加工を行う体制は18世紀後半に確立したと考えられる。考古学者の関根達人によれば，墓石の広域流通がもっとも盛んであった17世紀において，地方にはまだ高い石材加工技術をもった石工がいなかったため，遠隔地の石材で墓石を建てる場合には，「誂え品」が中心であったという。そこから18世紀後半以降に，地元産の石材を使って成形から銘文の彫刻まで地元の石屋が手がける墓石の「地産地消」が進んだとされる（関根, 2018：212-213）。

族の遺骨を「ようやく身の回りも落ち着きましたので，先祖のお墓に埋めてやりたい」と述べる読者投稿の記事が全国紙の紙面に乗るような状況とも関連していた（『朝日新聞』1962.9.27 朝刊 16 面）。くわえて，高度経済成長期に進んだ地滑り的な都市移住者の増加は，都市部における墓の需要をより増加させた。なぜなら，当時の都市移住者の多くは，きょうだい数が多かったため，親から墓を継承せずに自身で利用できる墓を新たに建立する必要があったからである（辻井, 2019b）。こうした状況から，墓の需要の高まりは，とくに都市部で顕著に表れ，深刻な墓地不足を引き起こしていた（辻井, 2019a）。高まる墓の需要に対して石材店は墓の「商品化」を進めたが，そこには墓の建立を安価にすることを可能にした墓石の加工技術の変容が関わっていた。

❸　墓石加工技術の変容と墓石原石の輸入体制の変化 （1960 年代）

　上述したように，高度経済成長期における墓石需要の高まりに対応するために，1960 年代（昭和 30 年代後半）以降，墓石加工の機械化が進み，墓石の大量生産体制が確立した。ただ，それは墓石需要の高まりだけで確立したわけではなかった。この墓石の大量生産体制の確立は，ダイヤモンドを利用した石材の切削工具の発展とも関連していたのである。

　日本においてダイヤモンド工具[3]は，1876 年にイギリス人技師からボーリング指導を受けた際に初めて使用されたとされる（ダイヤモンド工業協会, 1968：1）。しかし，工業用のダイヤモンド工具は，

---

[3]　ダイヤモンド工具とは，「物質のなかで最も硬くまた耐摩耗性を有するダイヤモンドを使用し，金属，非金属などの硬質物質の超精密・高能率加工を行なう工具」（ダイヤモンド工業協会, 1979：3）のことである。

その後，1920 年代半ばまではほとんど使用されていなかったという。ダイヤモンド工具の発展のきっかけとなったのは，1924 年にドイツでタングステンカーバイド（炭化タングステン）が発見されたことであった。なぜなら，このタングステンカーバイドを用いた超硬合金工具が発展していくなかで，超硬合金工具の研磨・加工のために工業用ダイヤモンドが必要となったからである（ダイヤモンド工業協会，1968：7-8）。このような事情から工業用ダイヤモンドの輸入は増加し，超硬合金の研磨・加工のためにダイヤモンド工具の開発が進んだ（ダイヤモンド工業協会，1968：7-8）。そのなかでダイヤモンド工具は，日中戦争，太平洋戦争が始まったこともあり，「軍需産業の基礎生産財とし軍需一本に傾斜」しつつ，国策のなかで研究開発が行われたのである（旭ダイヤモンド工業，1977：10-13；ダイヤモンド工業協会，1968：12）。その後，終戦に伴いGHQ によりダイヤモンド原石の接収や工業用ダイヤモンドの統制が行われ，ダイヤモンド工具の技術発展は停滞した（旭ダイヤモンド工業，1977：15-18；ダイヤモンド工業協会，1968：19-25）。しかし，1950 年には外貨割当による工業用ダイヤモンド原石の輸入が再開された。くわえて，朝鮮戦争に伴う朝鮮特需や佐久間ダムをはじめとする電源開発により，ダイヤモンド工具の製造技術は発展していった（旭ダイヤモンド工業，1977：20-25；ダイヤモンド工業協会，1968：25-32）。そのなかで 1953 年頃から，石材切断用等に使われるダイヤモンドブレードに関して，輸入品と国産品の競争が起こった。そこで輸入品の国内市場への参入を阻止するため，建設省の補助金を受け国産品の製造が進められた（ダイヤモンド工業協会，1968：31）。

　その後，1962 年には日本国内での人工ダイヤモンドの製造に成功し，1965 年頃には工業用として普及しはじめた（ダイヤモンド工業協会，1968：47；横田，2007：27）。この人工ダイヤモンドの砥粒をブレードに利用することで，ダイヤモンドブレードは切断速度と寿

命の延長の面で「異常な進歩をと
げた」という（ダイヤモンド工業
協会, 1979：380）。

こうした人工ダイヤモンドの実
用化，ダイヤモンドブレードの技
術開発を背景に，1960年代（昭和
30年代後半）より，墓石加工技術
は様変わりした（須藤石材, 2005：

**図 2-1　ダイヤモンドブレー
ドによる石材加工**
（中江, 1979a：364）

105）。それまでの職人によるノミとセットウを用いた墓石加工とは
異なり，ダイヤモンドブレードを使用した切削機（丸ノコ）や砥石
を利用するようになったのである。そして，墓石加工は一気に機械
化が進み，墓石の大量生産体制が確立することとなった（中江,
1979a：365；須藤石材, 2005：105-106）。そこから1960年代半ば（昭和
40年代）以降には石材業界全体でも「大量生産，すなわちコストダ
ウンを意識した設備投資の時代」となったとされる（吉田, 1990：89）。
この石材業界における墓石の大量生産体制の確立から，相対的に墓
石の低価格化が進んだ。つまり，墓石加工の機械化が墓石の低価格
化を進め，多くの人びとに墓を供給することを可能としたのである。

また，この墓石加工技術の変容は，墓石の原石輸入体制が変化す
る要因の一つにもなった。先述したように1960年代（昭和30年代
後半）までは，墓石の原石は日本各地の規模の小さな丁場から供給
されていた。しかし，先述した墓の需要増加，および墓石加工技術
の変容から多くの墓石を加工し供給できる体制が整ったことで，国
産の原石だけでは供給が間に合わなくなった。そのため，1960年
代半ば（昭和40年代）以降には海外から安価で品質の安定した原石
が輸入されるようになった（中江, 1979a：329；吉田, 1990）。

さらに，この海外からの墓石の原石輸入が始まったきっかけは，
墓石の原石に別のモノとしての意味を付与したことにあった。それ

は輸送船のバラスト（重し）としての意味であった[4]。この当時,
日本は高度経済成長期のなかで急速に海外への輸出量を伸ばし, 輸
出品を貨物船で海外へ運んでいた。しかし, 輸出量に対する輸入量
が少なかったため, 貨物船は空のまま帰航の途についていた。それ
では船が浮きすぎるため, 船のバラストとして墓石の原石ブロック
を積んだのである。これに端を発し, 海外からの墓石の原石輸入が
始まった（須藤石材, 2005：105；横田, 2007）。つまり, 当時の墓石の
原石は船のバラストというモノとして運ばれ, 日本においてダイヤ
モンドブレードを搭載した機械によって加工されることで墓石とい
う意味が付与されていたのである。

　こうした状況に合わせて 1960 年代半ば（昭和 40 年代）以降には,
販売力をもつ石材店は経営の近代化を進め, 墓石の小売を専門にす
る業者と, 加工を専門にする業者で分業が進んだ（大野屋, 1989：
53；須藤石材, 2005：105）。それと同時に国内の原石の採石業者によ
る加工業への転業も進んだとされる（中江, 1979a：54）。そして, そ
うした石材業界の動きから, 販売力をもち経営の近代化を進めた石
材店は民営霊園の開発に取り組み, 広告・宣伝をとおした墓の「商
品化」を進めた（秋山, 2011；辻井, 2019b）。

　以上のように人工ダイヤモンドの実用化, およびダイヤモンドブ
レードに関する技術の発展が, 墓石加工に伴う職人の手作業を減ら
し, 墓石の低価格化を引き起こすきっかけを作った。その技術変容
に伴い多くの墓石を加工できるようになり, 海外からの墓石の原石
輸入がより進んだのである。そして, こうした技術的背景のもとで,
石材店は墓の「商品化」を進め,「墓地に墓石を建立する」ことを
社会的に広げていくことの一端を担った（辻井, 2019b）。つまり, 戦
後の高度経済成長とそれに呼応する墓石加工技術の変容が, それ以

4）なお, 墓石にバラストとしての意味を付与する行為自体は, 近世から存在し, 墓
　石の流通と大きく関わっていた（関根, 2018：195）。

前の歴史では墓を新しく建てられなかった人びとによる墓の建立を
可能としたのである。

④ 墓石加工の機械化に伴う墓石の規格化と平等性 ─

　上述した墓石加工技術の変容は，墓石の大量生産体制の確立ととも
に規格化をもたらした。こうした墓石の大量生産，規格化は，ある種
の死にまつわる平等性という認識をもって迎えられることになる。

　まず 1960 年代に端を発した墓石加工技術の変容は，先述した墓
地不足への対応として開発が進んだ小さな墓地区画にも適し，工場
での大量生産が可能な洋型墓石の生産を増加させた（中江, 1979a：
225；中江, 1979b：348）。その大量生産性から，洋型墓石は従来の和
型墓石よりも価格を抑えることが可能であった。墓石の価格は店舗
や形式，素材によって異なり一般化することは難しいが，1979 年
において，和型墓石は 60-100 万，対して洋型墓石は 20-30 万まで
価格が抑えられていたとされる（中江, 1979b：333）。また，洋型墓
石を配置した西洋式の芝生墓地は，1 区画の面積が小さくて済み，
樹木を植えないことで管理の手間が省けるなどの墓地経営上のメ
リットがあった。そのため物理的に大型の墓石を禁止している霊園
もあったほどであった（中江, 1979b：348）。つまり，増加していた
墓の需要に応え，墓地経営の利益を最大化するなかで，墓地区画が
小さく，管理のコストが低い西洋式の芝生墓地の景観と合致する洋
型墓石の建立が進められたのである。

　また，1979 年時点において，こうした洋型墓石の低価格性，墓
地経営のメリットにくわえて，墓地造成のなかでは，死にまつわる
平等性という認識をもって墓・墓地の規格化が進められている傾向
が指摘されていた（中江, 1979a：30）。そして，上記のような認識に
より規格化された墓・墓地は低価格性と平等性という点からも公営

墓地に多くみられたが，民営墓地では区画の広さや墓石の大きさを統一せず自由に選べる墓地も現れていた[5]（中江, 1979a：30）。

　そのなかで民営墓地でありつつも，墓石の大きさ，区画の広さを規格化した代表的な郊外型の霊園が冨士霊園（静岡県駿東郡小川町）であった。この冨士霊園は，1979年時点において，「「ここに眠る人だけではなく，墓参に訪れる人々にも平等感による安らぎを届ける」ことを願ってできた，世界でも珍しい墓所として注目」（中江, 1979a：30）されていた。なかでも，冨士霊園を死にまつわる平等性という認識で捉えていったのが，当時の文学者たちであった。冨士霊園が完成した直後の1965年7月，日本文藝家協会の理事会は，晩年に身寄りもなく，生活に困窮し，死後に納骨さえできないような文学者のために協会として墓を建立することを計画した（『朝日新聞』1965.7.7 夕刊7面）。そのなかで冨士霊園から，日本文藝家協会に対して無料で3,300㎡の土地を提供するという話（『読売新聞』1965.7.7 夕刊9面）があり，1969年11月には日本の文学者の共同墓として「文学者之墓」が造成された（『朝日新聞』1969.11.6 朝刊14面；『読売新聞』1969.11.7 朝刊14面）。ここで当時の日本文芸家協会理事長であった丹羽文雄は，冨士霊園の規格化された墓・墓地を，次のように貧富の差をなくした平等な墓だと肯定的に評価した。

　　すべてが統一された平等の墓ということが，私に新鮮な共感を呼んだ。死んでまで貧富の格差をみせつけられるのはナンセンスである。
　　［…］この霊園では，一切個人差をみとめないのである。墓地

---

5) 民営墓地が区画や墓石の大きさを自由に選べるようにしたのは，大型墓石の建立が禁止された公営墓地を避け，高価となっても巨大な墓石の建立を望む人が存在したからだと考えられる。筆者がこれまでにインタビュー調査を行った都市郊外の寺院では，「俺は東京に出て，先祖になるんだ」という意識をもって，公営墓地では作れない巨大な墓地区画，墓石を用意し，墓を建立した檀家もいたという。

二坪に唐櫃と墓石つきで，日本古来の三段重ねと横型の二段重ねの二種類に統一されるのである。同一寸法の墓が二十万基予定されている。このことは，墓というものに対する観念の一大改革である。死んでしまえば，だれもが平等である。貧富の差をなくして平等の地に永眠するのだ。（『朝日新聞』1965.7.7 夕刊7面）

　そして，こうした死にまつわる平等性を志向した「文学者之墓」が造成された影響もあり，墓石が規格化された冨士霊園の新聞広告では「萬霊平等の精神から」（『読売新聞』1970.10.13 夕刊1面），「墓所の広さも形も平等にしました」（『読売新聞』1971.2.23 夕刊9面），「全域平等の墓所」（『読売新聞』1981.3.3 朝刊26面），「萬霊平等の墓所」（『読売新聞』1982.7.13 夕刊15面）などのキャッチフレーズが記載された。

　この丹羽文雄の見解や冨士霊園の広告のように，公営墓地や都市移住者による墓の需要に焦点を絞って開発された郊外の大規模な霊園において，規格化された墓・墓地は死にまつわる平等性を象徴するモノとして受容されたのである。

　くわえてもう1点，規格化された墓・墓地の受容という点で触れなければいけないのが，当時，都市部に流入した労働者層を軸に急激に勢力を拡大していた創価学会[6] の会員用の墓地である。この創価学会墓地は，すべてが規格化された洋型墓石で統一されており，墓石の形状に大きな差異がないという特徴をもっていた（中江, 1979a：31）。ここで創価学会墓地が規格化された洋型墓石で統一されたことには，創価学会墓地の造成の最初期に関わった須藤石材株式会社（以下，須藤石材）が関係していた。須藤石材は，1961年に創価学会の会員専用の墓地造成の話を聞き，即座にその墓地で墓石の受注ができないかと動いた。須藤石材はその経緯を次のように振り返っている。

6）都市化のなかで農村部から都市に流入した人びとによって形成された都市下層が，創価学会の会員の多くを占めたことについては鈴木（1963；1964；1970）を参照。

> 　創価学会は墓地造成を進めていたものの，石碑に関しては予算の問題で，手が回らない状況であった。そこで，値段をおさえた石碑を提供するため，石碑の規格化を考案したのである。
>
> 　[…] 合わせて販売経費を軽減するため，日蓮正宗の寺に石碑の見本を置き，かたち別，色別に番号を付け，建墓希望者の信者は番号を指定して寺に申し込むという，非常に合理的な方法を採用したのである。これは信者からも大変喜ばれた。今日の創価学会墓地の石碑の原型は，この時にできあがったともいえる。(須藤石材, 2005：103-104)

　このように創価学会墓地の造成は，当時の須藤石材が進めた墓石の規格化，経営の合理性の貫徹と合致したなかで行われた。そして経営の合理性のもとで規格化された墓石は，創価学会の会員にも好意的に受け入れられた。この理由は，創価学会がもつ会員間の平等性の理念が関係していると考えられる。上述した須藤石材が創価学会墓地の墓石の斡旋に乗り出した 1960 年代以降，日本社会の経済成長に合わせて創価学会の会員の多くは階層上昇を成し遂げた（玉野, 2005；2008）。しかしながら，現在においても創価学会のなかには，「創価学会は庶民のための組織」という理念が存在する。そして，現実的には内部の会員間で階層的な格差が存在していても，あくまで誰もが幸せになる権利をもった平等な人間同士という考えがある（玉野, 2008：182-205）。こうした創価学会のなかで根強く続く平等性の理念こそが，規格化された墓石というモノに合致し，会員間の平等性を象徴するものと理解され，好意的に受け入れられたと考えられるのである[7]。

---

7) また，この墓石に関わる平等性は創価学会における教義とも合致している点がうかがえる。この点について創価学会の墓地紹介ページには，墓石の大きさやデザインについて「仏法の真の平等観を基に，全て同じ形状・大きさ」となっていることが記載されている〈https://www.sokanet.jp/memorial_park/faq/#no4（最終確認日：2021 年 8 月 20 日）〉。

　以上のように，墓石加工の機械化に伴い規格化された墓石は，墓を新たに建立することを容易にしただけではなく，死にまつわる平等性を表象するモノとして受け入れられていった。それは伝統的な家格的秩序から切り離された都市移住者や創価学会会員といった人びとの価値観とも合致し，受容されたのである。とはいえ，先述したように民営墓地では，区画の広さや墓石の大きさを自由に選べる墓地も現れていた。また，規格化された墓石が並ぶ創価学会墓地においても，形や色別に番号が付けられ，墓石の販売が行われていた。くわえて，墓石の多様化という点でも，墓石の原石輸入に伴い，それまで墓石に用いられていなかった赤色・黒色などの色あざやかな外国産の石材が用いられるようになった（墓地墓石研究会，1981：271）。このように墓石加工の機械化は，規格化された洋型墓石を増加させただけでなく，商品としての墓石の差異化を可能とした。この点は，人びとの死に関しての商品化，すなわち消費社会化の展開とも関連したものであり，現代につながる多様な墓石の販売戦略が現れたきっかけの一つともいえよう。しかし，こうした人びとの死に関しての消費社会化が進むなかで，規格化された墓・墓地を好意的に受け入れた文学者や創価学会は，それに平等性という意味を付与したのである。この点は，戦後民主主義のなかでおこった人びとによる平等性を求める実践が，偶然にも墓石の規格化と合致し，かつての家格的秩序を象徴していた墓の意味づけを刷新したと解釈できるのである。すなわち，墓の「商品化」（辻井，2019b）は，消費社会化の裏で人びとの平等性を求める実践と相互作用的に，ただの差異化だけには回収されない意味を墓・墓地に付与したのである。

❺ おわりに：技術から墓というメディアを見直すこと

　本章では，墓というメディアが表象する文化的意味を作り出す墓

石加工技術がいかに構成されているかに注目した。そして，墓石加工技術の変容が，死にまつわる平等性を志向する文化的実践につながる側面を明らかにした。すなわち，墓石加工技術の変容は，墓石の大量生産とともに多様な墓を選択することを可能にしたが，同時に規格化された墓・墓地を成立させ，墓が表象する平等性という社会像の成立の一端に影響を与えていた点を明らかにしたのである。

　都市霊園を近代化の過程で持続・変容してきた〈社会の記憶〉の一形態と捉える視座がある（中筋, 2000）。そうした視点からみると，本章が取り上げた冨士霊園や創価学会墓地のように規格化された墓石が並ぶ霊園は，かつての村落共同墓地の墓石が象徴していたような家格的秩序が崩壊し，死者たちに対しても平等を目指す〈社会の記憶〉が高度経済成長期に花開いた結果であると捉えることができる。その点について本章が示したのは，こうした死者たちに対して平等を目指す都市霊園のあり方が可能となった技術的な背景である。すなわち，戦後の高度経済成長期における墓石加工技術の変容が，戦後の民主化と相互作用的に平等性をうたう都市霊園を作り出すことにつながったことを示したのである。

　また，高度経済成長期に郊外に形成された霊園は，都市郊外の文化的な表象としても扱われている（佐幸, 2018）。そうした郊外・都市空間の表象として扱われる霊園についても，本章が示したような技術的背景との相互作用のもとで形成されてきたことは疑いようがない。このように都市空間の文化研究を発展させるうえでも，技術からメディアの意味を検討することは重要な視点となりえる。

　くわえて，本章が検討した墓というメディアのように，「家」といった伝統的な社会構造・意識に強く影響を受けていたとされるモノの変容に対しても，ダイヤモンドブレードの技術発展といった近年の技術変容が強く影響を与えていた。宗教学者の鈴木岩弓は，仙台市の霊園において和型墓石の減少に対し，洋型墓石が増加してい

る点を明らかにした。そして，洋型墓石の普及により従来の家名や仏，経への帰依を表す仏教用語に変わって，自由な内容を墓石に刻むことが可能となっていると指摘した。そのうえで，洋型墓石が増加し，自由な内容が刻まれた墓石が増えたことを，伝統的な「家」意識の変化であると解釈した（鈴木, 1997；鈴木・サンドラ, 1999）。しかし本章が示したように，そうした墓石の形状変化には，「家」意識の変化だけでなく，墓石加工技術の変容や墓地経営の合理性が関わっていた。このように，伝統的な文化を捉えていく際にも，技術を構成するマテリアルな側面を検討することは重要であり，それが文化的現象の新たな側面を明らかにすることにつながるのである。

●ディスカッションのために
1　本章で繰り返し用いられる墓の「平等性」とはどのようなことか。本文の言葉を用いて説明してみよう。
2　同じ形の墓石が並ぶ墓地の風景が広がるためにはどのような条件が必要だったか。石材の調達と加工という点に注目しながら，本文の言葉を用いてまとめてみよう。
3　あなたの家から一番近い寺社仏閣に行き，そこにどのようなものが置いてあるか，それがどのような素材で作られ，どこで売り買いされているのかを調べてみよう。

【付　　記】
本章は，JSPS 科研費 19J10038，松下幸之助記念財団 2018 年度研究助成を受けた研究内容を含んでいる。

【引用・参考文献】
秋山志保（2011）．「葬送に関連する事業の展開と墓の変化」『宗教学年報』*26*, 9–24.
阿部　純（2010）．「「不滅」の記憶はいかにして可能か──戦前日本における共同墓の構想」『東京大学大学院情報学環紀要　情報学研究』*79*, 159–173.
安藤喜代美（2013）．『現代家族における墓制と葬送──その構造とメンタリティの変容』学術出版会
井上治代（2003）．『墓と家族の変容』岩波書店
朽木　量（2004）．『墓標の民族学・考古学』慶應義塾大学出版会
佐幸信介（2018）．「死者が住まう風景──国道十六号線ともう一つの郊外」塚田修一・西田善行 ［編］『国道 16 号線スタディーズ──二〇〇〇年代の郊外とロードサイドを読む』青弓社, pp.189–206.

鈴木岩弓（1997）．「墓が語る現代──仙台市営葛岡墓園の場合」『東北文化研究室紀要』*38*, 41-62.

鈴木岩弓・サンドラ, H.（1999）．「墓が語る現代（2）──仙台市における民営共同墓地の場合」『東北文化研究室紀要』*40*, 1-19.

鈴木　広（1963）．「都市下層の宗教集団（上）──福岡市における創価学会」『社会学研究』*22*, 81-102.

鈴木　広（1964）．「都市下層の宗教集団（下）──福岡市における創価学会」『社会学研究』*24・25*, 50-90.

鈴木　広（1970）．『都市的世界』誠信書房

角南聡一郎（2018）．「物質文化／マテリアリティ」大谷栄一・菊地　暁・永岡　崇［編］『日本宗教史のキーワード──近代主義を超えて』慶應義塾大学出版会, pp.75-80.

関根達人（2018）．『墓石が語る江戸時代──大名・庶民の墓事情』吉川弘文館

玉野和志（2005）．『東京のローカル・コミュニティ──ある町の物語一九〇〇-八〇』東京大学出版会

玉野和志（2008）．『創価学会の研究』講談社

辻井敦大（2019a）．「墓地行政における「福祉」──地方自治体による墓地への意味づけに注目して」『都市社会研究』*11*, 93-108.

辻井敦大（2019b）．「戦後日本における墓をめぐる社会史──石材店によるマーケティング戦略に注目して」『年報社会学論集』*32*, 61-72.

中筋直哉（2000）．「〈社会の記憶〉としての墓・霊園──「死者たち」はどう扱われてきたか」片桐新自［編］『歴史的環境の社会学』新曜社, pp.222-244.

中筋由紀子（2006）．『死の文化の比較社会学──「わたしの死」の成立』梓出版社

中村祐希（2017）．「宗教学におけるマテリアルカルチャー研究」『東京大学宗教学年報』*34*, 245-255.

柳田国男（1993）．『明治大正史　世相篇』講談社

横田　睦（2007）．「墓地の動向を俯瞰する」『都市公園』*176*, 27-31.

Hallam, E., & Hockey, J.（2001）. *Death, memory and material culture*. Oxford: Berg.

【資　料】

旭ダイヤモンド工業（1977）．『40年の歩み』旭ダイヤモンド工業

須藤石材株式会社社史編纂委員会［編］（2005）．『須藤石材の100年』須藤石材株式会社

ダイヤモンド工業協会［編］（1968）．『日本のダイヤモンド工業50年の歩み』ダイヤモンド工業協会

ダイヤモンド工業協会［編］（1979）．『ダイヤモンド工具マニュアル』工業調査会

墓地墓石研究会（1981）．『墓地墓石大事典』雄山閣

中江　勉［編］（1979a）．『地場産業大系Ⅰ　墓石産業'79』鎌倉新書

中江　勉［編］（1979b）．『地場産業大系Ⅱ　先祖供養産業'79』鎌倉新書

メモリアルアートの大野屋社史編纂委員会［編］（1989）．『メモリアルアートの大野屋 半世紀の歩み』メモリアルアートの大野屋

吉田　剛（1990）．「現代墓石事情──石のデザインの時代へ」『緑の読本』*26*(13), 84-91.

第3章

写真は永遠か？

「不朽写真」としての写真陶磁器

遠藤みゆき

鈴木真一《肖像写真入り壺》1903 年
（高橋久幸氏所蔵・下田開国博物館保管）

　本章では，写真を陶磁器に焼き付けた，「写真陶磁器」を扱う。写真はその発明当初，時間の経過や保存状態に伴う画像の退色や劣化が大きな問題であった。陶磁器は堅牢かつ腐蝕に強く，いつ消えてしまうかわからない不確かな画像を焼き付けるには，適した素材であったといえる。ここではまず，写真陶磁器の発明者および技法を確認したのち，19 世紀当時における写真陶磁器の作例を確かめるため，万国博覧会，内国勧業博覧会資料を参照する。最後に，初代鈴木真一が自らのために製造した骨壺を紹介することで，写真陶磁器に込められた写真および（写真に焼きつけられた）被写体に対する永続性の渇求と，写真が発明当初からもち続ける不安定さや脆弱性を指摘したい。それらの特性は，デジタル写真が主流となる現代においても共有される，写真の本質の一つといえるだろう。

① はじめに：写真陶磁器とは何か

　私たちの身の回りには,「写真」が溢れている。新聞や雑誌に掲載されている写真はもちろん,街を歩くと,ビルに貼り出された巨大なポスターや,電車の中の吊り広告,店頭の看板,道端の貼り紙,無造作に手渡される小さな紙切れにまで,写真が印刷されている。いうまでもなく,スマホであれガラケーであれ,カメラが内蔵された携帯電話を持っていれば,デジタルデータとしての写真がカメラロールに保存されているだろう。私たちはそうした写真を,SNSに投稿したり,用紙にプリントアウトしたりする。

　では,「写真」という言葉を使うとき,あなたはどのようなイメージを思い浮かべるだろうか。おそらくまず「写真」とは,現実の世界をありのままに写し取った静止画,というイメージが浮かぶのではないだろうか。このとき,イメージの基盤,乗り物となる,〈支持体〉の方には,あまり意識が向けられない。支持体とは,絵画であればキャンバスなど絵の具が乗る面となる,板や布の部分を指す。印刷された写真であれば,多くの場合,支持体は紙である。デジタルデータとしての写真の場合は,スマホやラップトップなどのモニター,プロジェクションされるスクリーンや壁などが支持体といえるだろう。

　本章では,支持体に陶磁器が用いられた写真を扱う。陶磁器を支持体とする写真,あるいは写真が焼きつけられた陶磁器は,写真が発明された 19 世紀の一時期に,写真師[1] たちによって競うように製造された。しかしながら,写真史研究における研究対象としては,これらの作例はほとんど等閑視されてきたといえる。現存する作例が少

---

1) 19 世紀当時,写真の撮影・現像には特殊な知識とプロセスを要した。とりわけ日本では,従事する人びとは化学者や発明家,あるいは油絵や金属版画など西洋から流入した描画技法をいち早く実践する者であり,その専門性から「写真師」と呼ばれた。撮影・現像といった写真の製造自体を,「写真術」と呼ぶ。本章では国内・国外にかかわらず総じて,初期写真の製造に携わった技術者を「写真師」と総称する。

なく，技法自体も忘れられた存在であることが大きな理由と考えられるが，初期写真史を語るうえで見過ごすことのできない作例である。なぜなら陶磁器への焼付は，紙への焼付によって生じた退色や画像の劣化を解決するために考案された，画期的かつ実用的な発明であり，当時の最先端の技術であったからだ。

　これらの製造品は，当時さまざまな名前で紹介されたが[2]，本章では総じて「写真陶磁器」と呼ぶ。写真陶磁器とは，どのようなものであったのか。また，現在では目にする機会の少ない写真陶磁器は，なぜ失われたのか。これらの疑問に答え，発明当初の写真が置かれた状況をみることで，私たちが現在写真と呼ぶものの本質を捉える一つのヒントを得られるのではないか。

　まずは，写真陶磁器について，同時代の写真の技法とともにその特徴を確認してゆこう。

2　発　　明

　写真の歴史は，技術開発の歴史である。1839年にフランスのダゲール（L. Daguerre, 1787–1851）によって，ダゲレオタイプが発表された。同時期にフランスではニエプス（N. Niépce, 1765–1833），イギリスではタルボット（W. H. F. Talbot, 1800–1877）らにより写真術の開発が進められていたが，フランス政府によって公認され，特許が買い上げられたことなどから，現在では，ダゲールがダゲレオタイプを発明・発表した年が写真の誕生した年であるとみなされている。

　ダゲレオタイプの支持体は，銀メッキが施された銅板である。同時期にタルボットによって発明されたカロタイプの支持体は，紙で

2）たとえばPhoto ceramic, Ceramic photography など。日本語では写真陶器，陶器写真などと呼ばれる。ただし，実際の作例を確認すると，陶器ではなく磁器が用いられる場合が多いため，本章では「写真陶磁器」とする。

ある。また，ダゲレオタイプはネガを作らずに，一点もののポジ画
像を製造する技法であったが，カロタイプは紙のネガを作り，さら
に個別の紙に焼き付けることで複数のポジ画像を得ることができる，
複製可能な技術であった。その後，コロディオン湿板法が確立する
と，ガラス板を支持体とするネガから，ポジ画像を紙に焼き付ける
手法が一般化し，より鮮明な画像が得られるようになる。

　19世紀の写真，つまり初期写真における写真のポジ画像の支持
体は大きく，紙，ガラス，金属，その他に分けることができる。た
とえば前述したとおり，支持体に紙を用いる技法の一つにカロタイ
プがあり，金属を用いる技法の一つに，ダゲレオタイプがある。「そ
の他」には，陶磁器やエナメル加工板，木材，石材，布地などが含
まれる。わかりやすい例として，贅を尽くした写真館と撮影行為に
よって名高い，鹿島清兵衛（1866-1924）の写真館の広告を見てみよ
う（図3-1）。広告からは，写真館では撮影にとどまらず，「写真応
用美術品」として，帯地，半襟，羽織裏地やハンカチから，団扇，
衝立，陶器類まで，さまざまな素材に写真を印刷した製品を販売し
ていたことがわかる。

　支持体とは別に，同時代の写真を，写真画像を形成する材料によっ
て区分すると，銀，顔料，白銀，その他（パラジウムや鉄塩など）と分
類ができる。ダゲレオタイプやコロディオン湿板，鶏卵紙，ゼラチン・
シルバー・プリントに至るまで，写真の発明当初より長らく探求され
てきた技法は，「銀」を材料に画像を生成する方法である（荒井，2003）。

　19世紀後半の1850年代に入ると，銀に代わる方法（alternative
(non-silver) processes）の発明が高まりをみせる。これらの印画法は
銀の代わりに，ゼラチンやアラビアゴムなどの膜中に混ぜた「顔料」
（ピグメント）を使用することが特徴であり，総じてピグメント印画
法と呼ばれる。顔料を使用することにより，銀の化学変化によって
生じる劣化（銀の酸化還元による銀鏡，硫化による変色・退色など）が

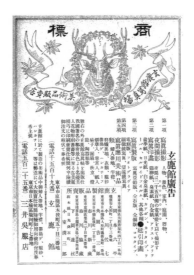

図 3-1　「玄鹿館廣告」（『歌舞伎新報』第 1613 号，
玄鹿館，1895（明治 28）年 8 月 2 日）

生じず，画像の状態が安定して保たれるため，経年劣化に強いという特徴をもつ。支持体には紙のほか，陶磁器やエナメル製品も用いられた。写真陶磁器は銀に代わり顔料を，紙ではなく陶磁器を用いることにより，それまでの写真技法のもつ不安定さ・脆弱さという欠点を克服する，オルタナティヴな写真技法の一つであった。

　写真陶磁器の製造法としては，大きく分けて二つの方法が知られている。一つは，1859 年にガルニエール＆サルモン（H. Garnier and A. Salmon, 生没年不明），および 1860 年にフェルディナンド・ジュベア（F. Joubert, 1810–1884）によって発明された「撒粉法」（'dusting-on' or 'powder' process）であり，もう一つは，1855 年にラフォン・デュ・カマルサック（L. de Camarsac, 1821–1905）によって発明された，「代用法」（'substitution' process）である。これら写真陶磁器の製造は，機械化が難しく人力に依存しがちで，無数の失敗

と挫折を要した，決して効率的とはいえない試みであった。しかしながら，たしかに需要があったことが記録に残る。とりわけ1890年代頃にはマーケットが存在し，ティーカップから墓石まで，さまざまな製品が流通したという（Lenman, 2005: 477）。同時に写真製版法の一つであるコロタイプ[3]も，のちに写真陶磁器の製造に転用され，労働力と生産コストの削減が試みられていった[4]。

③ 万国博覧会

　それでは実際に，写真陶磁器はどの程度製造が行われていたのだろうか。19世紀当時に製造され，流通した写真陶磁器の総量を，現在の私たちが詳細に把握することは非常に困難である。しかしながら，量ではなく質の点であれば，当時の写真雑誌や，写真製品の発表の場に目をやることで，その一端を垣間見ることが可能だ。

　科学者や写真師らによって新たな写真術が考案され，さらなる改良が目指されていた19世紀後半は，産業革命によって発達した工業力により列強各国が覇権を争う時代でもあった。自国の勢力を世界に知らしめるため，イギリスは1851年に第1回ロンドン万国博覧会を開催した。この博覧会では出品部門として，鉱物などの原材料部門や，蒸気機関車など花形といえる機械部門，ガラスや陶器などの製品部門，絵画彫刻などからなる美術部門等が設けられていた。記録からは，発明されて間もない写真術に関する製造品も，当時の最先端技術の一つとして出品されていたことがわかる。

　写真陶磁器は，その11年後の1862年，第2回ロンドン万博の出

---

3) ガラス板上にゼラチン溶液と感光液の混合液を塗布し，ネガを密着焼付後，水洗現像することにより版面を生成する写真製版技法。諧調表現に優れるが，一つの版で300枚ほどしか刷ることができない。

4) コロタイプなどの写真製版技術を用いた陶磁器への絵付けは，「写真転写」と呼ばれ，石版転写などと同様の方法であるという（小野, 1935）。

品記録の中に初めて登場する。報告書によれば，第7パート内，第14クラスに「写真装置および写真」という出品区分が設けられていた（Mallet, 1862）。先に紹介したパリ出身のカマルサックは「Unchangeable photographs on enamels and porcelain」，直訳すれば，「エナメル製品や陶磁器上に写した不変写真」を出品している。カマルサックがこのとき出品したと考えられる写真は，現在ロンドンのヴィクトリア＆アルバート博物館に所蔵されている（図3-2）。

　このほか，他の写真師によりカーボン印画[5]や，絹やガラスに焼き付けた写真，宝石に埋め込んだ顕微鏡写真等の出品があった。さらに，この第2回ロンドン万博には，日本の使節団が派遣されていた。*Illustrated London News* にも描かれた彼らは，文久遣欧使節団と呼ばれ，福地源一郎や福沢諭吉らが含まれていた。彼らは熱心にロンドン万博を見て回ったと記録が残っており，このとき，出品された写真陶磁器を目にしていたかもしれない。

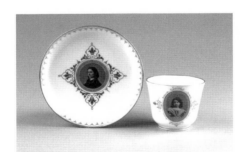

図 3-2　Lafon de Camarsac, 'Unchangeable photographs on enamel and porcelain'
exhibited at the international exhibition, London, 1862
（Collection of Victoria and Albert Museum, London）

5）1855年にアルフォンス・ポワトヴァン（L. A. Poitevin, 1819–1882）が，ゼラチンやアラビアゴムなどが重クロム酸カリウムなどと混合した際に感光性をもつことを発見したことに端を発し確立した，ピグメント印画法の一つ。1860年代を中心に，その色調の豊かさや深み，画像の耐久性より大きな支持を得る。

　次に開催された万博，1867年の第2回パリ万博でも，写真陶磁器の出品を確認することができる。写真に関係する出品物は，第2グループ内，第9クラス「写真とその装置」にまとめられた。報告書によると，フランスからは陶磁器の釉薬によってガラス化された彩色写真が出品されたほか，先述したカマルサックが，エナメル板に写した写真を出品し，高い評価を受けている。他方，イギリスの出品では，写真陶磁器についての言及はなく，ウッドバリープリント[6]やカーボン印画といった，紙を支持体とする最新技法への注目が目立つ（Blake, 1870）。

　1873年のウィーン万博，および1876年のフィラデルフィア万博においても，報告書や出品目録から，写真陶磁器とみられる製造品が出品されていることを確認できる（Vienna International Exhibition, 1873；United States Centennial Commission, 1876）。しかしながらこの頃には徐々に写真陶磁器の出品数は減少傾向にあり，「Permanent Photography」，つまり「不変写真」と名付けられた出品物の多くは，カーボン印画などのピグメント印画法を用いた紙焼き写真が中心となる。

　万国博覧会の出品目録や報告書を読み解く限り，写真陶磁器は，1850年代末からおおむね1870年代頃まで，欧米においては高い技術をもった製造者がおり，一定の需要もあった。同時代の写真雑誌 *The British Journal of Photography*，*The Photographic News* 等においても，写真陶磁器の製造法の解説や，類似した製品に関する記事を確認することができるが，その後，1880年代にはそうした記事の数は大幅に減少する[7]。1890年代頃にマーケットの盛り上がりをみせたとされる写真陶磁器であるが，最先端の技術を追い求め

---

6) 1864年にイギリスのウォルター・ウッドバリー（W. B. Woodbury, 1834–1885）によって特許申請された写真製版法の一つ。画像はカーボン印画によく似た深い色調をもち，顔料を用いるため，同様に画像の耐久性に優れている。

7) 1904年には，*The British Journal of Photography* において「写真陶磁器の50年」と題された回顧記事が掲載される（Henderson, 1904）。

る写真師たちの間では，すでに 1880 年代にはとくに珍しくもない技術，時代遅れの技法となりつつあったのだろう。

4 内国勧業博覧会

　日本においても，写真陶磁器は製造されていた。幕末から西洋の科学技術が流入する過程で，写真術は最先端の技術として長崎や横浜，函館など開港地を中心に伝来し，幕府や諸藩によって独自に研究開発が進められた。幕末明治期の写真界の様相，とりわけ最先端かつ最高峰の技術と成果は，万国博覧会と同様に，日本国内で行われた内国勧業博覧会への出品物を確認することで知ることが可能だ。

　内国勧業博覧会とは，明治政府によって万国博覧会の準備段階として画策され，明治期の間に第一回から第五回まで開催された，当時国内最大の品評会であり，産業振興の場といえる。

　第一回内国勧業博覧会は，1877（明治 10）年に上野にて開催された。写真に関する出品は，「第三区 美術」のうち「第四類 写真術」にまとめられた。出品物は主として紙焼き写真が多く，対象をガラスに焼き付けそれ自体を鑑賞するアンブロタイプも散見される。出品目録を確認する限り，写真陶磁器と確定できる作例はない（東京国立文化財研究所美術部, 1996）。

　第二回内国勧業博覧会は，同様に上野で，1881（明治 14）年に開催された。写真の出品区分は前回の「美術」から，「製造品」に改められた。「第二区 製造品」のうち，「第十四類 教育及び学術の器具」に設置され，写真に関する出品物の支持体は多様になり，紙（洋紙含む）のほか，ガラス，絹，真鍮などがみられる。また紙焼き写真を屏風に貼りこんだものや，ガラス写真を衝立に仕立てたものなど，趣向を凝らした日用品も目につく。こうしたなかに，横浜の写真師・鈴木真一による，写真陶磁器の出品を確認することができる。

出品目録によれば，鈴木真一の出品は次のように記されている。

> （一）絹　富士山ノ図，（二）西洋紙　プレイン取リ富士山ノ図，
> （三）西洋紙　人物，（四），（五）陶器　ポスレン取人物

　1 点目の出品物は絹地に富士山を撮影したもの，2 点目は洋紙に同じく富士山を撮影したもの，3 点目は洋紙に人物を撮影したもの，4 点目および 5 点目は陶器に人物を撮影したものと推測される。「ポスレン」という語は，陶磁器を意味する porcelain を指し，「取」とは現在でいう「撮」の意であろう。

　1890（明治 23）年の第三回内国勧業博覧会では，さらに多くの写真師により，写真陶磁器といえる出品がなされた。写真の出品区分は，「第一部 工業」のうち「第十四類 写真及び印刷」と，「第二部 美術」のうち「第五類 版，写真及び書」の 2 か所となった。第一部の出品のうち，神田の江木松四郎による「陶器写真」，浅草の中島待乳による「陶器写真」，仙台の遠藤誠による「陶器写真」および「陶器不変着色写真」，横浜の鈴木真による「陶器写真」などがあった。鈴木真とは，前述した鈴木真一のことであり，二代目鈴木真一に同名を譲り，初代は真に改名した。

　同時にこのときの出品目録からは，欧米において印刷技術と融合し実用化が進んだ写真製版技術が，日本国内においても「不変」ともてはやされ，オートタイプ，フォトタイプ，アートタイプといった名前で出品されていたこともわかる。この後，第四回内国勧業博覧会（京都，1895（明治 28）年），第五回内国勧業博覧会（大阪，1903（明治 36）年）が開催されたが，出品目録から写真陶磁器と断定できる作例を確認することはできない。

　また，第三回内国勧業博覧会が開催された後，1892（明治 25）年頃から，写真雑誌において写真陶磁器の製造法が掲載されるようになる。

とはいえ，多くの場合，写真陶磁器の製造は，写真館経営における余技のように扱われており，当時の写真師が本気で製造に精を出したとは思えない。同様に，同時期の窯業界においても写真によって陶磁器を装飾する方法がいっとき注目を集めるものの，写真師並みの専門的かつ特殊な知識と技術を要するため，一般の陶工や窯業従事者の間にその技法が定着することはなかったといえる[8]。さらに，大正期に入ると，日本陶器により転写紙の国産化が始まる。転写紙によって装飾された，シンプルな日常使いの洋食器の大量生産を目指す窯業界にとって，手間のかかる一点ものとしての写真陶磁器は，もはや時代にそぐわない非効率的な製造品としか映らなかっただろう。

5　不朽写真

　そのようななか，前出の初代鈴木真一（1835–1918（天保 6 ～大正 7）年）は，日本における写真陶磁器製作のほとんど唯一といえる実践者であった。横浜の写真師・下岡蓮杖に師事した真一は，1873（明治 6）年，横浜・弁天橋前に写真館を開業した。1884（明治 17）年には横浜・真砂町に洋風 2 階建ての新たな写真館を建て，肖像写真の撮影や名所風俗の着色写真の販売を行い，財をなした。また同じ頃，試行錯誤の末，陶磁器への写真焼付に成功し，風景や風俗写真を陶磁器に焼き付け，主に外国人向けのお土産として販売していたという（佐藤, 1894；梅本・小林, 1952；井桜, 2000；斎藤, 2004；横浜開港資料館, 1983）[9]。

　初代鈴木真一が手がけた現存する写真陶磁器としては，1903（明

---

8) たとえば，1893（明治 26）年から 1896（明治 29）年頃の『大日本窯業協会雑誌』では，しばしば写真陶磁器の製造を行う写真師や陶磁器製造者の記事が掲載されている。製造法の紹介もなされるが，非常に複雑であることがわかる。（執筆者不詳, 1896）。

9) なお，以下の資料も参照のこと。森重和雄「幕末明治の写真師列伝 第三十三回 鈴木真一 その四」日本カメラ財団〈http://www.jcii-camera.or.jp/business/research-photographer_biographies.html（最終確認日：2021 年 9 月 4 日）〉。

治36）年の作とされる《肖像写真入り壺》（高橋久幸氏所蔵・下田開
国博物館保管）がある。白磁の壺には，1903年当時であれば69歳
頃の自身の肖像写真とともに，筆で書かれた彼の略歴も焼き付けら
れており，次のような内容を読み取ることができる[10]。

　真一は1875（明治8）年頃から，堅牢な陶磁器に写真を焼きつけ
ることを思いあたり，日夜心を砕き研究を重ねていた。試しに写真
を焼き付けた陶磁器を下水に投じ，16年後に改めて見たところ，
まったく変色していなかった。そのためひそかに，写真陶磁器が万
世不朽かつ不変色であることを信じた。さらに，水難や火災に遭っ
たとしても画像が失われることはなく，硫酸や硝酸，塩酸に投げ入
れても腐蝕することがない，つまり消滅することがないため，これ
を「不朽写真」と称した。そうして真一は，自らの肖像を磁器の壺
に焼き付け，自身の亡骸を入れることで，鈴木家を「来世の遺物」
とした。

　真一は，「不朽写真」の骨壺を製造するなかで，自らの写真が永
遠に存在することと，鈴木家が来世にも永続することを重ね合わせ
たのだろう。写真とは，現実をあるがままに写し取るが，写し取ら
れた画像は，画像の退色や劣化，支持体の破損などにより，必ずし
も永久に残るわけではない。写真陶磁器の「不朽写真」としてのあ
り方は，写された誰かの姿を永久に残そうとする，肉体が失われて
も存在し続けようとする，半ば魔術じみた試みともいえる。

　写真陶磁器にそのような望みを託そうとしたのは，何も鈴木真一
だけではない。たとえば，陶板に写真を印刷する技術を応用した
「陶器写真嵌込石碑」を宣伝する新聞広告がある（図3-3）。広告の
口上では，次のように述べられている（下線は筆者による）。

10）鈴木真一の《肖像写真入り壺》については，すでに小原（2010）において言及が
　　あり，作品図版についても本書に掲載されている。

頽廃せる現今の国家を救助するには人道の大木たる祖先崇拝

本社独特の金写真焼付位牌が古人の面影を永久子孫に欽慕の信

念を厚からしめ

家庭の訓戒一家円満幸福を享け得しむるにあり

勿　　驚　一大新案石塔および位牌はめこみ陶器写真は
〔おどろくなかれ〕

永久風雨に堪へ　荘厳精美　銅像に優り　溢容尊姿に接するの

思いあらしめ

又　額面としては紙写真油絵類の比に非ざる絶好の美術品

〔〔〕内読み下しのルビは筆者による〕

　ここでは写真陶磁器が，位牌あるいは石塔にはめ込まれ，亡き人を偲ぶよすがの，中心的な存在としてみなされている。真一の骨壺と同様に，永久風雨に堪える堅牢な素材で造られていることは，まさに写真を「不朽」のものとし，写された人物が未来永劫存在し続けることへの願いと重ねられる。

図 3-3　「(広告) 陶器写真嵌込石碑」
（『東京朝日新聞』1914（大正 3）年 5 月 17 日朝刊，1 頁）

　また，こうした写真陶磁器の技法を応用した製品・商品は，日本人特有の発明というわけではない。西洋においても，写真を焼きつけた陶板が，墓石に埋め込まれている事例を確認できる。さらには今日，厳密には写真陶磁器とはいえないものの，亡き人やペットの姿を写した写真を，墓石に転写，あるいは彫り込むサービスは，インターネット上などにおいて簡単に見つけることができる。ここでも，陶磁器や石材などに写真（的なイメージ）を写し取りたいという心情の背景には，材質がもたらす安定感や不変性が関係するのだろう。

⑥ おわりに

　写真陶磁器とは，1850 年代から 19 世紀後半にかけて写真師たちによって探求された，陶磁器の堅牢性と顔料の耐久性を兼ね備えた，不変不朽の写真であった。ダゲレオタイプの発明から続く，銀を用いる写真技法において克服すべき欠点とみなされた画像の退色や劣化に対する一つの解答として，多くの技術者が写真陶磁器の製造に力を入れた。

　しかしながらその製造は，大量生産には向かず非効率的な，高い技術力と経験を要する手仕事によって成り立っていた。そのため，ピグメント印画法や写真製版術といった，顔料を用いて画像の普遍性を担保する技法の確立や，銀を用いた印画法の安定性の向上など，よりよい技術の開発に伴って，写真陶磁器は顧みられなくなったといえる。

　写真が発明当初からもつ画像の不安定さを，現在のデジタル写真における，データとしての写真の不確かさと重ね合わせて考えることも可能であろう。写真の歴史は常に新たな技術によって更新され，同時に，いつの時代も私たちは，生まれてはやがて消滅してゆくイメージへの抵抗を続けているのである。

●ディスカッションのために
1　本章で扱われた「写真陶磁器」とはどのようなものだったか。本文の言葉を使ってまとめてみよう。
2　写真を印刷する素材として陶器が選ばれたのにはどのような理由があったのだろうか。本文の言葉を用いてまとめてみよう。
3　あなたの携帯電話やスマートフォンで撮影した写真を永遠に残しておくためにはどのようにすればよいだろうか。写真を記録するための技術について調べて考えてみよう。

【引用・参考文献】

荒井宏子（2003）．「19 世紀の写真感光材料と印画方式」『日本写真学会誌』*66*(6)，550-558.

井桜直美（2000）．『セピア色の肖像――幕末明治名刺判写真コレクション』朝日ソノラマ

梅本貞雄・小林秀二郎［編］（1952）．『日本写真界の物故功労者顕彰録』日本写真協会

小野賢一郎［編］（1935）．『陶器大事典　第三巻』實雲舎

木下直之（1996）．『写真画論――写真と絵画の結婚』岩波書店

小原真史（2010）．「生と死・公と死・東洋と西洋のあわいで」『時の宙づり――生・写真・死』IZU PHOTO MUSEUM, 214-229.

斎藤多喜夫（2004）．『幕末明治横浜写真館物語』吉川弘文館

佐藤鉄弥［編］（1894）．『写真事歴』写真新報発行所

佐藤守弘（2009）．「擬写真論――肖像写真の転生」『美術フォーラム 21』*20*, 109-115.

執筆者不詳（1896）．「玻璃及磁器の写真装飾」『大日本窯業協会雑誌』*45*, 289-293.

シャーカフスキー，J. ほか／甲斐義明［編訳］（2017）．『写真の理論』月曜社

東京国立文化財研究所美術部［編］（1996）．『内国勧業博覧会美術品出品目録』中央公論美術出版

内国勧業博覧会事務局［編］（1881）．『第二回内国勧業博覧会出品目録』内国勧業博覧会事務局

バッチェン，G.／前川　修・佐藤守弘・岩城覚久［訳］（2010）．『写真のアルケオロジー』青弓社（Batchen, G.（1997）. *Burning with desire: The conception of photography*. Cambridge, MA: MIT Press.）

前川　修（2009）．「物としての写真／写真としての物」『美術フォーラム 21』*20*, 116-121.

前川　修（2019）．『イメージを逆撫でする――写真論講義 理論編』東京大学出版会

前川　修（2020）．『イメージのヴァナキュラー――写真論講義 実例編』東京大学出版会

横浜開港資料館［編］（1983）．「横浜人物小誌①鈴木真一 文明開化期の写真家」『開港のひろば』*5*, 3.

ラヴェドリン，B.・ガンドルフォ，J. -P.・モノー，S.／白岩洋子［訳］（2017）．『写真技法と保存の知識 デジタル以前の写真――その誕生からカラーフィルムまで』青幻舎（Lavédrine, B., Gandolfo, J. -P., & Monod, S.（2007）. *[Re]Connaître et conserver les photographies anciennes.* Paris: Comité des travaux historiques et scientifiques.)

Batchen, G.（2004）. *Forget me not: Photography and remembrance.* Amsterdam: Van Gogh Museum.

Blake, W. P.（ed.）（1870）. *Reports of the United States Commissioners to the Paris Universal Exposition, 1867.* Washington, DC: Government Printing Office.

Bolton, R.（ed.）（1989）. *The contest of meaning: Critical histories of photography.* Cambridge, MA: MIT Press.

Burgin, V.（ed.）（1982）. *Thinking photography（communications and culture）.* Basingstoke & London: Palgrave Macmillan.

Durden, M., & Tormey, J.（eds.）（2019）. *The Routledge companion to photography theory* [1st edition]. London: Routledge.

Edwards, E., & Hart, J.（eds.）（2004）. *Photographs objects histories: On the materiality of images.* London: Routledge.

Elkins, J.（ed.）（2007）. *Photography theory.* New York: Routledge.

Hannavy, J.（ed.）（2008）. *Encyclopedia of nineteenth-century photography,* v.1 & v.2, New York: Routledge.

Henderson, A. L.（1904）. Half a century of ceramic photography. *The British Journal of Photography.*

James, C.（2015）. *The book of alternative photographic processes* [3rd edition]. Boston, MA: Cengage Learning.

Lenman, R.（ed.）（2005）. *The Oxford companion to the photograph.* Oxford: Oxford University Press.

Leonardi, N., & Natale, S.（eds.）（2018）. *Photography and other media in the nineteenth century.* University Park, PA: The Pennsylvania State University Press.

Mallet, R.（ed.）（1862）. *Record of the International Exhibition, 1862.* Glasgow: William Mackenzie.

Neumüller, M.（ed.）（2018）. *The Routledge companion to photography and visual culture* [1st edition]. New York: Routledge.

Smith, P., & Lefley, C.（2015）. *Rethinking photography histories, theories and education* [1st edition]. New York: Routledge.

United States Centennial Commission（1876）. *International Exhibition, 1876: Official catalogue, complete in one volume / United States Centennial Commission.* Philadelphia, PA: Published for the Centennial Catalogue Co. by J. R. Nagle.

Vienna International Exhibition（1873）. *Officieller Ausstellungs-Bericht, Herausgegeben durch die General-Direction der Weltausstellung 1873.* Wien: K. K. Hof- und Staatsdruckerei.

Wells, L.（ed.）（2015）. *Photography: A critical introduction* [5th edition]. London: Routledge.

Wells, L.（ed.）（2019）. *The photography reader history and theory* [2nd Edition]. London & New York: Routledge.

第4章

模型というモノ＝メディア
オブジェクト指向のメディア論にむけて

松井広志

　何らかの文化を「マテリアリティ」という視点から論じる際，二つの方向性があるだろう。一つは，よりミクロな「部分」としての物質への注目だが，これを追求すると自然科学と同じになってしまう。もう一つ，逆に「関係」に還元する方向もある。こ

模型文化の一つ，プラモデルの例
（筆者私物のガンプラ）

れは，人文学や社会科学でよくある発想法であるが，モノや技術の固有性を捉え損ねやすい。

　戦前の科学模型と木製模型，戦後のスケールモデルやキャラクターモデル，あるいはプラモデルといったように，模型のジャンル分けは，物質性や関係性のどちらによってもなされる。つまり，模型文化は，上記の両極端なアプローチでは捉えづらい領域の一つである。

　そのため本章では，模型を対象として，物質性と関係性の間にあるメディア文化のあり方を探った。逆にいうと，そうした「オブジェクト指向メディア論」という考え方によって，戦前から戦時下，戦後を経て現代までの模型文化史を概観したのが，本章の記述である。

1 模型というオブジェクトの共生 —————

❖ 模型文化を考えるために

　技術から文化を捉え直す論集である本書のうち，第Ⅰ部はとくに，素材や部品などのマテリアルに注目したパートである。そのなかで，本章が扱うのは模型文化だが，はじめにそれを論じる意義を説明しておく必要があるだろう。

　模型は，日本社会において長い歴史をもつ。「何かを模す立体物」として「模型」という言葉が使われ出したのは明治期だが，戦前・戦中，戦後から現在に至るまで，模型文化はその姿を変えつつ存続している。本章では「模型文化」という言葉を，模型（と呼ばれるモノ＝メディア）を中心としつつ，それと隣接しながらも厳密には区別されてきた「玩具」や，戦後のプラモデルやガレージキットから派生した「フィギュア」など，模型の周辺領域まで含んだより広い意味で用いる。

　というのも，模型は「何か模す」としか定義しようのない（あるいは，あえて定義しようとしてもできない）漠とした外延をもつ対象であるからだ。だからこそ，玩具やフィギュアも視野に入れたより広い範囲で模型文化を検討する方針をとっていく。

　また，そのあり方が時代とともに変化していることにも目を向ける必要がある。本章では，そうした方針のもとで，戦前期から現在までの中長期的な歴史分析を行う。

　さらにいうと，こうした広がりのある模型文化を捉えるためには，この対象に適した理論的な工夫も必要になってくるだろう。そうした分析方法として，オブジェクト指向存在論の考え方を応用することを試みる。これに関しては，以降の項で詳しく述べていこう。

❖ モノ＝メディアをめぐる新たな思想・研究

　近年，国内外を問わず，「自作」文化への関心が高まりをみせている（セネット，2016；神野ほか，2019など）。同時に，メディア論の領域でも，新しいカルチュラル・スタディーズやプラットフォーム研究など「技術」に着目した議論が盛んになっている。この系譜の議論については本書の第1章で紹介されているが，近年の日本でも，アフターテレビジョン（伊藤・毛利，2014）やカジュアル写真（久保田・きりとるめでる，2018）など，インターネット／デジタル／ソーシャルメディア時代におけるメディアのあり方を論じた著作が出されている。

　筆者は，こうした流れと呼応しつつも，とくに「モノ」の位相に即したメディア研究を行ってきた。そのうち，松井（2017a）では，模型を対象とした「モノのメディア論」を展開した。また，岡本・松井（2018）は，情報メディア「後」の状況を考える視座として人や場所とともに「モノ」を採用している。さらに，松井ら（2019）では，デジタルとアナログ両方にわたる多元的なゲーム文化について，人やモノによる複合性・横断性・多様性という観点から分析・考察を行った。

❖ オブジェクト指向存在論

　これらの発想の淵源の一つに，人とモノを対等な「アクター」と考える，ブリュノ・ラトゥール（B. Latour）らによる「アクターネットワーク理論」（ANT）に基づく近年の研究がある。さらに近年では「オブジェクト」（object）に注目した，グレアム・ハーマン（G. Harman）による「オブジェクト指向存在論」（OOO）が登場している。

　OOO は，人だけでなくモノにも重要な地位を与える点でANTと共通している。しかし，OOO に独特なのは次のような考え方である。まずハーマンは，オブジェクトについての従来の考え方を

「下方還元」（undermining）と「上方還元」（overmining）に分けて，これらを両極端な捉え方だとして批判している。

下方還元とは，自律的にみえるオブジェクトが，より小さい構成要素の集まりだとする，自然科学者に典型的な立場である。ハーマンはこれを「オブジェクトとは分子，原子，クオーク，電子あるいはヒモの集合体以上のものではないと考える，粗雑な現代の唯物論」（Harman, 2011：172）と批判している。なお，ハーマンが自らの立場を「非唯物論」（ハーマン, 2019）だとするのも，こうした下方還元への批判に基づく。

一方，上方還元とは，オブジェクトが関係性からなる性質だとする，人文学にしばしばみられる立場である。上方還元は「オブジェクトは，観察者に対する現れ方以上のものではない［…］物質の下には何もなく，あるのは出来事だけで，それらは知覚されたり，他のモノへ影響を与えたりする限りにおいてのみ実在している」（ハーマン, 2019：172）と考える。そのうえでハーマンは，すべてのオブジェクトを関係に還元するラトゥールのANTは上方還元の一種であるとし，オブジェクトの存在論を検討していないという点で批判している。

では，ハーマンは，上方と下方のどちらにも還元されないオブジェクトの存在論をどのように構想しているのだろうか。そこで重要になる概念が「共生」（symbiosis）である。共生は，「相互影響にただ帰結するのではなく，その様々な関係項のうちの一つの実在性を変える，特別なタイプの関係」（ハーマン, 2019：67）を意味する。この概念によって，あるオブジェクトが「生の軌跡においていくつかの［…］転換点をくぐり抜ける」（ハーマン, 2019：65）さまが理解できるようになる。

上記のようなOOO，とくに共生についての概念は難解な部分を含んでいる。ひとまず，本章の以下の分析を進めていくためには，

次のように理解しておけばよいだろう。「共生」とはさまざまな人・モノ・場所による関係のうち「特別な関係」であり，OOO では，それが単に「関係するだけ」に終わらずに，オブジェクトの実在や現実のあり方をも変えていくような様相を捉えようとしているのである。

❖ オブジェクト指向のメディア論

いよいよ次節からは，上述した視点から，模型の歴史分析を行なっていく。その方針は以下のとおりである。第一に，オブジェクトの下方還元を排する。つまり，模型をその構成要素，たとえば素材や技術，あるいは生産地に還元することはしない。第二に，上方還元になってしまうような，模型文化の効果，具体的には模型のイメージや，教育や趣味といった目的のみを強調することも避ける。

そして，第三に，模型文化が存在するために不可欠な人・モノ・場所の「共生」を記述していくことを目指す。共生は「ひとたびオブジェクトの性格が据えられてしまえば，無限に柔軟に変化できるわけではない」[1]（ハーマン, 2019：147）という。それゆえ，模型文化が変化することだけでなく，連続性をもつことにも注意しなければならない。以上の点をふまえて，本章は次の順で論じていく。

まず，日本社会における模型文化の共生が形成された戦前期，1920–30 年代の金属玩具の状況を確認する（☞ 2 節）。次に，それが変化した契機として，1930–40 年代前半の戦時下における素材・技術の工夫をみていく（☞ 3 節）。そのうえで，戦後の模型文化，とくに 1960–80 年代におけるプラスチックという新素材と技術革新，それによるキャラクターモデルの成立を考える（☞ 4 節）。さらに，

---

1) 本章内での表記を統一する意図から，日本語訳の「対象」を「オブジェクト」に変更している。

1990–2000 年代のフィギュアについて，デジタル化とグローバル化の視点から捉えていく（☞ 5 節）。最後に，こうした歴史分析の成果と課題について述べたい（☞ 6 節）。

② 1920 年代の金属玩具：技術発展と生産体制 ───

　戦前期の模型文化を考える際にまず重要なのは，ブリキなどの金属製玩具の展開である。玩具と模型は現在では（主に前者は子ども向けの遊び道具，後者は大人向けのホビーとして）区別されているが，少なくともある時期までの模型は玩具と重なる文化領域にあった。したがって，本節ではまず玩具，とくに戦前期において重要であった金属（製）玩具について検討していく。

　まず，日清〜日露戦争期（19 世紀末〜 20 世紀初頭）には，伝統的なタガネ製法に代わって，西洋近代的技術であるプレス機械の導入が進んだ。金属玩具の業界史を参照すると，「日清戦争後まもなく，業界に画期的な変革をもたらしたのは，西洋工作機械の導入であるが，そのなかで最初に業界に使われたのがハンドプレスである」（日本金属玩具史編纂委員会，1960：125）と記されている。

　その後，第一次大戦後〜第二次大戦までの戦間期には，玩具産業が確立した。その傍証として挙げられるのは，1919 年に「工場統計」（現「工業統計」）に「玩具」の下位分類として「木製」「金属製」の項目が設定されたことだ。この統計分類では「模型」というカテゴリーは存在しないが，現在の「工業統計」でみられる「プラスチックモデル」項目は戦後の 1960 年代後半に設けられた。ここから，玩具と模型は，遅くとも戦後の高度経済成長期になると，違う文化ジャンルと認識されたことがわかる。

　戦間期の日本の玩具は，生産組織の点では分散型の典型だったとされる（谷本，2005）。そもそも近代日本における産業は，問屋制家

内工業などの分散型の生産組織によって発展してきたが，東京を中心に生産された金属玩具もその一つであった。農村部の過剰人口を吸収した東京において，金属玩具の生産組織は 1920 年代までに増加し，昭和恐慌期には停滞するものの，1930 年代にさらに成長していった。この代表的な事例として，1923 年，東京（浅草）に設立された石田製作所が挙げられる。石田製作所は，後のマルサン商店であり，戦後に日本初の国産プラモデルを発売したとされる企業である。

　また，こうした金属玩具をめぐっては，金属という素材と（文字通り）密接に関係する別の「モノ」も重要である。それは，模型競技大会を組織するなど，模型文化との関わりも大きかった今村化学研究所が 1923 年に発売した，日本初の化学接着剤「セメダインA」だ。それまでの模型製作の接着作業は，高価なイギリス製の「メンダイン」やアメリカ製の「テナシチン」などの輸入品を使うか，そうでなければ，木製模型に対しては飯粒を練りつぶして作った糊である「そくい」，金属ならハンダ付けを行うしかなかった（日本の模型業界七五年史編集委員会，1986：52-54）。そうしたなか，国産の安価な接着剤の登場は，木製・金属製問わず工作をしやすくしただろう（図 4-1）。

　以上のように，プレス機械の導入からセメダインまで，物質性と密接に関わる技術的展開が模型製作の広がりの前提の一つとなっていた。もちろん，模型産業の確立には，たとえば人口動態や社会意識など，マクロな社会背景

図 4-1　今村化学研究所「セメダイン」広告
用途に「金属製品」「木竹」「玩具類」がみられる（『読売新聞』1939.9.5 夕刊）

もあったと思われる。しかし同時に，技術の発展が一つの要因となって，金属や木材などの素材が生産（加工）・工作しやすくなり，模型産業が確立していった。これらは，素材と技術が「共生」して，模型というオブジェクトを成立させていることを示唆している。

❸ 1930–40 年代の木製・代用材模型 ──────────

　次に，1930 年代から 1940 年代前半，満州事変から日中戦争，太平洋戦争の敗戦までの時期，つまり日本の戦時下における模型文化を考えていきたい。まずは少しさかのぼって，前節の時期と重なる時期の状況を，今度は木製模型の側面から確認しておく。

　江戸期から木材業の集積地だった静岡では，1920 年代にその産業化がみられた。たとえば，静岡出身の飛行機パイロットだった青島次郎は，木材を扱う大工を経て，1924 年に青島飛行機研究所を創業した。これは，現在まで続く静岡の模型メーカー・青島文化教材社（改称は戦後）の直接の前身である。当初は実物の飛行機を念頭に置いていた青島飛行機研究所は，1932 年に青島模型飛行機に改称し，模型飛行機を主に扱う会社となった（はぬまあん，2001）。青島の活動から，この時期には"実物≒模型"のような考えが一般的になっていたことがわかる。

　しかし，1930 年代後半の日中戦争期になると，物資統制から金属製模型の生産は困難になった。だが，ここで注意しておきたいのは，木製模型の生産は続けられたことである。その背景には模型航空教育がある。そもそも，当時の航空機は，「現代」的な科学（戦）の象徴だった（一ノ瀬，2017）。その啓蒙のために，1941 年に設置された国民学校では，航空機を中心とした模型教育が行われた（松井，2017b）。なお，こうした状況を背景として，同年には，現在まで続く静岡の模型メーカー・ハセガワの前身に当たる長谷川製作所が創

業されている。

　とはいえ，太平洋戦争開戦以降，年を経るにつれて日本は劣勢となり，物質的状況もさらに厳しくなった。そのなかでいよいよ木製模型を作る材料も不足してくる。だが，そうした究極的な物資難のなかでも模型製作は重視され続けた。実際，模型を扱った雑誌は戦時中にも発行され続けていた[2]。そこでは，さまざまな廃材料を用いた工夫の重要性が主張されていた。たとえば，雑誌『模型』に掲載された，模型教育を主導した文部省の関口隆克による文章では，「今後は木材についても重点的配給が行われ，一般民需に対して統制はいよいよ強化せられる」という状況認識のもと，「なるべく材料は業者から購入せず自製をしたり，廃品を更生させたりすることの必要が一層多くなってくる」（関口, 1943：6）ことが述べられている。

　さらに，廃材の再利用だけでなく，ススキ・アシ・カヤといった，これまで使用されることのなかった種類の植物を用いた「代用材」による模型製作が行われることもあった。一例として，『模型航空』1944年9月号に掲載された「代用材としての葦」という記事が挙げられる。これは，前年に掲載された専門家執筆のススキを用いた製作の記事に対して，読者の少年が自らアシを使った航空機の製作を行い，その性能試験の結果を投稿したものだ（図4-2）。

　上記のような廃材の再利用や代用材の利用は，技術の発展によるものではない。むしろ，技術が停滞するなかでの，素材に即した実践である。こうした戦時下の模型文化からは，素材と技術が不可分に存在するのではなく，モノに照準した工夫が行われることで，技術革新がなくても新たな文化の展開があったことがわかる。こうした素材と技術の可変的な関係は，模型文化における「共生」の一つ

---

2) そればかりか，1941年創刊の『模型』（日光書院）や1942年創刊の『模型航空』
　（東京日日新聞社・毎日新聞社）など，太平洋戦争期になって発刊された雑誌もある。

代用材としての葦　　茨城縣 竹村鐵治
常陸太田町

輕 量模型材としてススキの優秀性については本誌昨年11月號で、中鉢先生の御研究を拜讀教へられる所多かつた事を感謝してゐます。幸ひ拙宅は利根川の川べりですから、ススキ以外に川邊の葦を使つて見たらと思ひつき、一本胴の材料に試用してみたところ、恩ひの外に優秀なるに驚きました。その後づつと檜捧等は一本も買はず、葦ばかり使つてゐます。

たゞ優秀だとだけ申上げたのでは明瞭を缺きますので、私は至つてお恥しい自己流の性能試驗を試みました。これには長さ44糎のヨシの莖とヒノキの角棒を使ひました。そして重錘を使つて、ねぢつて見ましたが、同一角度にするには勿論その場合の双方の太さは、ヨシは一端が8糎、他端は7.5糎の直徑のもの、ヒノキでは一面は5糎幅、他面が7糎の時でした。そしてこの棒の自重はヨシでは1.5グラム、ヒノキは約5グラムでした。

私は之を一本胴にしてA─1型を作ります。いつもゴム8グラム12條、長さ37糎にして600回捲きますが、まだ一度も曲つたことがありません。案外丈夫なものです。ヨシはアシとも呼ばれ、わが國は大古からトヨアシハラのミヅホの國といはれる程で、材料は日本全國いたるところに在り餘る程に茂つてゐます。模型機の資材不足の折から、ぜひ大に全國で活用したいものです。

なほ工作上の御注意を申上げますと、水平尾翼と垂直尾翼は、中鉢先生のススキの工作と同じく、さし込みにします。主翼はそのまゝ糸でしばつたのでは、蚩くするとグラつき始めますから、私は竹とヒゴで引かゝりを作り、その上から糸でしばりますが、かうすればシツカリします。またコメクルは、そのまゝヨシにしばりますと潰れますから、一まはり細いヨシか、または桐棒を挿し込み、その上からしばります。

ヨシには曲つてゐるものがありますが、これには、よくおきた炭火を石の上等にとき乗せて、その上に近づけ、あたゝめながら力を加へますと、直度ぐになほすことができます。どこにでも澤山あるとは申しますが、同じ一むらのヨシの中にも、ひどく輕いのや餘り輕くないのや、蟲の喰ひ込んでるもの等が混つてゐますから、役に立つのは、私の經驗では、まづ十本に一本ぐらゐしか見つかりません。

ぜひ御試用をおすゝめします。
　　　　　　　　　　　　　　　─をヽり─

尾翼取付け法の一工夫　　金子鐵夫

尾 翼の取付け方は、ウルヂヌスのやうに胴體に固定されてゐる物は別ですが、普通主翼と同じやうにゴム紐に結へつけます。この方法では、飛ばす前によく注意しないと、尾翼の取り付けが曲つてゐて、思はぬ失敗をする事があります。また、最近は良いゴムが手に入らないし、質の悪いゴムを使つてゐると、空中でゴムが切れて尾翼がスッ飛ぶ、といふやうな危險があります。

それで何とか簡單でうまい取付け方はないだらうか、と色々考へてゐましたら、丁度ドイツ雑誌に次のやうな方法が出てゐたので早速やつて見ました。第1圖は水平尾翼の取付け部の構造です。簡單ですから、作り方は別に説明しなくてもお判りでせう。尾翼の方へ取付ける部分Ⅰのaの板と、胴體の方へ取付ける部分Ⅱのbの板とは、同じ板から切つて使ひますと、ピッタリとよく合ひます。aの方は、餘り奇麗につるつるになつてゐると、抜けは心配がありますから、粗い紙かやすりでこすつて置きます。餘りゆるいやうでしたら、薄い紙を挿んます。

この取付け方は、組立て分解が手取り早く出來て便利ですが、その外にも色々長所があります。機體の頭部または尻尾の場合、これが餘り

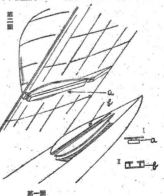

第二圖

第一圖

図 4-2　代用材を使った模型製作の記事
投稿者による「自己流の性能試験」の結果が披露されている。
（『模型航空』1944 年 9 月号：18）＊下線は資料のもとの持ち主による書き込み

として捉えられるだろう。

4 1960-80 年代のプラモデル

✤ 木製からプラスチック製への転換

本節では，戦後の模型文化と技術・モノの関係について検討して
いきたい。まず，模型産業では，新たな模型メーカーが誕生した。
たとえば，戦前以来の木製模型生産の蓄積がある静岡では，1946
年に田宮模型（現・タミヤ），1948 年にはフジミ模型教材社（現・フ
ジミ模型）が創業された。1940 年代から 1950 年代にかけて木製模
型を中心に製造・販売していたこれらの企業も，1960 年代になる
とプラスチック製模型に転換していく。経済地理学の知見でも，プ
ラモデル産業が現在も静岡に集積している理由として，製造企業に
よって形成された取引関係[3]に加えて，地場産業である木材模型・
教材産業の存在が挙げられている（山本, 2011：36）。

ここで，プラスチックの素材としての特徴とその産業への応用に
ついて確認しておきたい。そもそも「プラスチック」は合成樹脂を
意味する和製英語だが，その名は合成樹脂が塑性（plasticity）をもっ
ていることに由来し，粘性と弾性を人工的にコントロールできる物
質的特徴をもつ。また，生産体制としては重化学工業の産物であり，
日本では戦後の高度経済成長とともにさまざまな日常品に用いられ
るようになった。

プラスチックモデル（プラモデル）はイギリスやアメリカなど欧
米からの輸入が先行したが，1958 年にはマルサン商店から国産第一

---

3) この取引関係については，木製模型から転換した企業が開拓した取引関係を，プ
ラモデル産業が発展する過程で静岡に進出してきた企業や同業他社から独立した
企業が利用したことが指摘されている（山本, 2011：36-37）。このようなあり方
も，模型をめぐるモノと場所の偶発的な「共生」の一つとして興味深い。

号が発売された。とはいえ，その後1960年代初頭まではまだ技術面の遅れが目立っていた。たとえば，1962年の通産省による情況調査では「プラスチック製の組立用モデル及玩具」について，国産のプラスチック原料の価格の高さや技術面の遅れが指摘されている（日本の模型業界七五年史編集委員会, 1986：204-205）。

　1960年代後半から1970年代になると技術が向上し，日本製のプラモデルの品質は欧米に追いついたといわれるまでになった（日本プラモデル工業協同組合, 2008）。その要因の一つに金型の精度の向上がある。そもそもプラモデルは，金属の型（金型）にプラスチックの原料を投入し成形を行うが，戦前期以来の木製模型を基盤とした金型技術をもつ静岡の模型産業は，その蓄積を発展させることで，短期間でプラモデル生産を可能にするレベルの精密な金型を作成できた（静岡模型教材協同組合, 2011）。

　このような生産技術の向上によって，プラモデルは（従来の木製模型を知っている者には製作の簡単さに違和感をもたれつつも）精密さによるリアリティ，それに製作上の手軽さといった点で多くの人に支持され，戦後模型文化の主要な存在となっていった。実際，先述したとおり，1967年には「工業統計」に「プラスチックモデル」という項目が設定されたが，この年すでに「木製がん具」より大きい出荷金額であり，その後1999年には「木製がん具」カテゴリーは消滅する。

✣ スケールモデルからキャラクターモデルへ

　プラモデルの一般化によって，模型は実物さながらの精巧なリアリティが要求されるものになったが，1970年代までは実物を模して一定の縮尺で再現した「スケールモデル」がほとんどであった。だが1980年代になると，架空のメカニックや人物などを題材とした「キャラクターモデル」が模型文化の中心の一つになっていく。

　そうしたキャラクターモデルが模型文化に定着したきっかけとしては，1970 年代半ばの『宇宙戦艦ヤマト』のプラモデルシリーズの人気と，1980 年代前半における『機動戦士ガンダム』シリーズのプラモデル（ガンプラ）のブームが大きい。とくに後者のガンプラは，キャラクターモデルの領域ではもちろん，模型全体でみても，現在に至るまで最もポピュラーな模型ジャンルだろう。そして，1980 年代前半のガンプラブームの理由としては，アニメのストーリーやキャラクターの魅力が挙げられることが多い。

　しかし，模型史の流れからみると，ガンプラがそれまでのキャラクターモデルに比べて，リアリティ重視の造形だったことも重要である[4]。『ガンダム』は，ヒロイックな主人公ロボットだけでなく，「ザク」や「ジム」といった量産型の兵器も重要な役割を果たしているような「リアルな戦争」を描いていた（図4-3）。そうした世界観に，プラスチックという素材と加工技術による精密さや，スケールモデルで培われた統一スケールによる再現という方法が合致していたのである（松井，2017a：第 4 章）。

　さらに，技術や素材に即して考えた場合，ガンプラブームの理由に加えて，ブームによる効果も重要になってくる。それは，より精密なプラモデルへの希求であった。スケールモデルにくわえてキャラクターモデルにおいてもリアリティが重視されるようになると，模型産業は精密なプラスチック成形への技術開発・投資を進めていくようになる。そうしたなかでプラモデルに導入されていったのが CAD（Computer Aided Design）だ。CAD は，コンピューターを使ったデジタルデータでの設計を指す。建築や土木など多くの分野で使われるCAD が，1990 年代にはプラモデルの設計にも用いられるよ

4）実際，ガンプラとは対照的に，低年齢層向けで「玩具」的な志向をもっていたアオシマの合体シリーズのプラモデルは，ガンプラブームと同時期に生産を終了している（有田，2015）。

図 4-3　リアリティを重視したガンプラの作例
量産型の兵器である「ザク II」が森林に潜伏する様子がジオラマ化されている
（ホビージャパン編集部，1982：7）

うになった。これにより，手仕事であった時期と比べて金型の生産
が容易になり，それまで不可能であった細かな造形も可能になった。

　以上のように，本節では戦後から 1980 年代までのプラモデルの
発展の様子を検討してきた。ここからは，素材や技術が模型のあり
方に影響するとともに，模型文化の変化によって素材と関わる技術
が方向づけられるような「共生」のあり方がうかがえる。

5 1990–2000 年代のフィギュア

　その後，1990 年代から 2000 年代にかけては，多くのほかの領域
と同様，模型産業においてもグローバル化の進展がみられた。これ
は直接的には，生産拠点の海外移転という形で生じた。この動きの
大きな要因は多くの他の製造業と同じく，低い人件費を求めたこと
にあるが，それを可能にした技術的要因として，前節で述べた設計
のデジタル化による生産様式の変容も作用しているだろう。つまり，
CAD による設計は，プラットフォームの共通化を促し，海外でも

設計データの同時的共有を可能にしたのである。

　たとえば，タミヤは 1994 年からフィリピン工場でのプラモデル生産を始めている。またバンダイは，中国などに進出し，2000 年代には玩具の 8 割以上が海外生産となった[5]。こうした中国や東南アジアでの工場設立の理由は上述したとおりである。しかし，さらに重要なのは，海外への移出による低価格での量産化が，模型文化のなかで比較的マイナーな位置にあった「完成品フィギュア」（以下，フィギュア）をメジャーな存在へと押し上げていったことだ。現代の模型文化のなかのフィギュアは，プラモデルから展開したガレージキットからさらに派生したジャンルといえるだろう。

　そもそも，大手企業によるプラモデルの販売は，プラスチックの射出成型による大量生産で成り立つゆえに，有名なキャラクターやメカニックを題材とした製品に限られていた。その状況が，1980 年後半には「ガレージキット」と呼ばれる模型ジャンルを産むことになった。ガレージキットはその名のとおり「自宅のガレージ程度のスペースで製造可能な模型」（日本プラモデル工業協同組合，2008：250）であり，個人や小規模なメーカーが，レジンなどの素材によって立体物を少量生産したものだ。ガレージキットは，1980–90 年代における参加型文化や同人活動と呼応しつつ，プラモデルでは発売されていないマニアックなキャラクターやメカニックを手にしたいユーザーによって支持され，一定の広がりをみせていった。

　だが，ガレージキットは，プラモデルに比べても製作上の難易度が高く，その後もポピュラーな模型にはなりえなかった。そこに目をつけたガレージキットのメーカーは，上述したデジタル化とグローバル化による生産上の変革を利用することで，多様な完成済

5）ただし，ガンプラは国内（静岡）での生産を続けており，「メイド・イン・ジャパン」の「品質」がガンプラの特徴の一つになっている。

（塗装済）のフィギュアを低価格で提供するようになった（図 4-4）。
こうした大量生産による市場の開拓が，2000 年代前半の「フィギュ
アブーム」をもたらしたわけだ。

　こうした流れを象徴するのが，海洋堂の歩みである。海洋堂は，
1964 年に大阪でプラモデル中心の模型販売店として創業された。
その後，1980 年代にガレージキットのコピー品を販売するように
なったが，1990 年代には自主企画のガレージキットの企画・製作
も行うようになった。その後，主軸をフィギュアの企画・製作に移
していく（あさの，2002）。そして 2000 年代，菓子・飲料メーカーや，
コンビニなどの小売業界とのコラボレーション [6] による「おまけ
フィギュア」のプロデュースで広く知られることになった。

　こうしたガレージキットからフィギュアブームへの流れは模型文
化を拡張したといえる。そもそもガレージキットは，それまでのプ
ラモデルでは製品化されなかったキャラクターを立体化する試み
だったが，フィギュアはさらにそれを安価に流通させることで，ポ
ピュラーなものにしたのだった。しかし一方で，プラモデルでは不
可欠だった製作作業をなくしたフィギュアは，模型文化から「自作」
という要素を抜き取り，模型を消費文化の一部に組み込むものでも
あった。

　そもそも，近代社会における自作文化は，大量生産・消費を推進
する近代へのオルタナティブとしての意味をもつ（神野ほか，2019）。
もちろん，2 節でみたように模型文化はそもそも金属玩具と隣接す
るジャンルであり，模型というオブジェクトは元来，必ずしも自作
を伴わない消費文化的な性質ももっていたと考えられる。また，4
節で述べたとおり，戦後に木製模型からプラモデルへと転換するな

6）こうしたフィギュアや食玩を一つの重要な要素とした「メディアミックス・ハブ」
　としてのコンビニについては，スタインバーグ（2018）を参照。

図 4-4　海洋堂によるフィギュアの広告
エヴァンゲリオンからグレンラガン，グル〜ミ〜まで，さまざまな
フィギュアが掲載されている（ワールドフォトプレス，2009：表紙裏）

かで，製作が簡便なことが重要な要素になってもいた。したがって，
フィギュアの登場によって模型文化のなかで「組み立てない」実践
がはじめて誕生したのではなく，それ以前より存在していたといえ
る。そのため，より正確には，フィギュア（のポピュラー化）をめ
ぐる共生によって，模型というオブジェクトに潜在していた非自作
の領域が顕在化したというのが適切だろう。

❻ 模型というモノ＝メディアの二重性 ─────

　以上，本章では模型文化について，2-5節ではそれぞれの時期に重要な共生のあり方として，金属玩具（戦前），木製模型・代用材（戦時下），プラモデル（戦後），フィギュア（1990-2000年代）を取り上げ，模型というオブジェクト，あるいは模型文化の共生のさまを検討してきた。

　本章で記述したいくつかの事柄には，必ずしも顕在的ではない（模型文化に関わる人びとが意識しているとは限らない）要素が含まれていただろう。しかし，模型がそれとして存在するためには，必ずしも顕在的な領域だけではなく，そうした潜在的な要素も必要だったと考えられる。

　まさにOOOは，そうした二重性を基礎におく視点である。1節でも述べたように，ハーマンは，上方と下方のどちらにも還元されないオブジェクトの存在論を構想している。その際に提示されているのが，「実在的」（real）オブジェクトと「感覚的」（sensual）オブジェクトという考え方だ。

　ハーマンによると，あらゆるオブジェクトは，すべてのアクセスから「隠れている」（secret）あるいは「引きこもっている」（withdrawn）。オブジェクトの本体はこうした「実在的」な領域である。そのため，オブジェクトが相互に作用を与えあうとすれば，なにかしら代替物（vicar）や媒介物（intermediary）を介してでしかない。そうした他の人やモノとの関係において存在するのが，オブジェクトの「感覚的」な部分である（ハーマン, 2017）。なお，こうした代替性や媒介性がオブジェクトの外部ではなく，内部に想定される点が重要である。

　こうしたオブジェクトの二重性は，単純な技術決定論ではないやり方で，素材や技術を重視するようなメディア文化の捉え方を示唆

しているだろう。たとえば，戦時中の代用材や廃材による製作実践で顕著だったが，それまで見向きもされてこなかった素材が，特定のモノ = メディア（本章の場合は模型）を成り立たせるために活用されることがあった。これは，「実在的」対象が人間に認知されるとともに，特定の技術が適用され，「感覚的」な側面をあらわにしたといえる。

　さらに，本章における模型文化の検討でみえてきたのは，技術の蓄積・日常化や，特定の場所と結びついた産業化，それを前提にした素材に即した実践によって，模型文化の「共生」が変容していったさまである。戦前の金属玩具や木製模型，そして戦後のプラモデルのいずれにおいても，模型産業による技術発展を前提にしつつ，モデラーたちがさらに新たな製作上の工夫を行うことで，模型文化が展開していた。さらに，デジタル化やグローバル化された生産体制を前提に，フィギュアなど「自作」を必要としない模型のあり方が生み出されてもいた。

　われわれは，あるメディアが特定のモノから作られることを忘れがちだ。しかし，それが人と関わることなく潜在している状態では，メディアとはいえないだろう。「モノ」（≒実在的なオブジェクト）が，それまでに蓄積された技術や場所と関わってはじめて，何かを媒介する「メディア」（≒感覚的なオブジェクト）としての部分をあらわにする。模型文化は，物質的なモノにくわえて，潜在していたオブジェクトの性質を顕在化させる技術，さらには生産・加工地など，さまざまなオブジェクトの共生によって成り立っている。

　こうしたメディア文化をめぐるオブジェクトの共生を扱う「オブジェクト指向のメディア論」は，今後も理論的に探求していく必要がある。同時に，そうした理論を応用しつつさまざまなオブジェクトに即したモノ = メディアの歴史分析も行っていかなければならない。

●ディスカッションのために

1　本章で用いられている「模型文化」とはどのような文化のことだろうか。本文の言葉を用いてまとめてみよう。

2　戦前に発展した木製模型の製造と，戦後に発展したプラスチック模型の製造の間にはどのような関係があったといえるだろうか。素材の加工地に注目しながら，本文の言葉を用いてまとめてみよう。

3　本章で論じられた「モノ」と「メディア」の関係について，本文の内容を振り返りながら考えてみよう。

【付　記】

本章は，愛知淑徳大学特定研究課題（2020年度）「伝統文化とポピュラー文化の越境についてのメディア社会学的研究」（代表：松井広志）による研究成果の一部である。

【引用・参考文献】

あさのまさひこ（2002）．『海洋堂クロニクル——「世界最狂造形集団」の過剰で過激な戦闘哲学』太田出版

有田シュン（2015）．『アウトサイダー・プラモデル・アート——アオシマ文化教材社の異常な想像力』双葉社

一ノ瀬俊也（2017）．『飛行機の戦争 1914-1945——総力戦体制への道』講談社

伊藤　守・毛利嘉孝［編］（2014）．『アフター・テレビジョン・スタディーズ』せりか書房

岡本　健・松井広志［編］（2018）．『ポスト情報メディア論』ナカニシヤ出版

久保田晃弘・きりとるめでる［編］（2018）．『インスタグラムと現代視覚文化論——レフ・マノヴィッチのカルチュラル・アナリティクスをめぐって』ビー・エヌ・エヌ新社

静岡模型教材協同組合［編］（2011）．『静岡模型全史——50人の証言でつづる木製模型からプラモデルの歴史』静岡模型教材協同組合

神野由紀・辻　泉・飯田　豊［編］（2019）．『趣味とジェンダー——〈手づくり〉と〈自作〉の近代』青弓社

スタインバーグ，M.／岡本　健・松井広志［訳］（2018）．「物流するメディア——メディアミックス・ハブとしてのコンビニエンスストア」岡本　健・松井広志［編］『ポスト情報メディア論』ナカニシヤ出版, pp.37-55.

関口隆克（1943）．「模型航空機 教育の本旨」『模型』1943年5月号

セネット，R.／高橋勇夫［訳］（2016）．『クラフツマン——作ることは考えることである』筑摩書房（Sennett, R.（2008）. *The craftsman*. New Haven, CT: Yale University Press.）

谷本雅之（2005）．「分散型生産組織の「新展開」——戦間期日本の玩具工業」岡崎哲二［編］『生産組織の経済史』東京大学出版会, pp.231-290.

日本金属玩具史編纂委員会［編］（1960）．『日本金属玩具史』日本金属玩具史編纂

委員会

日本の模型業界七五年史編集委員会［編］(1986).『日本の模型——業界七十五年史』東京都科学模型教材協同組合

日本プラモデル工業協同組合［編］(2008).『日本プラモデル 50 年史——1958-2008』日本プラモデル工業協同組合

ハーマン, G.／山下智弘・鈴木優花・石井雅巳［訳］(2017).『四方対象——オブジェクト指向存在論入門』人文書院 (Harman, G. (2011). *The quadruple object.* Winchester: Zero Books.)

ハーマン, G.／上野俊哉［訳］(2019).『非唯物論——オブジェクトと社会理論』河出書房新社 (Harman, G. (2016). *Immaterialism: Objects and social theory.* Cambridge, MA: Polity Press.)

はぬまあん (2001).『アオシマプラモの世界』竹書房

ホビージャパン編集部 (1982).『HOW TO BUILD GUNDAM 2』ホビージャパン

松井広志 (2017a).『模型のメディア論——時空間を媒介する「モノ」』青弓社

松井広志 (2017b).「戦時下の兵器模型と空想兵器図解——戦後ミリタリーモデルの二つの起源」大塚英志［編］『動員のメディアミックス——「創作する大衆」の戦時下・戦後』思文閣出版, pp.132–156.

松井広志 (2019).「動員される子供の科学——戦時下の工作と兵器」神野由紀・辻泉・飯田豊［編］『趣味とジェンダー——〈手づくり〉と〈自作〉の近代』青弓社, pp.225–254.

松井広志・井口貴紀・大石真澄・秦美香子［編］(2019).『多元化するゲーム文化と社会』ニューゲームズオーダー

山本健太 (2011).「静岡におけるプラモデル産業の分業構造と集積メカニズム」『経済地理学年報』*57*(3), 203–220.

尹大栄 (2011).「プラモデル産業」『地域イノベーション』*4*, 13–21.

ワールドフォトプレス (2009).『リボルテック大全』ワールドフォトプレス

Harman, G. (2011). The road to objects. *Continent, 1*(3), 171–179.

第5章

プラットフォームをハックする音楽
チップチューンにおけるゲームボーイ

日高良祐

　チップチューンと呼ばれる音楽ジャンルがある。1980–90年代のデジタルゲームを思わせる，ピコピコ音を用いた電子音楽のことだ。そこではレトロなゲーム機の音，より正確には，特定の時期のデバイスが内蔵する音源チップの発する音に対して，音楽家たちから関心が向けられている。

チップチューンの音楽イベント「Square Sounds Tokyo 2017」
（2017年9月16日，筆者撮影）

　本章では，チップチューン文化のなかでのゲームボーイの役割を具体例として取り上げながら，特定のハードウェアとソフトウェアの結びつきが生み出した音楽性のあり方について概観する。とくに，部品とプログラムの双方に向けたハッキング行為が，いかにチップチューンというジャンルを可能にするのかに着目する。その際，技術的な観点からプラットフォームを考察する研究視座にヒントを得ながら，チップチューンにおけるモノと文化の関係性を考察していくためのいくつかの論点を取り出してみたい。

1 はじめに

　いわゆる「8bit」でレトロなデジタルゲーム——ファミコンの
スーパーマリオブラザーズ，ゲームボーイの初代ポケモンを想起し
てほしい——が注目を集めている。とくに，その特徴的なピコピコ
音を用いたゲーム音楽は関心を集め，楽曲や作曲者への調査や再評
価が進んでいる。Red Bull Music Academy が 2014 年に公開した
ゲーム音楽のドキュメンタリー「DIGGIN' IN THE CARTS」[1] シ
リーズはそうした関心の高まりを示す一例だ。

　そんなゲーム音楽を母体としつつ新しい音楽表現として登場して
いるのが，「チップチューン」と呼ばれる音楽ジャンルである。チッ
プチューン音楽家かつ研究者の田中治久（hally）は，その歴史を詳
述した書籍の冒頭で，チップチューンの概要を次のように説明する。

> 　ファミコンやゲームボーイの音楽。あるいは，それら風の音
> 楽——。
> 　誰にでもわかるように「チップチューンとは何か」を説明す
> るとしたら，まずはこんな表現になるだろう。あの安っぽくて
> 懐かしい 1980 〜 1990 年代初頭のゲーム音楽から，テイストを
> そのまま持ってきた，あるいは主要素として用いた音楽のこと
> である。そういった音楽が，現在ではゲームのBGM という枠
> を超え，より幅広い表現の場で作られ聴かれるようになってい
> る。レトロゲーム機（風）の音楽なのに，ゲーム音楽ではない
> ——という不思議なものを形容するための言葉。それが「チッ
> プチューン」なのである。（田中, 2017：2）

1）全6話がYouTube にアップロードされている。貴重なインタビューも多く一見
　の価値がある〈https://www.redbull.com/jp-ja/diggin-in-the-carts-2017-15-04（最
　終確認日：2021 年 9 月 25 日）〉。

　ここに端的に書かれているように，チップチューンはゲーム音楽と共通した音のテイスト，つまり 8bit 風のピコピコ音によって特徴づけられる。しかし同時に，チップチューンはデジタルゲームの単なる伴奏というわけではない。それは自律した音楽ジャンルとして成立しており，世界中でコミュニティを形成してライブイベントを展開してもいる。「REFORMAT THE PLANET」(2008 年)[2] はそうしたチップチューン・シーンを追ったドキュメンタリー作品だ。

　本章では，こうした新しい音楽表現であるチップチューンについて考察する。その際に焦点を当てるのは，チップチューンの音楽的表象を成立させている特定のモノの役割である。つまり，チップチューンの音響的特徴を規定すると同時に可能性を開いている，特定の技術へ着目することを通して，それを利用したユーザーが展開する音楽実践に目を向ける。具体的に取り上げるのは，チップチューンにおける象徴的なアイコンの一つ「ゲームボーイ」であり，その内蔵部品としての「音源チップ」である。

❷ コンピューティングと音楽の関係性を考える ──

　音楽やそれに関わる文化がモノによって規定される，という捉え方自体は，ポピュラー音楽研究の領域では決して珍しいものではない。では，コンピューターが介在する音楽制作や受容の状況，つまりデジタルメディア技術以降の状況については，これまで日本でどのように議論されてきたのだろうか。たとえば，井手口彰典は 2000 年代日本のインターネット文化をふまえつつ，オンラインの音楽文化について「参照」に関する技術という軸から議論している

2）チップチューンの世界的なフェスティバル「Blip Festival」を中心に追った作品である〈https://reformattheplanet.vhx.tv/（最終確認日：2021 年 9 月 25 日）〉。

（井手口, 2009）。彼は「同人音楽」の研究でも技術に着目する視座を
引き継ぎ, パソコンでの楽曲制作（＝DTM）環境が同人音楽カテゴ
リーの成立に深く関わってきたことを指摘している（井手口, 2012）。
また, 谷口文和はデジタルメディア状況における音楽技術ユーザー
のあり方に関心を向け, 1980 年代に進展したデジタルシンセサイ
ザーの受容過程（谷口, 2009）や, 録音技術史のなかでの初音ミクの
位置づけ（谷口, 2013）について論じている。

　しかし, ここでデジタルゲームと音楽の関係に絞って目を向けて
みると, 研究の数は急に限られてしまう。ファミコン音源の技術的
制約を乗り越えようとする制作過程を取り上げた尾鼻崇による考察
（尾鼻, 2016）を除くと, ジャーナリスティックな仕事のほかには学
術的なアプローチが十分になされてきたとはいいがたいのである。
コンピューターやゲーム機の歴史における日本企業のこれまでの活
躍を考えると, むしろ不自然なようにも思われる。

　一方, 英米圏で近年盛んになっているデジタルゲーム研究の領域
では, ゲーム経験における音の役割に着眼した論考が数多く提出さ
れつつある。その皮切りとなったのは, カレン・コリンズ（K.
Collins）による一連の研究である（Colllins, 2008a；2008b）。デジ
タルゲームに関連する音や音楽を取り上げながら, 制作者やユーザー,
使用される特定の技術, 個々の作品までをも射程に入れようとする
彼女の企図は, 本章で取り上げるチップチューンのような特定の
ジャンルにまで届く研究の視座を作り出した。

　こうした地域的な問題意識の差のほかに, ポピュラー音楽研究に
はデジタルメディア技術以降ならではの課題も存在する。それは,
メディア技術の従来的な捉え方に拠るだけでは, コンピューターを
前提とする文化現象を考察するのは難しい, というものだ。なぜな
ら, デジタルメディアの本質的な特徴はレフ・マノヴィッチ（L.
Manovich）がいう「メタメディウム」としての機能にあるからだ

（Manovich, 2013）。コンピューターは，文書や映画など既存の各種メディウムをソフトウェアとしてシミュレーションすると同時に，3DCGなどコンピューター独自の「ニューメディア」も提示する。多種多様なメディアの技術・技法が同じコンピューター上でハイブリッドに生み出される点で，デジタルメディアは「メタな」メディウムとして機能している。そこでは，メディアのあり方自体が更新されているのだ。だからこそ，コンピューティングされたメディアと音楽との今日的な関係を考えるためには，既存のメディアを分析してきた捉え方の枠組み自体を更新する必要がある。

❖ プラットフォーム研究

　そうしたデジタルメディア状況を前提とする研究視座の一つとして，イアン・ボゴスト（I. Bogost）とニック・モンフォート（N. Montfort）が提唱する「プラットフォーム研究（Platform Studies）」の枠組みを挙げることができる（Montfort & Bogost, 2009a；2009b）。

　彼らはプラットフォーム研究の射程を説明するにあたり，従来のデジタルメディア研究の対象を①メディアの受容と働き，②インターフェース，③形態・機能，④コード，⑤プラットフォームという五つのレイヤーで示す（大山, 2016）。プラットフォーム研究が直接の対象とするのは，この最基盤に位置するプラットフォームのレイヤーである。デジタルなコードと物理的な部品を連絡する，最基盤（プラットフォーム）のレイヤーでは，技術的な標準や仕様が強力に働き，ハードウェアともっとも基本的なプログラムが分かちがたく結びつくことでシステムが構成されている。デジタルメディア上の表現や創造性の広がりに対して，こうした基礎的なハードウェアとソフトウェアの組み合わせがどのように機能したり影響したりするのかを，プログラムのコード解析も含めながら詳細に検討するというのが，プラットフォーム研究の枠組みである。

　これまで「プラットフォーム」という語には多様な定義づけがなされてきたが[3]（スタインバーグ, 2015；Steinberg, 2019），2000年代以降は，AppleやGoogle，Amazonなど，巨大企業によるコンテンツ・サービスを指して「プラットフォーム」と呼ぶことが増えた。ボゴストとモンフォートによる定義は，こうした状況からすると非常に限定的なものにみえる。彼らの定義は，基本的には，コンピューターやゲーム機器を開発してきたコンピューター業界における用語（ゲーム・プラットフォームやコンソールなど）の意味合いから派生している。その主眼は，デジタルメディア上で展開される表現の創造性を理解するにあたり，これまで見過ごされてきたデバイスとプログラムとの緊密な関係性を考察の対象とすることにある。

　こうした視座に対しては，過度に技術決定論的であるという批判や，プラットフォームが内包する政治的な問題を看過しているという批判もなされてきた（大山, 2016；スタインバーグ, 2015；Steinberg, 2019）。しかし，プラットフォーム研究の枠組みが提示する，デジタルメディアを考察する際のモノとデータの関係性への丁寧な着目の仕方は，コンピューティングと音楽表現の関係を考えるにあたって示唆的である。

　チップチューンは，デジタル技術に依拠し，特定のレトロなデバイスの利用にこだわり，ゲームプレイと音楽制作という文化実践の垣根を曖昧にする表現である。すなわち，コンピューティングを最大限に利用する音楽文化なのだ。この考察にあたっては，ハードウェアとソフトウェアとの特定の関係のあり方に焦点を絞る認識枠組みは有用であると考えられる。ただし本章では，プラットフォー

3）メディア研究者の増田展大は，プラットフォームの作用に着目する既存の研究潮流を，技術，政治，経済といった複数の観点からのアプローチに分けて整理している（増田, 2021a；2021b）。

ム研究の特徴の一つである，プログラムと物理部品の関係性に対する詳細なコード解析は，筆者の能力と紙幅の限界ゆえに取り上げない。だが，今後の研究に向けた出発点として，チップチューンにおけるハードウェアとソフトウェアの緊密さに関するいくつかの論点を以下で示していきたい。

③ ゲームボーイで音楽する

　冒頭で述べたように，チップチューンの特徴としてしばしば挙げられるのが，デジタルゲームで使われてきた音楽や効果音を想起させる「古きよきピコピコ音」である。ただし，だからといって，チップチューンをゲーム音楽のサブジャンルとして単純に考えることはできない。チップチューンで使われるハードウェアには，ゲーム機，プログラミングのためのデバイス，あるいは演奏するための電子楽器といった複数の役割があり，さらにその役割同士は複雑に混ざり合っている。それを使いこなそうとしてきたユーザーのハイブリッドな欲望の歴史を無視することはできないのである。

　ゲーム音楽とチップチューンの定義上の区別については，これまでもさまざまな研究者が議論してきた。たとえば，チップチューン音楽家かつ研究者でもあるアンダース・カールソン（A. Carlsson）は，チップチューンの源流を 1980 年代のホームコンピューティング文化におけるゲームソフトへのハッキング行為[4]に求める一方で，そこで用いられていた特定のハードウェア（「コモドール 64」や「アミーガ」といったレトロパソコン）に関する技法や慣習の範囲からは離れてチップチューンが拡張しつつある現状を指摘する（Carlsson, 2008）。またクリス・トネッリ（C. Tonelli）は，使用するハードウェ

---

4)「デモシーン」と呼ばれる 1980–90 年代の北欧・北米でのハッキング文化において，パソコンを使用した最初期の音楽制作の試みが広がった（日高, 2017）。

アにかかわらず，チップチューンがさまざまな音楽ジャンルの楽曲
スタイルを流用して再表象する点に着目し，ゲーム音楽の言語と音
色によって表現すること自体に力点があるとする（Tonelli, 2014）。

　こうしたさまざまな議論がチップチューンの範囲設定に際してな
されてきたが，各議論に共通する焦点として，発音されるピコピコ
音と強力に紐づいた音源チップの役割が挙げられる。特定の部品と
それを作動させる特定のプログラムによって，チップチューンの特
徴的な音が作られるのである[5]。本章冒頭で引用した田中の説明は，
こうした理解をまとめた最大公約数的な表現として成立する。チッ
プチューンは，単にデジタルゲームに関連する音楽のことを指すの
ではなく，その音のテイストを流用した音楽を幅広く示す語となっ
ているのだ。ピコピコした音色への興味関心自体が，この音楽文化
を支えている。だからこそ，その音を生み出す音源チップが重要視
されるのである。

✥ 楽器としてのゲームボーイ

　チップチューンの音楽性は特定の音源チップの音に依拠している。
したがって，チップチューン音楽家はその音源チップを使いこなす
ことが求められる。そのためチップチューンの文化には音源チップ
へのハッキング，つまり部品とプログラム双方の解析と流用の実践
が含まれる。ここからは，チップチューンにおけるプラットフォー
ムの具体例として「ゲームボーイ」を取り上げ，そこでの部品とプ
ログラム，そしてハッキングの連関について考えていきたい[6]。

---

[5]　もちろん実機が内蔵する音源チップを発音させることが理想的とされるが，その
発音をサンプリングしソフトウェア上で制作した楽曲であっても，一般的には
チップチューンとして認められる。

[6]　ネイサン・アルティス（N. Altice）はプラットフォーム研究の一環として「ファ
ミリーコンピューター」を対象にした分析を行っており，チップセットへの解析
をふまえながらチップチューンとの関連についても触れている（Altice, 2017）。

　ゲームボーイは 1989 年に任天堂から発売され，バリエーション
を追加しながら世界で累計 1 億台以上を売り上げた携帯型ゲーム機
である。チップチューンの源流は，先述のとおりパソコンを用いた
ホームコンピューティング文化とゲーム音楽の混交にあったが，
チップチューンにおけるゲームボーイの存在は，今や非常に目立つ
ものとなっている。ゲームボーイは，ロックにおけるギターや，
ヒップホップにおけるターンテーブルのように，ジャンルの象徴的
なアイコンとなっているのだ（Tonelli, 2014：410）。この背景には後
述するような楽曲制作環境の充実がある。

　また，新しく市場投入されるパソコンやゲーム機はふつう，技術
革新に応じて発音の仕組み自体を更新してきた。たとえば 1980 年
代の音源チップはデジタルシンセサイザーとさほど変わらない発音
機構だったが，1990 年代半ばには録音されたデータを再生する
PCM 音源に取って代わられた。それに対してゲームボーイは，
2001 年に発売されたゲームボーイ・アドバンスが内蔵チップセッ
トを刷新するまでの長期間，初期設計と同じ音源チップを搭載した
まま販売され続けた。つまり，「ゲームボーイは世界でもっとも流
通しているゲームのプラットフォームというだけでなく，もっとも
広く使われているシンセサイザー」（Driscoll & Diaz, 2009：4-5）で
もあったのだ。ゲームボーイの発音機構は，ある種の楽器としてみ
ることもできるのである。

　チップチューンという語は音源チップが発する音のテイスト全体
を含意するため，特定の種類のデバイスだけに還元して考察するこ
とは難しいかもしれない。しかし，ゲームボーイの果たした役割を
ふまえるならば，このプラットフォームを取り上げることで，チッ
プチューンの大まかな動向を概観することができるだろう。

④ プラットフォームをハックする ————

　ゲームボーイというプラットフォームを考察する際，部品とプログラムの緊密な関係性のうち，どこに着目すべきだろうか。以下では三つの側面について，モノがチップチューンの音楽性や創造性に深く関わってきた文脈化の過程を簡単に示す。ゲームボーイがチップチューンにおける象徴的な役割を獲得する過程においては，ユーザーたちによるハードウェアとソフトウェアの関係性への深い理解と，実際のハッキング行為によるアプローチが不可欠であった。かつてゲームのために開発されたプラットフォームは，ユーザーの創造性と協調することで再プログラムされ，音楽制作のためのプラットフォームとして生まれ変わった。その転換における技術的なアプローチこそが，新しい音楽文化を楽しむコミュニティやユーザーを直接的に生み出しているのである。

❖ 音源チップ

　チップチューンというジャンル自体の定義とも密接なハードウェアである音源チップは，ゲームボーイの特徴的な音を生み出す主要因である。とはいえ，実はゲームボーイは専用の音源チップを搭載しているわけではない。音源チップにあたる部分はゲームボーイの頭脳であるCPU（シャープ製のLR35902）の内部に機能として組み込まれている。これはpAPU（pseudo Audio Processing Unit）と呼ばれる仕組みで，音声に関する処理はCPU の一部分が担当し，プログラミング上は別個の領域として扱われる。ゲームボーイのpAPUは先行するファミリーコンピューター（1983 年）とよく似た仕組みであったが[7]，まったく異なる特徴的なテイストの音色を出すことができるという（Collins, 2014：390）。

　またゲームボーイが同時発音できるのは 4 チャンネルで，イヤホ

ンジャックを通すとステレオ発音が可能である。二つのチャンネル
は矩形波を発し，片方には発音の周波数をなめらかに変化させるス
イープ機能がついている。これらのチャンネルはメロディを奏でる
のによく使われてきた。三つ目のチャンネルには波形メモリが割り
当てられている。サンプルとして格納された音色をもとに波形を指
定して発音するもので，ベース音によく使われた。四つ目にはホワ
イトノイズが割り当てられており，短く切ることでリズム音として
活用された。

　ゲームボーイが内蔵するpAPU の仕組みは，ゲーム機開発の歴史
における当時の技術的・経済的な制限を反映している。現代から振
り返ってみれば，その音色は豊かとはいいがたいだろう。しかし，
その制限こそがゲームボーイに特徴的なピコピコ音を生み出した。
プラットフォームの技術的な制約から，結果的に新たな音楽の可能
性が生じたのである。

❖ エミュレーション／カートリッジ

　しかし，こうした特徴的なピコピコ音を発音するゲームボーイは
あくまでもゲーム機であり，公式に発売されるゲーム・カートリッ
ジ用に職業ゲーム音楽家が作曲するほかには，ユーザーが音源チッ
プを利用する手段はほとんど存在しなかった。この状況が変わり，
チップチューン音楽家が思い思いにゲームボーイでの音楽制作を行
うようになるためには，ある技術的な準備段階が不可欠であった。
それは，エミュレーション環境の実装である。

　エミュレーションとは，あるコンピューターの挙動を，異なった
性能のコンピューター上で完全に再現することを指す。1990 年代

7）アルティスはファミリーコンピューターのCPU である「2A03」のpAPU として
　の機能を解析したうえで，チップチューンでの用いられ方についても論じている
　（Altice, 2017：Ch. 7）。

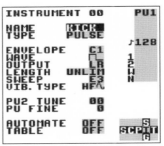

図 5-1　LSDj の操作画面（Kotlinski, 2019）

に入って市販のパソコンの性能が上がり，またインターネット上で
プログラミングに関する情報交換が容易になったことで，アマチュ
ア・プログラマーによる趣味的な開発環境の構築が盛んになった。
ゲームボーイをハッキングしてエミュレーターを開発することは彼
らの挑戦の一つとなり，1995 年にはすでに最初のゲームボーイ・
エミュレーターが発表されている（田中, 2017：206）。ゲームボーイ
のハードウェアがパソコン上で完全に再現されたことで，その上で
作動する完全に新しいプログラムの開発が可能になった。この技術
的条件の大きな転換を受け，1990 年代後半にはゲームボーイの音
源チップを操るための新たなプログラムが多く開発された。

　たとえば，ドイツの大学院生による研究課題として開発された
「Nanoloop」（1999 年），ホームコンピューティング文化でのハッキ
ングや音楽制作に親しんできたプログラマーが開発した「Little
Sound DJ（LSDj）」（2000 年）の二つは現在も広く使われている。い
ずれもアマチュア開発者による，非商業的なプログラミングによっ
て制作されたものだ。彼らのハッキングへの動機は，ゲームボーイ
の音源チップが生成する特徴的な音への関心だった。LSDj の開発
者であるヨハン・コトリンスキ（J. Kotlinski）は，「ずいぶん独特な
音だと思う。四つの別々のチャンネルがあってそれぞれに特別な持

ち味がある。一つだけで鳴らすとかなり変だけど，合わせれば今でも十分に音楽に使える」[8]と述べる。

　LSDj の操作インターフェースは，コトリンスキが親しんできたホームコンピューティング文化での音楽制作プログラム「トラッカー」の特徴をいくつかの点で引き継いでいる。たとえば，上から下へ流れるシーケンスの時間軸[9]や，音源が割り当てられる四つのチャンネルのそれぞれが縦一列に表示される点であり，音階とオクターブを一音ずつ数値で指定する「ステップ入力」の採用によって，LSDj はあたかもパズルゲームをプレイするかのように操作できる。既存の音楽制作プログラムとゲーム機としての操作性の組み合わせによって，特徴的な音を活用する新しい音楽経験が生み出された。ゲームボーイでのチップチューン制作は，こうした技術的条件の転換とハッキングを直接的に活用している。

❖ ハードウェアの物理的な改造

　Nanoloop も LSDj もインストール済カートリッジをオンラインで購入可能である。また，プログラムだけを入手してパソコン上のゲームボーイ・エミュレーターで使用することもできる。だが，ゲームボーイの商品としての物理的な分布は，実機を用いた音楽制作を世界中で可能にしている。自分がソフトウェア上で入力したとおりに実際のゲームボーイの音源チップを鳴らすことができるという事実は，チップチューン音楽家が音楽制作を行う強い動機となっている。また，ゲームボーイからアンプやスピーカーを通して大音量で音を鳴らす段階になると，チップチューン音楽家のハッキング

---

8) http://www.mcld.co.uk/flatfour/chiptunes/nintendo/（最終確認日：2021 年 9 月 25 日）
9) 一般にパソコン音楽制作ソフトウェアの多くは，左から右へ向かう時間軸を採用している。だが，トラッカーのインターフェースはそれと異なった軸方向で表示される点に特徴がある。

図 5-2　ゲームボーイをプロサウンド化する作業（筆者撮影）

への動機は，さらにハードウェア自体に向くことになる。その一つ
が，「プロサウンド化」（McAlpine, 2018：[Kindle]Ch. 7, Sec. 8, Para.
1）と呼ばれるハードウェアの物理的な改造である。

　デバイス内部の配線などを簡単な電子工作によって改造すること
をサーキット・ベンディングと呼ぶが，プロサウンド化はそうした
実践の一つだ。ゲームボーイに対して行われる一般的な改造は，ノ
イズがのってしまう既存の3.5mmヘッドホン・ジャックを高品質
なタイプのものに換装する，液晶画面にバックライト機能を追加す
るなどがある。いずれも必要な部品や手順にはオンラインでアクセ
ス可能であり，チップチューン音楽家の欲望の達成に一役買ってい
る。本章冒頭で触れたドキュメンタリー映像では，改造されたゲー
ムボーイをミュージシャンが手に持ってLSDjなどのオルタナティ
ブなソフトウェアを操作し，あたかもステージ上のギタリストや
DJであるかのようにフロアを興奮させる様子を見ることができる。
ゲームボーイを用いたチップチューン制作は，ソフトウェアだけで
なく，ハードウェアの面でもハッキングによって成立しているのだ。
　チップチューンにおけるゲームボーイの活用を概観すると，レト

ロなマシンが中心に置かれているにもかかわらず，その過程はインターネット普及以降の現代的なコンピューティング環境によって成立したものであることがわかる。ゲームボーイはチップチューンにとっての象徴的なアイコンとして機能するようになっているが，それを支えているのは最先端の演算機能と大量生産された安価な部品なのである。

5　おわりに

　ここまでみてきたように，チップチューンという音楽ジャンルは特定の部品とプログラムの関係性に強力に規定されることで，その独特な音のテイストを生み出している。その名が示すとおり，チップチューンの歴史が音源チップへの関心を含んできたことは，チップチューンがモノを中心に置いた領域であることを強調している。チップチューン音楽家は特定のデバイスがもつ技術的な意味での限界と可能性を理解したうえで，その音楽表現を行ってきた。あるいは少なくとも，田中やコトリンスキのように，そうした理解を前提とした音楽家が目につくのは事実だ。個々のレベルの差はあれども，彼らの創造性は技術的な領域への関心・理解と密接に関わっている。

　そうしたプレイヤーたちによる創造の過程を紐解いていくためには，技術的な面での把握と理解が不可欠になる。彼ら自身がプラットフォームのハッキングを実行してきたからだ。その点において，基礎的なハードウェアとソフトウェアの連関にも目を向け，その上のレイヤーにおける創造性を俎上に載せようとするプラットフォーム研究の枠組みは有効だろう。部品とプログラムの緊密な関係性を取り上げることなしに，この領域を考察することはできない。

　とはいえ，こうした視座はチップチューンのように，技術に強く規定された領域にだけ適用できるわけではない。他の音楽ジャンル

であったとしても，あるいは映像や文学など他の文化領域であったとしても，コンピューターが介在した領域はすべて，多かれ少なかれ特定のプラットフォームに技術的に規定されているからだ。この意味でのモノへの着目がこれまであまりなされてこなかったとすれば，この視座から明らかにできる問題系は多く存在するだろう。

　ゲームのためのプラットフォームだったゲームボーイは，ハードウェアとソフトウェアへのハッキングを介することで，音楽のためのプラットフォームとしても機能するようになった。本章ではそうした視座から，チップチューンにみられるいくつかの論点を指摘するに留まったが，今後はより具体的な解析を試みたい。ミクロなコードのハッキングからマクロなライブ・コミュニティの形成まで，特定のプラットフォームを通して考えるべきことは多くあるはずだ。

●ディスカッションのために

1　本章で扱われた「チップチューン」と呼ばれる音楽はどのような特徴をもった音楽か。インターネットなどで調べて，少なくとも1曲は聞いたうえで，本文中の言葉を用いてまとめてみよう。

2　あなたのまとめた「チップチューン」の特徴は，音源チップという部品とどのように関わっているといえるか。本文の言葉を用いてまとめてみよう。

3　ファミコンの音源チップを用いたチップチューンを聴き，ゲームボーイのものとどのように違うか考えてみよう。またファミコンの音源チップについて調べ，その違いが何によって生まれているか考えてみよう。

【引用・参考文献】

井手口彰典（2009）．『ネットワーク・ミュージッキング——「参照の時代」の音楽文化』勁草書房

井手口彰典（2012）．『同人音楽とその周辺——新世紀の振源をめぐる技術・制度・概念』青弓社

大山真司（2016）．「ニュー・カルチュラル・スタディーズ05——「プラットフォーム」の政治学」『5 Designing Media Ecology』5, 70-77.

尾鼻　崇（2016）．『映画音楽からゲームオーディオへ——映像音響研究の地平』晃洋書房

スタインバーグ, M.／中川　譲［訳］（2015）．『なぜ日本は〈メディアミックスする国〉

なのか』KADOKAWA（Steinberg, M.（2012）. *Anime's media mix: Franchising toys and characters in Japan.* Minneapolis, MN: University of Minnesota Press.）

田中治久（2017）.『チップチューンのすべて——All About Chiptune　ゲーム機から生まれた新しい音楽』誠文堂新光社

谷口文和（2009）.「デジタル・シンセサイザのユーザにとってのキーボード観——1980 年代における「音作り」の実践を例に」『ポピュラー音楽研究』*12*, 3–17.

谷口文和（2013）.「音楽にとっての音響技術——歌声の主はどこにいるのか」飯田豊［編］『メディア技術史——デジタル社会の系譜と行方』北樹出版, pp.55–68.

日高良祐（2017）.「「ネット文化」としてのMODの受容——1990 年代における音楽ファイルフォーマットの伝送実践」毛利嘉孝［編］『アフターミュージッキング——実践する音楽』東京藝術大学出版会, pp.121–151.

増田展大（2021a）.「プラットフォーム」門林岳史・増田展大［編］『クリティカル・ワード　メディア論——理論と歴史から〈いま〉が学べる』フィルムアート社, pp.61–68.

増田展大（2021b）.「イメージの生態学——プラットフォームに生息するイメージ」伊藤　守［編］『ポストメディア・セオリーズ——メディア研究の新展開』ミネルヴァ書房, pp.259–280.

Altice, N.（2017）. *I am error: The Nintendo Family Computer / entertainment system platform.* Cambridge, MA: MIT Press.

Carlsson, A.（2008）. Chip music: Low-tech data music sharing. In K. Collins（ed.）, *From Pac-Man to pop music: Interactive audio in games and new media.* Aldershot: Ashgate, pp.153–162.

Collins, K.（2008a）. *From Pac-Man to pop music: Interactive audio in games and new media.* Aldershot: Ashgate.

Collins, K.（2008b）. *Game sound: An introduction to the history, theory, and practice of video game music and sound design.* Cambridge, MA: MIT Press.

Collins, K.（2014）. A history of handheld and mobile video game sound. In S. Gopinath & J. Stanyek（eds.）, *The Oxford handbook of mobile music studies,* Volume 2. New York: Oxford University Press, pp.383–401.

Driscoll, K., & Diaz, J.（2009）. Endless loop: A brief history of chiptunes. In R. Carlson（ed.）, Games as transformative works, transformative works and cultures, no. 2.〈https://journal.transformativeworks.org/index.php/twc/article/view/96/94（最終確認日：2021 年 9 月 25 日）〉

Kotlinski, J.（2019）. Little Sound Dj v6.8.5 Operating Manual.〈https://www.littlesounddj.com/lsd/latest/documentation/LSDj_6_8_5.pdf（最終確認日：2021 年 9 月 25 日）〉

Manovich, L.（2013）. *Software takes command.* New York: Bloomsbury.

McAlpine, K. B.（2018）. *Bits and pieces: A history of chiptunes*［Kindle version］. New York: Oxford University Press.

Montfort, N., & Bogost, I.（2009a）. *Racing the beam: The atari video computer system.* Cambridge, MA: MIT Press.

Montfort, N., & Bogost, I.（2009b）. Platform studies: Frequently questioned answers. UC Irvine: Digital Arts and Culture 2009.〈https://escholarship.org/

uc/item/01r0k9br（最終確認日：2021 年 9 月 25 日）〉

Steinberg, M.（2019）. *The platform economy: How Japan transformed the consumer internet.* Minneapolis, MN: University of Minnesota Press.

Tonelli, C.（2014）. The chiptuning of the world: Game Boys, imagined travel, and musical meaning. In S. Gopinath & J. Stanyek（eds.）, *The Oxford handbook of mobile music studies,* Volume 2. New York: Oxford University Press, pp.402–426.

第II部　インターフェース

第Ⅱ部　インターフェース

　人がある技術を使うとき，直接，眼で見たり手で触れたりする部分がある。この界面のことをとくにコンピューターの場合「（ユーザー）インターフェース」という。ここではより広く捉え，さまざまな技術において人間の身体と接触する部分のことを考えてみよう。私たちはこのインターフェースがどのような形や機能をもっているのかということに強く影響を受けながら文化を享受している。他方でインターフェースの形や機能は，それを使う人びとにとって便利になるように，社会的制度や文化的習慣と関わりながら変化してきた。この「インターフェース」という側面を切り口に，技術と文化の関係について考えることができるだろう。

　このインターフェースに注目することは，現代のメディア研究にとっても重要な課題となっている。そもそも，メディア研究の歴史を振り返っても，マーシャル・マクルーハンがメディアを人間の「身体の拡張」として捉えて以来，メディア研究にとって人間と技術の相互作用を考察することは伝統であったといってよいだろう。この人間と技術の相互作用という問題は，キーボードやマウス，ディスプレイといった新しいインターフェースが遍在する現代のデジタル文化において，より鮮明になっている。たとえば，マーク・B・N・ハンセンはメディアと人間の相互作用の過程を「身体化」という概念から考察しているし，アレクサンダー・ギャロウェイは技術と人間の接触面がさまざまな文化現象に与える影響を「インターフェース効果」と呼んだ。いずれにせよ技術と文化の関係について考えるとき，人間と技術をつなぐインターフェースが重要な焦点となることは論をまたない。

　第Ⅱ部におさめられた三つの論文は，いずれもある技術の「インターフェース」という観点から，技術と文化の関わりを論じている。バルベッタは，パチンコ依存症が起こるメカニズムをパチンコ台の射出機や大当り映像から説明する（第6章）。永田は，アニメオタクがビデオデッキの再生・早送り・巻き戻しといった機能を利用し，いかにして「オタク」として有徴化されるようなアニメ視聴のあり方を組織化したかを描く（第7章）。大久保は，複雑化・高度化するライブ・パフォーマンスを成り立たせるデジタル技術のなかに，人びとの動きを追跡し，制御する権力が働いていることを指摘する（第8章）。

第6章

期待させる機械

現代パチンコ台のアーキテクチャと大当り予告演出

トマゾ・バルベッタ

パチンコに興じる人びと（筆者撮影）

　日曜日の午後。東京都内のとある店に人が引き込まれていく。外からちらりと見ると，中はほぼ満席。そこはパチンコホールである。数年間パチンコの研究をしてきた私にとって見慣れた光景だ。しかし，普段とは何かが違う。「ちょっとやばいな」と思ってしまう。今日は 2020 年 4 月 19 日である。コロナウィルス感染者が国内で急増している。初めての緊急事態宣言が発令されてから，2 週間。ワクチンも薬もまだない。密集によって感染リスクが高まると言われているのに，大勢がきわめて狭い空間に入り，同じ時間を過ごそうとする。これは不思議な現象だ。ほとんどのユーザーは長期的にみれば損をするし，もし大当りを引いたとしても，大儲けできるわけではない。人びとはいったいパチンコの何に魅了されるのだろうか。

❶ はじめに：パチンコ台のアーキテクチャと依存症 ─

　日本は世界でギャンブル機のもっとも多い国である。パチンコとパチスロを合わせて，日本には約 444 万台のギャンブル機が存在している（ダイコク電機株式会社, 2018）。世界 2 位のアメリカにあるギャンブル機は約 88 万台である（Ziolkowski, 2018）から，その約 5 倍もの数のギャンブル機が日本にあることになる。また，2018 年にパチンコホールへ来店した客の数は 900 万人以上で（日本生産性本部, 2018），そのうち 38%ほどは平均月に 9 回以上パチンコホールに来店している（日本遊技関連事業協会, 2017）。日常的にパチンコホールに行き，機械の前に座り，電動ハンドルを握りながら，数時間過ごす人びとは少なくない。実際に，パチンコユーザーの 8 割以上は，パチンコを打つ日に平均として 3 時間以上遊技している（日本遊技関連事業協会, 2017）。とりわけ，コントロールを失い，「過剰」にパチンコをしてしまう人びとはギャンブル依存症だといわれ，病気として認識され，問題化されている。しかし，一定のユーザーがこれほど魅了される具体的なメカニズムとは一体どういったものなのだろうか。

　脳イメージング手法の発展につれて，近年ではいわゆるギャンブル依存症と薬物依存症による脳内報酬系の反応の同一性が証明されてきた（Potenza, 2006）。この発見に伴い，ギャンブル障害は，2013 年に出版された「精神疾患の診断・統計マニュアル」の第 5 版（DSM-5）において，物質使用障害（いわゆる薬物依存症）と同じように嗜癖障害として正式に分類されるようになった。DSM-5 によると，ギャンブル障害とは「臨床的に意味のある機能障害または苦痛を引き起こすに至る持続的かつ反復性の問題賭博行動」である（アメリカ精神医学会, 2014）。物質使用障害の場合，依存という機能障害を引き起こしているのは化学物質だと認識されている。しかし，ギャンブ

ル障害が何によって引き起こされるかは，それほど明確ではない。

　ギャンブル障害は「行動嗜癖」として分類されている。すなわち，ギャンブル依存症をもつ人びとが依存するのは賭博という行動自体である。だが，「賭博」という概念は具体的に何を示すのか。実は，同じ賭博といっても，多種多様な活動や行動が存在する。たとえば，競馬，宝くじ，ポーカー，パチンコ，これらに「金や物などをかけて勝負事をする」[1]といった共通の要素があっても，また，それ以外，仕組みもルールも連関するエージェントもそれぞれ大きく違う。これらにおける娯楽体験は報酬の有無，規模や頻度のみに左右されているわけではない。ギャンブル機のユーザー体験は常にインターフェースによって媒介されるのである。それにもかかわらず，機械の構造やデザイン，または遊技者とギャンブル機の交互作用に関する研究はきわめて少ない（Council on Casinos, 2013：32）[2]。パチンコを打つという行為は具体的にどのような「アクター」により構築されているのだろうか。

　2017年の調査によると41.5％のパチンコ遊技者は「演出の楽しさ」（日遊協, 2017）をベースにパチンコ台を選んでいるそうだ。多くのパチンコ遊技者は大当りによる報酬の量と大当りが発生する頻度より，映像や機械の仕掛けなどによる興趣（楽しみ）を重視していることが明確である（日遊協, 2017）。機種によって演出は異なり，アニメ，ゲーム，ドラマなど，複数のメディアによる作品をテーマにしたパチンコ機も数多く存在する。現代パチンコの遊技体験において，演出は大きな役割を果たしているに違いない。しかし，その役割は未だに解明されていない。本章では大当り予告映像を中心に，パチンコ体験を媒介している現代パチンコ台のデザインを考察する。

---

1) 「賭博」『スーパー大辞林』より。
2) ユーザーインターフェースとギャンブル依存症の関係を考察した有名な文献として，シュール（2018）の米国・ラスベガスで行ったエスノグラフィー調査がある。

❷ 方法論 ─────────────────

　本章はアクターネットワーク理論（ANT）の原則に基づいている。
ANT によると，人間と人間ではない他のすべてのモノ（非人間）
の間にはアプリオリかつ存在論的な差異がない。人間，生物，製品，
表現などは，すべて同じリアリティを共有している。これは「一般
化された対称性の原理」とも呼ばれる（Callon, 1986）。対称性の原
理は規範的な原理であり，社会学において重大な意味をもつ。なぜ
ならば，これまでの社会学では「社会」とは人間のみで構成される
自律的なドメイン（領域）として理解されてきたが，対称性の原理
によってその前提自体が批判されるからだ[3]。「社会学理論が練り
上げられてきた二十世紀に重要であったのは，社会学の実在領域
〔現実の領域〕を他の実在領域（たとえば経済学，地理学，生物学，心
理学，法学，科学，政治学の領域）と区別することであった」（ラトゥー
ル, 2019：10）[4]。ANT は，このようなドメインによる現実の分類体
系を否定する。したがって，「自然と社会」または「客体と主体」
といった二元論も否定されるのである。

　具体的にいうと，「一般化された対称性の原理を踏まえるなら，
私たちは，研究している問題について記述するとき，技術的な側面
から社会的な側面の記述へと移っても，用いる言葉を変えてはなら
ない」（Callon, 1986：200）[5]。つまり，上述したようなドメイン，又
は二元論的思考のバイアスのかかっていない対称性を前提とした記
述言語が必要となる。しかし，そういった「対称」的な記述言語は

───────────────

3)「一般化された対称性の原理」の形而上学的な解釈と倫理学的な解釈も可能だが，
　本章では社会学・人類学における方法論的な原理としてのみ捉える。
4) ANT は社会学だけではなく，他学問において確立されたドメイン，たとえば法律，
　科学，経済などの自律性も否定するため，さまざまな分野で大きな影響をもたらし
　たと思われる（Lezaun, 2017）。

従来の社会学において存在していないため，新しく作らなければならなかった（Latour & Callon, 1992：354）。

そのため，翻訳，スクリプト（Latour, 1992：176）など，さまざまな「対称」的な用語が用いられるようになる。そのなかでは「アクター」という言葉がとくに重要な意味をもっている。ANT において，現実の基本単位はアクターとして記述される。アクターは，言葉通り，作用（action）を起こすモノである（Latour, 1996：373）。この条件を満たす限り，人間も，非人間も，すべてのモノはアクターとして記述される。これはアクターという用語の一つの特徴である。しかし，ここで注意すべき点がある。ANT は人間と非人間が同じであるということを論じているわけではない。つまり，ANT では，人間，動物，機械などは，それら自身である前に，作用を起こすモノであるという共通点が強調され，大きな視点転換が実現されているのである。

この視点の転換を理解するために，まずはANT において「作用」とは何かという点を説明しなければならない。ラトゥール（B. Latour）によると，ある作用を確定するためには，その作用により「修正され，変換され，混乱させられ，創造される」他のアクターを問うしかない（ラトゥール, 2007：156）。アクターは他のアクターとの関係により定められる。すなわち，アクターはネットワークに関与するノードだと考えられる。

ANT では，記号論による「実体が関係のなかで生み出されているという考えが，言語的な領域だけでなく，すべての物質に容赦な

5）「対称性の原理」は，元々科学知識の社会学（Sociology of Scientific Knowledge: SSK）において方法論の原理として登場した。SSK において「対称性の原理」とは，科学における信念を説明するとき，その信念が正しいといわれているかどうかを問わず，または合理的かどうかを問わず，同じような記述言語を利用すべきだと示す原理である（Bloor, 1991：7）。カロン（M. Callon）はこの原理の意味を意図的に広げ，「一般化」させたと語る（Callon, 1986：200）。

く適応される」（Law, 1999：4）。つまり，パチンコ遊技者のような人間も他のアクターとの関係により確定されているのである。人間はモノと常に絡み合って存在し，常にモノによって媒介されているため，モノから分離できない。「準主体（quasi-subjects）であるわれわれが準主体たりうるのは，世界に存在する準客体（quasi-objects）との関係のためだ，といってもよい」（Latour, 2002：252-253）。こうした観点から本章ではパチンコ遊技者という準主体を修正し，変換し，混乱させ，創造するパチンコ機に注目する。

　ANT の特徴の一つは，非人間同士の関係，および非人間と人間の関係を細密に記述する全体論的なアプローチである。従来の社会学的な分離体系を避け，人間の無意識な行動や，人間が想定しなかった非人間の行動を対称的に記述することにより，他の考察方法では見逃される「関係」に注目できることが，ANT のメリットだと考えられる。具体的にいうと，筆者の手がける一連の研究では，パチンコ遊技者は，パチンコ機の技術，法律，人間の脳内報酬系，メーカーの経済的競争といった，多種多様なアクターとの関わりのなかで構築されていることをANT の言語により明確にすることを試みている。パチンコ機による技術的媒介を記述するためには，さまざまな資料を考察する必要がある。そのなかで本章では主にパチンコ機のデザインや遊技者とパチンコ台の相互作用に関する資料を検討する[6]。

③　電動式ハンドル ─────────────────

　パチンコ機の存在は 1920 年代から記録されている（杉山, 2008）。

---

[6] 遊技者とパチンコ台の相互作用に関する情報は，主に聞き取り調査やパチンコ実践動画によるものである。パチンコ機の開発やデザインに関する情報は主に，専門誌における開発者インタビューや開発コラム，特許資料や規則資料による。

　しかし，一世紀をかけてパチンコ機が変化するにつれて，パチンコ
を打つという体験も大きく変貌してきた。面白いことに，実際に
「パチンコを打つ」という表現がいまだに使われているにもかかわ
らず，「レバーを引いて，玉を打つ」という行為自体は現代パチン
コにはない。玉を一個ずつ入れて，手動式レバーで発射するような
パチンコは 1970 年代以降，ほとんど消えてしまったのだ。明確に
いうと警察庁通達により，1969 年に連発式パチンコが認可され，
1973 年に電動式パチンコ機の製造販売が認可される（鍛冶，2014）。
その時点で，パチンコ台に電動ハンドルが導入され，パチンコ玉は
モーターにより発射されるようになった[7]。加藤秀俊が述べるよう
に「パチンコが手動式であった時代には，われわれはもっぱら親指
と人差し指の位置を一定することによって，そうした玉の流れを経
験的に察知し，そのことによってパチンコを楽しんだ」（加藤，
1984：105）。手動式パチンコは視覚運動協応を中心とした体験で
あった。実際に玉を発射させ，流れを左右するのはパチンコ内に設
置してある槌ではあったが，その槌の打力は操作レバーを引く遊技
者の親指の力によるものだった。経験を重ね，視覚運動協応の能力
が高ければ高いほど玉の流れを上手にコントロールできるはずだ。
　それに対し，現在のような電動式パチンコでは，打力はモーター
による。一度回したハンドルを握るだけで，一定の速度で玉が連発
で発射される。モーターの登場に伴い，視覚運動協応による介入の
程度が低くなり，パチンコは多くの遊技者にとって遊びやすくなっ
た。そして，それにしたがって，遊技の目標も変化する。パチンコ
は流れている玉を眺めながら，手の微妙な動きにより，打力を調整
する遊技になったのである。「ハンドル位置を固定することによっ

---

7) 初期の電動式パチンコはハンドルではなく，手動式パチンコと同じように，操作
　　レバーを用いていた（日野義久，電動式パチンコ遊戯機，特開昭 47-124573）。

てそうした玉の流れを発見することができる」（加藤, 1984：106）。効率のいい位置を発見したら，ハンドルを固定し，そのままひたすら打ち続ける。ハンドルを固定させるために，ハンドルにコイン等を挟む遊技者も現れる。そうすると，ハンドルを触らなくても，パチンコ玉が勝手に発射されるのだ。

❹ デジタルパチンコの誕生：確率プログラムと大当り

　電動式パチンコの認可以降，パチンコメーカーは電子技術を利用した新たな種類のパチンコ台の開発に力を入れる（田中・林, 2010）。多種多様なアクターの登場により，パチンコの遊技体験が大きく変化する。とくに，回路基板の導入に注目しておきたい。デジタルパチンコ機の原型といわれる三共のパチンコ機「フィーバー」が1980年にデビューし，新たなパチンコブームをもたらした（鍛冶, 2015；韓, 2018）。従来のパチンコ機と違い，デジタルパチンコは入賞口にパチンコ玉が入るたびに，大当りを規定する確率プログラムによる抽選が行われる。「大当り」というのは，大入賞口が一時的に開放される，デジタルパチンコの特殊なモードを示す。大入賞口は一般入賞口より幅が広く，狙いやすいため，大当り状態になったとき，数多くのパチンコ玉が入賞し，報酬として多量の賞品玉が得られるのだ。

　従来のパチンコにおいて，大当りのようなモードは存在しなかった。パチンコは常に小さい入賞口を狙うゲームであった。発射したパチンコ玉がその小さな入賞口に入ると，賞品玉が引き渡される。また，当時は一回に提供される賞品玉の数も規制されていた。とくに，1969年の規制により，入賞口に玉が一個入るともらえる賞品玉の数は最大で15個となった。そのため，「多量の賞品玉を獲得しようと思えば，優れた技術と長時間連続的に遊技するのに耐え得る

忍耐力を要していた」[8]。また「遊技者の操作としては，単に玉を打球することによって，玉がセーフ孔またはヤクモノ[9]へ入賞するのを競うのみであるので，遊技が単調となる傾向があった」[10]という。つまり電動式ハンドルの登場により，パチンコが遊びやすくなった一方で，遊技体験自体が単調に感じられるようになったと考えられる。そこで，多くの遊技者に長く遊んでもらうインセンティブとして，回路基板を利用し「或る偶然性を伴って生じさせ，遊技技術の優劣に拘らず一般の遊技者でも低い確率ではあるが多量の賞品玉を獲得できる機会が与えられる」[11]パチンコ機が開発された。

　デジタルパチンコの台頭により，パチンコ市場は急成長に向かった。1981 年から 1985 年まで，わずか 4 年間でパチンコ店舗数は 38％増加し，全国のパチンコ台数は 59％も増加する[12]。一方で，大当りにより，一気に膨大な報酬が得られるようになったため，パチンコの「射幸性」および「ギャンブル性」が再び問題化される（神保, 2007）。その結果，パチンコ業界の自主規制も含め，さまざまな対策が導入された。とくに，1985 年に風営法の改正により，「遊技機の認定及び型式の検定等に関する規則」が新たに定められる[13]。この規則は全国のパチンコ機における報酬の規模や大当り確率の絶対的条件を定めたうえで，デジタルパチンコ機の電子部品に関する規格も厳密に規定した。1985 年以降，遊技のルールが根本的に変化してこなかったのは，この規則のためだとも考えられる。現代パ

8）鵜川詔八, 株式会社三共, パチンコ遊技機, 特開昭 58-17757
9）1960 年代に，パチンコ機に「ヤクモノ」と呼ばれる仕掛けが普及した。さまざまな形をもった仕掛けが存在していたが，そのなかでとくに人気を集めたのはチューリップである（神保, 2007：32）。これは，入賞口にパチンコ玉が入ると，複数のチューリップが開き，再び入賞するチャンスが与えられる，というものである。
10）鵜川詔八, 株式会社三共, パチンコ遊技機, 特開昭 58-17757
11）安藤利男, 株式会社三共, パチンコ遊技機, 特開昭 54-145644
12）1981 年に全国のパチンコ店舗数は 9,807 店であり，パチンコ台数は 187 万台だった。1985 年にパチンコ店舗数は 13,524 店で，台数は 297 万台まで増加した。
13）大当り確率に関する具体的な制限は基本的に自主規制によるものである。

チンコにおいても，確率プログラムを実行し，出玉の管理をするメイン基板に関する規格は同じ規則によるものである。そのため，メイン基板はいまだに 1980 年代前半に主流だった技術を利用している。具体的にいうと，ROM の記憶容量は 16KB で，RAM は 1024B 以下になっている。比較のため書いておくが，今書いているこの原稿の Word ファイルの容量は 61KB であり，現在筆者が利用しているノートパソコンの RAM の容量は現代パチンコ機のメイン基板の 16,000,000 倍以上である [14]。

5 液晶モニターとサブ基板

　初期のデジタルパチンコ機には液晶モニターがなく，内部抽選の結果を遊技者に通知するためのインターフェースとして，パチンコ台の中央に三つの回転ドラムが用いられていた。これはスロットマシンで使用されるようなドラム表示である。通常，パチンコ玉が入賞口に入った際に，ドラムの回転が開始される。そして，確率プログラムにより大当りが確定された場合，各ドラムの図柄が揃う。しかし，「構造が複雑で製造コストが高く，かつ，故障が生じる頻度も高いという問題」[15] があり，1990 年から回転ドラムの代わりに液晶モニターを設置することが主流になる [16]。法令上，パチン

---

14) そのため，現在のメイン基板では複雑な映像や音を実行できない。また，確率に関しても，イギリスのスロットマシンにあるような「アダプティブロジック」（Parke & Griffiths, 2006 : 153）は，アセンブリ言語のみ利用している現状のパチンコやパチスロのメイン基板では実現できないだろうと考えられる。

15) 株式会社ニューギン，図柄組合せ表示式のパチンコ遊技機，特開平 02-208786

16) 液晶モニターが普及する以前から，回転ドラムの代わりに，アラビア数字を表示する 7 セグメント LED ディスプレーが用いられることもあった。しかし，メカニカルな回転ドラムと違い，「所定数字を表示するものであるため，その図柄配列はすぐ認識されることとなり，多くの場合遊戯者の期待感は瞬時に喪失し，パチンコ機の興味を減殺される欠点がある」とされた（松原信男，株式会社三洋物産，パチンコ機の図柄表示装置，特開平 1-305977）。

コ台の液晶モニターは回転ドラムと同じく「図柄表示装置」として定義されている。すなわち，液晶モニターは内部抽選の結果を可視化する装置であるが，「図柄表示装置」であるため，内部抽選の結果を，図柄の組合せで表示しなければならない。したがって，基本的に液晶モニターでは回転ドラムのシミュレーションを表示することとなる。だが「図柄表示装置」であるという定義づけ以外，液晶モニターに関する具体的な規則はない。

　さらに現代パチンコ台においては，メイン基板に加え，図柄表示専用の基板（サブ基板）の設置が認められている。サブ基板は映像，音，仕掛けをすべて制御する。これは，メイン基板と異なり，先述の規則の対象外であり，性能の高いマイクロチップの利用が可能になっている。プログラム言語も，利用される開発ツールも，メイン基板と完全に異なる。また，メイン基板によるサブ基板への送信は認められているが，サブ基板がメイン基板に信号を送信することは一切認められていない。このように，規則上では，この二つの基板の役割ははっきり分かれている。メイン基板は確率プログラムと報酬給与を制御し，パチンコの「ギャンブル性」を定めるため規制の対象になる。一方で，サブ基板は演出を通じて遊技者に期待感を与えるが「ギャンブル性」に関与しないため，規制の対象にならないのである。

　コストカットのために導入された液晶モニターは，パチンコ機の開発において新たな可能性を生み出す。パチンコメーカーの最終目的は利益を伸ばし，ビジネスとして成長することである[17]。マーケットシェアを拡大するため，開発者はパチンコ台の興趣を向上させ，できる限り広いユーザー層の人びとに長い時間遊んでもらえる

17）大手パチンコメーカーのIR 情報を見ると，この目的が明確である。たとえば，株式会社三共（2010）を参照されたい。

ようなパチンコ機の開発を目指している。メイン基板の部品，確率
プログラムの設定や報酬の規模はそれぞれ厳密に規制されているた
め，干渉する余地は少ない。一方で，液晶モニターやサブ基板に関
する規制はほとんどないため，それを利用し遊技者の興味を惹くこ
とになる。液晶モニターの導入により，開発者の目標も，遊技者の
体験も大きく変化してきたのだ。

　たとえば，仮想空間にて各ドラムの回転時間や速度等をプログラ
ムすることで，図柄の組合せを完全に制御できるようになる[18]。
これにより「リーチ」という特別な演出が台頭することとなった。
リーチというのは，第一と第三のドラムの回転がすでに停止し，そ
れらの図柄が揃っているが，中央の第二のドラムはまだ回転中であ
る状態を示す。第二のドラムの図柄も揃えば大当りが発生する。ま
だ回転中のドラムの回転速度を少しずつ遅くしたり，あるいは一旦
停止したように見せかけて，もう一回動かしたりすることによって，
大当りへの期待感を高める。これはリーチの特徴である。または，
内部抽選がハズレだとしても，大当りに近いように感じさせ，いわ
ゆる「ニアミス効果」（Dixon et al., 2009）を及ぼすと考えられる。
同じ図柄が揃う確率（大当り確率）は規制により制限されている一
方で，ニアミスの確率に関して規制はない。

　さらに，液晶モニターの導入により，図柄以外の映像の表示も可
能になった[19]。そのため，液晶モニターに「遊技内容以外の画像
を表示して遊技の面白味を高める」[20]パチンコ機が普及する。たと
えば，各機種を差別化するために，アニメやドラマといった既存の
作品のメディアミックスに基づいたパチンコ台が登場した。そして，
開発者は映像の面白さに頼るようになり，液晶モニターも徐々に大

18)　岸勇夫, 吉田信晴, マルホン工業株式会社, パチンコ機, 特開平 06-170047
19)　株式会社ニューギン, 図柄組合せ表示式のパチンコ遊技機, 特開平 02-208786
20)　株式会社ニューギン, 図柄組合せ表示式のパチンコ遊技機, 特開平 02-208786

きくなり，遊技体験において映像を視聴するだけの時間が発生するようになった[21]。

⑥ スーパーリーチ

先述したように，玉が入賞口に入った時点で（ほぼ同時に），メイン基板は大当りかハズレかを確定している。パチンコ台は抽選の結果を遊技者にすぐに伝えないで，期待感を高めるために情報の非対称性を作り出す。遊技者は映像を観ながら，大当りを期待し，結果が表示されるのを待つ。抽選の結果に関する情報が伝達されるまでの時間は規則によって定められておらず，抽選が行われるたびに毎回大きく変動する。具体的にいうと，確率プログラムは大当りの有無を確定すると同時に，図柄の組合せが表示されるまでの時間も決定する。その情報を受信したサブ基板は，その時間に適した映像や演出を選び，液晶モニターに写す（荒井，2018）。現代パチンコ台において，玉が入賞口に入ってから，抽選の結果が液晶モニターに表示されるまで，2分以上かかることは珍しくない。これは回転ドラム表示を用いる他のギャンブル機と比べれば，きわめて長い時間である。たとえば，ボタンでドラムの回転を停止できるパチスロでは，遊技者のほとんどが4，5秒以内にドラムを停止させている。

現代パチンコにおいて，玉が入賞口に入ってから抽選の結果が明かされるまで，単純にドラムがずっと回転しているような映像が映るわけではない。多種多様なリーチ映像が存在し，なかでも背景が切り替わり，キャラクター同士のレースやバトル等が行われる予告

---

21) 1995年にパチンコ市場は30兆円を突破し，1996年にパチンコの「射幸性」を抑えるため，報酬の規模に関与する規制が強化された。大規模な報酬の魅力が薄くなったため，パチンコメーカーは，液晶モニターを活かした，キャラクター性の強いパチンコ台の開発に力を入れたと考えられる。1997年に初めて10インチを超える液晶モニターが設置されたパチンコ機が登場した。

映像が主流である。このような演出は「スーパーリーチ」と呼ばれる。たとえば，『新世紀エヴァンゲリオン』というアニメをテーマにした「CR エヴァンゲリヲン 12 〜響きあう心〜」（SANKYO, 2017年）では，主人公が敵と戦うリーチが多種存在する。そして主人公が勝つと大当りが発生する。このような演出は，パチンコの娯楽性を増加させると考えられ，ビデオゲームを強く意識したものとして開発された[22]。時折，液晶に「チャンス」のような合図が表示され，特定のボタンを押すと，映像が転換する。このようなアクションは，遊技者自身が大当りの発生に関与できるかのように感じさせる。しかし，先述したように，「メイン基板→サブ基板→モニター」はパチンコ台における基本的な情報伝達である一方で，「サブ基板→メイン基板」への情報伝達は一切行われない。すなわち，遊技者はどんなことをしても抽選に関与できないのだ。

　演出を眺めながら，大当りを期待して結果を待つ。そして，何回も同じパチンコ台を打つと，予告演出を覚えた遊技者は，映像の信頼度を見分けられるようになる。派手な絵，または経験者にしかわからない微妙な合図により，大当りへの期待感が高まる。遊技者の間では，大当りが期待できるリーチのことを「アツい」と表現する。リーチがアツければアツいほど，大当りが発生する可能性が高いように認識される。だが，必ずしも期待通りにいくとは限らない。メイン基板ではハズレが確定されているにもかかわらず，非常に「アツい」リーチになることは珍しくない。あるいはその逆のパターンもあり得る。このように遊技者の期待を裏切るのも現代パチンコの特徴の一つだといえる。

---

22) 榎本宏, 京楽産業株式会社, 画像表示装置を備えたパチンコ機, 特開平 6-254624

7 おわりに：考察

　電子化とデジタル化によりパチンコ機のあり方が変化するに伴い，その遊技体験も変わった。本章では大当り予告映像の誕生を中心にその変化を記述してきた。韓が示したように，パチンコに対する「規制が企業の中と市場における開発という領域にある種の空隙を作り出す」（韓, 2018：179）。元々，遊技中でも複雑な映像の視聴を可能にしたのは，連発発射機能と電動式ハンドルの認可であろう。手動式パチンコは遊技者の視覚運動協応の能力を常に試すゲームだった。入賞口を狙いながら打力を調整しレバーを引く。そして，発射した玉の弾道を目で確認し，得た情報を次の発射に利用する。パチンコは従来，手と目が同時に行動をし，長く遊ぶと腕が疲れてしまうようなゲームだった。しかし，電動式ハンドルの導入により，パチンコは，遊技者の視覚運動協応の能力に頼らなくなる。ゲームが遊びやすくなり，従来と比較して暇になった遊技者たちは遊技盤面をじっと眺めるようになった。遊技者＋電動式ハンドルという合成により，新たなアクター（遊技者）が確定されたのである。

　このような遊技者を前提としたうえで，パチンコメーカーがサブ基板や液晶モニターの開発に集中したのは，報酬の提供を制御するメイン基板や確率プログラムに関する規則があったからだろう。液晶の導入の本来の目的は回転ドラムのシミュレーションをし，コストカットにより利益を維持・増加させることだったと思われる。しかし，液晶の進化やサブ基板の導入により，開発における当初の目標が変更され，「映像で遊技者の期待感を高める」という新たな「目標」が登場した。

　そもそも，デジタルパチンコに関する主な規則はパチンコに液晶モニターがまだ設置されていない 1985 年に成立したため，その時点ではパチンコがリーチアクションや演出を楽しむような遊技にな

ることは見通されていなかっただろう。しかし，規則や自主規制が頻繁に改正されてきたなかで，期待感を与えるために意図的に作られた映像は規制の対象にならなかったのは，「ただの映像」であるため，報酬自体とは関係のないものであり，射幸性に関与しないものとして理解されていたからであろう。映像により期待感を高めながら，射幸性を抑制する，ということは矛盾した関係として理解されてこなかったようだ[23]。

　なお人間の報酬系は，報酬を得たときだけではなく，報酬を予測させるような情報を得たときにも活性化することが，神経科学の研究で明らかにされている（Mason et al., 2017）。現代パチンコ台は，大当りが発生するかもしれないという内容の予告映像を常に利用する。複雑な演出により，意図的に遊技者の期待感を高めたり，期待が裏切られたような感情を作り出す。報酬を予測させるような映像は「ただの映像」ではなくなり，「映像＋報酬」というアクターとして，遊技者の報酬系に刺激を与え，興趣を向上させる。遊技者は特定の映像を見ることで報酬を連想する。つまり，遊技者は演出の「アツさ」により，期待をしてしまうのだ。

●ディスカッションのために
1　本章で扱われている「手動式パチンコ」と「デジタルパチンコ」の違いについて，本文中の言葉を用いてまとめてみよう。
2　なぜ人はパチンコ依存症に陥るのだろうか。「パチンコの射出機」と「大当り映像」に注目しながら，本文の言葉を用いてまとめてみよう。
3　近年いわゆる「ソシャゲ」（スマートフォンのアプリゲーム）への依存が問題になっている。あなたが知っているソシャゲのインターフェースを取り上げ，利用者がなぜソシャゲ依存に陥ってしまうのか考えてみよう。

23）たとえば，「岡田 和生, アルゼ株式会社, 遊技機, 特開 2004-139235」を参照されたい。

【引用・参考文献】

アメリカ精神医学会［編］／日本精神神経学会［日本語版用語監修］／高橋三郎・大野　裕［監訳］／染矢俊幸・神庭重信・尾崎紀夫・三村　將・村井俊哉［訳］（2014）．『DSM-5 精神疾患の診断・統計マニュアル』医学書院

荒井孝太（2018）「【コラム】メイン，サブ，液晶，それぞれの役割について」，遊技日本〈https://yugi-nippon.com/pachinko-column/post-17451/（最終確認日：2021 年 10 月 15 日）〉

鍛冶博之（2014）．「日本におけるパチンコの誕生・普及・影響」『社会科学』*44*(2)，75–104.

鍛冶博之（2015）．『パチンコホール企業改革の研究』文眞堂

加藤秀俊（1984）．『パチンコと日本人』講談社

株式会社三共（2010）．「第 41 期報告書」

シュール, N. D.／日暮雅通［訳］（2018）．『デザインされたギャンブル依存症』青土社（Schüll, N. D. (2012). *Addiction by design: Machine gambling in Las Vegas*. Princeton, NJ: Princeton University Press.）

神保美佳（2007）．『パチンコ年代記』バジリコ

杉山一夫（2008）．『パチンコ誕生──シネマの世紀の大衆娯楽』創元社

ダイコク電機株式会社（2018）．「パチンコ業界情勢 2018」

田中　悟・林　秀弥（2010）．「「パチンコ機特許プール事件」再考」『社会科学研究』*61*(2)，135–162.

日本生産性本部（2018）．『レジャー白書 2018』

日本遊技関連事業協会（2017）．「2017 年パチンコ・パチスロファンアンケート調査」

韓載香（2018）．『パチンコ産業史──周縁経済から巨大市場へ』名古屋大学出版会

ラトゥール, B.／川崎　勝・平川秀幸［訳］（2007）．『科学論の実在──パンドラの希望』産業図書（Latour, B. (1999). *Pandora's hope: Essays on the reality of science studies*. Cambridge, MA: Harvard University Press.）

ラトゥール, B.／伊藤嘉高［訳］（2019）．『社会的なものを組み直す──アクターネットワーク理論入門』法政大学出版局（Latour, B. (2005). *Reassembling the social: An introduction to Actor-Network-Theory*. Oxford: Oxford University Press.）

Bloor, D. (1991). *Knowledge and social imagery*. (2nd edition). Chicago, IL: University of Chicago Press.

Callon, M. (1986). Some elements of a sociology of translation: Domestication of the scallops and the fishermen of St Brieuc Bay. in J. Law (ed.), *Power, action and belief: A new sociology of knowledge?* London: Routledge, pp.196–223.

Council on Casinos (2013). *Why casinos matter: Thirty-one evidence-based propositions from the health and social sciences*. New York: Institute for American Values.

Dixon, M. R., Nastally, B. L., Jackson, J. E., & Habib, R. (2009). Altering the near-miss effect in slot machine gamblers. *Journal of Applied Behavior Analysis*, *42*(4), 913–918.

Latour, B. (1992). Where are the missing masses? The sociology of a few mundane artifacts. in W. E. Bijker, & J. Law (eds.), *Shaping technology/building society: Studies in sociotechnical change*. Cambridge, MA: MIT Press, pp.225–258.

Latour, B. (1996). On actor-network theory: A few clarifications. *Soziale Welt, 47* (4), 369–381.

Latour, B. (2002). Morality and Technology. *Theory, Culture & Society, 19*(5/6), 247–260.

Latour, B., & Callon, M. (1992). Don't throw the baby out with the bath school! A reply to Collins and Yearley. in A. Pickering (ed.), *Science as practice and culture*. Chicago, IL: University of Chicago Press, pp.343–368.

Law, J. (1999). After ANT: Complexity, naming and topology. *The Sociological Review, 47*(S1), 1–14.

Lezaun, J. (2017). Actor-Network Theory. In C. Benzecry, M. Krause, & I. Reed (eds.), *Social theory now*. Chicago, IL: The University of Chicago Press, pp.305–340.

Mason, A., Farrell, S., Howard-Jones, P., & Ludwig, C. J. H. (2017). The role of reward and reward uncertainty in episodic memory. *Journal of Memory and Language, 96*, 62–77.

Parke, J., & Griffiths, M. (2006). The psychology of the fruit machine: The role of structural characteristics (revisited). *International Journal of Mental Health and Addiction, 4*(2), 151–179.

Potenza, M. N. (2006). Should addictive disorders include non-substance-related conditions? *Addiction, 101*, 142–151.

Ziolkowski, S. (2018). The world count of gaming machines 2018. Gaming Technologies Association.

第7章

「オタク的アニメ視聴」試論
ビデオの「コマ送り」が可能にした知識に着目して

永田大輔

VHS カセット

　オタクと呼ばれる人びとはマンガ・アニメが好きな人として一般に知られている。アニメに絞ってみても「どこか我々と異なった見方」をする人びとだというように一般には認識されている。それでは，彼らはどのようにしてそうした視聴の仕方を洗練させていったのだろうか。本章ではビデオというテクノロジーの登場によって特定のシーンを細かく見ることが可能になったことがオタク的リテラシーの形成に影響を与えたと考え，ビデオデッキの「コマ送り」という機能に着目する。もともとこの機能は教育現場で利用されていたものだったが，それをアニメファンがどのように利用していき，独自の文化を形成していったのかを本章ではみていくこととする。

1 「オタク的なアニメ視聴」という問題 ——————

✤「オタク的な」アニメ語り

　島本和彦が1980年代前後の自身の大阪芸術大学での経験を振り返ったマンガ作品『アオイホノオ』は，オタクという言葉が現れたその当時の文化的な雰囲気を伝えてくれる重要なテキストである。同作は島本自身をモデルとした焔燃（ホノオモユル）が主人公となり，のちにクリエーターとしてデビューすることになる当時の友人がほぼ実名で登場する。そうした彼らと切磋琢磨をしあう関係がコメディ的に描かれることが物語の主旋律となると同時に，当時の「オタク的な」人びとの何気ない日常を再現しているという点でも評価が高い作品である。

　とくに資料的に重要なのが，彼らのマニア・オタクとしての「濃さ」として，しばしば彼らの「アニメ視聴の仕方」が取り上げられていることである。一例として，焔と同級であったアニメ制作者で『新世紀エヴァンゲリオン』の監督として知られる庵野秀明が，大きなテレビをもっていた友人の赤井孝美の家に，当時宮崎駿が演出した『ルパン三世』のある話数を見たいがために勝手に上がりこんでテレビを見はじめる場面がある。

> 赤井　おい，おい。なんだ。
> 庵野　宮崎さんのルパンだよ！
> 赤井　宮崎さんのルパン？　なんだよ，それ？
> 庵野　今日は宮崎さん作画なんだよ！
> 赤井　……いや…その，飯食った？
> 庵野　まだ!!!
> 赤井　……
> 庵野　おおっ。（笑いながら）宮崎さん，宮崎さんだよ———
> 赤井　……あのさ，

> 庵野　何？
>
> 赤井　宮崎さんって誰？ 知り合いの人？
>
> （両者沈黙）
>
> 庵野　ギガント――これはギガント――……（笑いながら）宮崎
> 　　　演出だよ――これ宮崎演出だよ――
>
> 赤井　誰だよ，宮崎さんって!!
>
> 庵野　監督だよ，カリオストロの!! コナンの宮崎駿だよ！ 知
> 　　　らないのかよ！
>
> 赤井　お前，知り合いなのかよ。
>
> 庵野　知り合いなわけないだろ。
>
> 赤井　じゃ，なんでさんづけなんだよ――
>
> 庵野　そーゆーもんなんだよ！ 出崎さんだってさんづけだろ？
>
> （島本，2009：136-140）

　ここで庵野が注目しているのが話の内容ではなく作画・演出であり「ギガント」（ドイツのある航空機の愛称であり宮崎がしばしば作品内に登場させることで知られていた）といった点であり，それを宮崎という固有名に結びつけている。そして宮崎を「さん」づけで呼ぶことなども含めて「そーゆーもんなんだよ」という形でアニメファンの間で通じる知識を「常識」として語っている。このように，テレビアニメの演出について高いリテラシーをもって語るという所作が1980年代のファンに特有のものとされていることには技術史的な前提が存在する。

　こうした「オタク的な独自の視点」でアニメについて語りあうことが広がるうえでの重要な前提は，当然のことながらテレビを繰り返し見ることができることと，その見方が自分の一人よがりでないものとして確認できることである。それを可能にする技術として本章が着目するのが，家庭用ビデオデッキである。本章では，冒頭で

示した語りを可能にする条件を，ビデオのメディア史的な条件との関係からみていく。

❖ オタク独自の消費実践とビデオ利用

　オタク文化と呼ばれる文化やそれを担うオタクと呼ばれる人びとの特徴を考えるうえで重要な視点を与えてくれるのが，大澤真幸の議論である。大澤は，彼の用語でいうところの「アイロニカルな没入」をする主体像としてオタクを挙げる。大澤の「アイロニカルな没入」とは，世間一般にとって価値がないものと知りつつ（そうであるからこそ），強くその対象に対して愛着をもつというものである。大澤によると，オタクはアニメなどの虚構世界について過剰な知識を蒐集し語っているが，同時にそれがくだらないものだと知っているという。だからこそ，そのコミットメントが成立するというのが大澤の議論である（大澤, 2006）。だが，オタク的な趣味文化が「世間一般に価値のないもの」として認識されるのはそもそもなぜか。その前提の一つが，その趣味文化が外部（世間一般）からみて独自な領域として形成されているという点にある。

　本章では，そうしたオタク的な趣味文化の一例としてアニメ視聴に焦点化して考察を進める。アニメ視聴を論じるうえでは，トマス・ラマールの議論が重要である。ラマールは，1980 年代におけるアニメ文化の変容で特徴的だったのは，「オタク的な」消費者と制作者との関係の緊密さだと述べる。当時そうした緊密な関係の下でアニメ制作をしていたといわれるのが，冒頭の場面でも登場した庵野や赤井，ほかに後述する岡田斗司夫などが所属した「ガイナックス」という集団である。彼らはファンの目線をもちながらアニメ業界に参入したために，ファンの視聴のあり方を取り込んだ作品づくりが可能になったという。この制作の仕方をラマールは，「ガイナックスシステム」と呼んだ（ラマール, 2013）。こうした消費者と制作

者の緊密な関係は現在のアニメ産業でも継続しており，その発展の基盤（魂[1]）となっていると文化人類学者のイアン・コンドリーは議論する（コンドリー, 2014）。本章では，これらの「オタク的」とされる特徴が形成される技術史的な背景を議論することにもなる。

　本章で行う議論にとって重要な手がかりとなるのが，岡田斗司夫の記述である（岡田, 1996）。岡田は，オタクが爆発的に増えるうえで重要だったのはビデオデッキとアニメ雑誌の登場だったという。とりわけ，カラーテレビでぶれずにコマ送りができるビデオデッキが 1980 年に発売されたことを転機だったと述べている。しかし，その言及は岡田の個人的な証言に留まっており，歴史的な枠組みには位置づけられておらず，そうした実践がどのように重要であったのかはメディア史的な視点から十分に論じられていない。

　そもそもビデオに関するメディア史的な研究はどのように蓄積されてきたのだろうか。家庭用ビデオデッキに関する研究は，日本が家庭普及機の開発に先進的な国だったにもかかわらず，隔たった形で進展してきた。国外では，家庭用に限らないビデオ全般の技術的な可能性に関する研究は早くからみられるし（エンツェンスベルガー, 1975），家庭普及以降のビデオ経験に注目した議論もみられる（Gray, 1992）。しかし，国内ではとりわけアダルト作品の受容に着目する研究（赤川, 1993 等）などに集中しており，それ以外のビデオ利用のあり方に関する研究の蓄積はなされていない。

　例外的に異なった側面に注目した研究が溝尻真也（2007）である。溝尻は日本の 1980 年代のミュージックビデオ受容空間がどのような形で成立したかを音楽マニアの番組チェックの実践に着目して考察し，そうした実践がそれ以前のラジオマニアのエアチェックの実

---

1) 永田・松永（2019）は，「魂」という言葉が抽象的であり，消費者・制作者の関係性について踏み込めていないことを指摘し，両者の結びつき方について示した。

践と接続されていると述べる。だが，ここで指摘されているような
コミュニティでなされている消費の実践と，本章で扱うアニメファン
の実践とは必ずしも連続したものだとはいえない。むしろ，こう
した文化圏ごとにビデオ受容がどのように特異なものだったかを考
える必要がある。

　本章では，後に「オタク的」と呼ばれるようなアニメ視聴のあり
方がどのように行われるようになったかを，アニメ雑誌を資料として
論じる。そのなかでも，岡田が指摘したようなコマ送りという行為が
アニメ視聴のあり方にどのように結びついたのかについて具体的に
論じていく。そのために，まずビデオそのものにコマ送りという機能
がついた背景に着目し（☞2節），そのうえで，アニメファンのビデ
オ利用がどのように独自の文化を形成したか論じる（☞3節・4節）。

② コマ送り前史としての教育的機能

　まず，なぜコマ送りがビデオというメディアに付与されたのだろ
うか。ビデオの家庭普及に際してはじめに期待されていたのは録画
機能だった。だが，ビデオが単なる再生機器以上の可能性をもつ媒
体であることは家庭普及以前から見込まれていた。現に，ビデオの
普及機が売り出された初期から，スローモーションで再生できる機
能がビデオには存在した。

> 　日本ビクターはこのほど，普及型VTRでは世界でも初めて
> というスローモーション再生ができる画期的なVTR "KV800"
> を開発・価格二十八万円（現金価格）（1968. 3. 15『ビデオジャー
> ナル』2：6）

こうした技術が初期からビデオデッキに取り入れられていたのは，

その受け入れ先が一般家庭以外にも明確に存在しなければならなかったことに由来する。つまりちょうど白黒テレビとカラーテレビの普及の転換期と重なってしまったため，ビデオの家庭普及は予想より遅れ，製造元の企業は一般家庭以外の展開先を必要としたのである。その一つが教育現場である。

> 　VTR の機能をいち早く取り入れてきた教育界は，文字どおり VTR の普及促進に果たした役割は大きい。初期のころ単にテレビ番組の録画再生の機能しか知らなかったがしだいにめざめ，いまではかなり VTR の機能を理解してきておりテレビに対する主体性をにぎるようになった。[…] 教室の「近代化」の主役として，欠かせない機器になってしまった。(1968. 4. 15『ビデオジャーナル』4：1)

　上記引用からもわかるように，教育現場において録画だけではないビデオ受容の可能性が見込まれていたのである。そうした見方に基づいて教育に利用する具体的な可能性が，次のように議論されている。

> 　スポーツだけでなく，学校や体育や理科の授業で"動"を学ぶとき，スロービデオがあれば，効果は一段と大きい。"動きを捉える"――これがスロービデオの最大の機能だ。これが小型 VTR にも実現した。スピードあふれる動きを分解したり決定的瞬間も確実にキャッチする (1968. 6. 1『ビデオジャーナル』7：4)

　このように，教材としての動きを捉えるためにスロービデオの需要が存在していたことがここから見て取れ，録画だけに留まらない

さまざまな技術へのニーズが存在していたことがわかる。だが，こうした技術の利用の仕方は当時から習熟が必要なものだった。そのため，普及段階では，技術の習熟をしなくてもひとまず使えるということが必要になる。

> 従来のVTRはセミ・プロ向きのシステムだったが，新しいVCRは"女性や子どもにも使える"線を狙いたい。女の先生にもビデオになじんでもらえると思う。(1971. 9. 1『ビデオジャーナル』*89*：1)

このように「女性や子ども」など，誰にでも使えるようになることが，家庭普及の第一歩につながる。録画が家庭普及以前からビデオ受容の主役であることは前述した。その反面，スローモーションは技術的なニーズが教師という専門家の間で存在する一方で，一般に使う技術としてはそれほどニーズがないと当時は考えられていたのである。

しかし，ビデオデッキの家庭普及が本格化する前（1976年）にテレビ学校放送利用校の全日制高校のうち，99％に普及するなど，ビデオの初期展開を支えるために重要視されていた市場は，先述のように教育現場だった（1977. 2. 15『ビデオジャーナル』*216*：7）。そして教育上のニーズからスローモーション機能は重要なものだと認識されていた。そのため，家庭では必ずしも使われないとしても，教育関係者などの専門家が使うことを想定して，この機能は存続することになる。

その結果，「一般家庭」でも，技術利用に熱心な人たちがスローモーション機能を再度利用することが可能になり，そうした当初の意図とはまったく異なった視聴のあり方が可能になったのである。そしてそうした技能を習得し，活用したのがアニメファンである。そのことを検討するために，次節ではアニメファンのビデオ受容に

焦点化する。

3 アニメファンのリテラシーの基盤としてのビデオ受容

❖アニメファンのビデオ受容

　ビデオデッキは 1980 年代に爆発的に普及した。この 10 年間の普及率は表 7-1 のように，他のメディアと比べても急速なものであった。

　普及率と関係なくアニメファンが，普及の初期からビデオデッキを手に入れていたのではないかとも考えられる。しかし，アニメ雑誌読者全般に関してみたときには，以下のように十分な所有率が達成されていたわけではない。

> 　デッキがなくてもソフトを買う人ここにもいるんだよネェ。よく行く親戚の家にデッキがあるから持って行ってみるんだ。三本持ってるソフトは『バイファム』でまた『バイファム』のオリジナルビデオがでるそうだから買おうと思っているがお金が溜まらなくて姉から借金をしなければならないかも。(1985. 8『アニメV』: 81)

　ビデオデッキを所有していなくてもビデオソフトを利用することができるようにさまざまな方法で貸し借りがなされていたことがわかる。ビデオデッキが普及する以前にも 1970 年代のアニメサークルでは，フィルムを借りて共同で見ることは頻繁にあった。アニメ

表 7-1　ビデオをめぐる年度ごとの家庭普及率の推移
（内閣府『消費動向調査 主要耐久消費財の普及率』より筆者作成）

年	1980	1981	1982	1983	1984	1985	1986	1987	1988	1989	1990
%	2.4	5.1	7.5	11.8	18.7	27.8	33.5	43.0	53.0	63.0	66.8

雑誌上などでもいくつか上映文化に関する特集がなされ，その文化がより広まる。その延長線上に，そうした実践を容易にするものとして，アニメサークルの部室にビデオデッキを置いておくようなスタイルの視聴は，比較的広範に見ることができたと推測できる。だが，以下のような広告が，当時の状況を知るうえではより重要である。

> 　君たちの中にはカメラ撮りもしたいとか，友達の家へ持って行きたいから，持ち運びのできるビデオが欲しい人もいると思うんだ。そんな人のために持ち運びビデオを紹介しちゃおう。
> （1985.6『アニメV』：101）

　この記事はポータブルビデオというビデオデッキの紹介である。ソフトの貸し借りだけでなく，（当時のとても大きくて重い）ビデオデッキ本体の持ち運びがなされていることが前提となっていることが引用からわかる。ポータブルビデオではないが，前述した『アオイホノオ』のなかにも主人公である焔のところにビデオデッキを持ち運んでみせびらかす高橋の姿が描かれている（島本，2009：24–27）。だが，重く持ち運びに適していないデッキを持ち運んでまでビデオを誰かと一緒に見るという欲望が，ビデオデッキを所有していない側だけでなく所有する側にも見られたのはなぜだろうか。

✣ 素敵な映像の発見

　ビデオデッキを持ち運んでまで映像を見せるという行為は，次の引用にみられるように，コマ送りという実践と強く結びついている。80年代初期のコマ送りに関しての投稿欄を一例として挙げる。

> 　わが家では先日，念願のビデオ〔デッキを〕購入しました。私

はさっそく『最強ロボダイオージャー』をとりました。［…］あそこでポーズボタン&コマ送りをするとふつうでは目に留まらないような素敵な絵があるのです。(1981.6『アニメージュ』：120：〔〕内は筆者による補足)

　このような「素敵な絵を発見する」営みで楽しまれているのは，アニメのなかから他の人がこれまで見ることのできなかった絵（＝静止画）を見つけることである。これがアニメの見方に決定的な影響を与える。制作者の側がこれまで行ってきたような仕掛けや作る工程への意識を可視化することが，ビデオのコマ送りで可能になったのである。コマ送りをし，巻き戻しが可能になることで，作画などのアニメの作り手側の存在や目線に「気づく」ことができる能力が消費者の側に醸成されていった。この投稿はその楽しさが語られている。しかし，次第にその楽しさが制度化されていくことになる。

4 「作り手のこだわり」との結びつき

✢「オタク的なアニメ視聴」の成立

　前節のような視聴の仕方をする消費者の存在がアニメ雑誌の側で取り上げられることで，アニメ制作者の側もそのことを意識した作品づくりを行うようになる。OVA専門誌である『アニメV』やその定期刊行前に刊行された『アニメV別冊』にはそれぞれ以下の記述がある。

　バイファムのみどころはなんといっても落ちとなる部分［…］スタッフの遊びがいっぱいというわけ。せっかくのビデオ・ストップモーションで探してみよう。(『アニメV別冊』)

> ビデオ作品は5回見たら5回とも面白くなければならない。そのために，何度目かに気づくような細かい芝居が全体に入っています。(1985.6『アニメV』：12)

　上記のように，制作者の側が，視聴者のコンテンツ消費のやり方を先取りした作品づくりを行っていることが雑誌上で取り上げられている。このような作品づくりはある意味ではマーケティングの論理の必然ではある。しかし，アニメ文化に特異なのは，そうした作品づくりのあり方そのものを消費者の側が技巧として評価し，それまで着目されてこなかった制作者の側に焦点を当てるきっかけにしていったということである。

　1970年代後半から1980年代前半にかけて，これまでアニメ制作において注目されてこなかった，監督以外のさまざまなアニメ制作者に注目が集まるようになる。たとえば押井守の周辺にいたアニメ制作者たちが，『うる星やつら』の映像の作り込みをきっかけに見出される。『アニメージュ』の1983年1月号では，「うる星やつらにつづくのはダレだ！？——押井守とそのライバルたち」という20ページにわたる特集がなされる。そして，押井守らのアニメの演出に関して以下のような言及がなされる。

> 「うる星やつら」が注目されるに従ってアニメ演出の新しい一面を見せてくれたという意見が多くなってきている。若さだけを頼りに暴走しようとする作画陣をうまくまとめこんでしまうのではなく，野放しギリギリの線までひっぱっていっておいて，一気にけりをつけてしまうような演出とでも表現すればよいだろうか。(1983.1『アニメージュ』：27)

　こうしたあり方は，「ファンの嗜好と押井守の志向がうまくドッ

キングした」と表現された。映像や作画にさまざまな「遊び」を仕掛け，それがアニメ雑誌の側で取り上げられることで，制作者がアニメファンたちをどう意識しているかが，読者に対して演出される。

　アニメ雑誌の読者である消費者たちはアニメ雑誌の投稿欄などで独自の読解を共有し，末端の制作者がスターとして注目される。そうした制作者のインタビューなどがアニメ雑誌上に載り，それを消費者が読み，評価を更新していく。その評価の再共有が，オタク的なリテラシーの形成の基礎に据えられていく。

　このように，ビデオという媒体で巻き戻しやコマ送りなどを用い細かなチェックをしながら作品を見る消費者を，制作者が意識していることが消費者に共有されることで，アニメ視聴の仕方は二つの方向で拡張される。一つはどのような制作者によって制作された映像であるかに関するリテラシーの発達である。もう一つは映像作品としてのアニメーションのなかでも「シーン」を単位として価値づけるようなあり方である。「一話」よりも小さい単位で映像作品として評価するリテラシーが発達したといえる。

　前者は個別の制作者が作った映像に対するリテラシーの発達である。個別の制作者が作った映像の違いを認識するために，スタッフロールなどを繰り返し見て対応をつけていくことが必要になる。ビデオによる繰り返しの視聴とアニメ雑誌という媒体によって，こうした見方が可能になっていった。アニメ雑誌が制作者にインタビューし，アニメ制作者という文化集団内でのスター化が行われる。アニメ雑誌という媒体で映像へのこだわりをアニメ制作者が語り，そのこだわりを消費者が映像を見ながら照らし合わせる。そうした映像解釈のリテラシーが共有されていると互いに想定することが，ある種のオタク的なコミュニケーションの前提になっているのは現在のオタク文化にも通じる。映像と作者の名前を往復させる形で，映像のリテラシーを示すような話法が可能になってきたのだ。

　後者は映像への深いこだわりをもった消費の仕方である。そこで，
やや長くなるが，アニメ雑誌上で行われるマクロスをめぐる一つの
シーンの過剰なピックアップを取り上げる。

> 　第27話を見てなによりもすごいと感じたのは映像とミンメ
> イの歌の見事なシンクロナイズである。[…]「私の彼はパイ
> ロット」で彼女がパッと敬礼，スーパーバルキリーが4つのノ
> ズルを閃かし最大加速で発進！[…]思えばこの「マクロス」
> という作品はこのワンシーンを作るために用意されていたので
> はないか。歌手が歌うのをBGMに壮大なメカアクションが展
> 開される。SF考証，設定はそれにある程度の必然性を持たせ
> るために考えられ，それは見事に成功したといえるだろう。
> 「「青い珊瑚礁」をバックに戦闘シーンを描いてみたかった」(27
> 話絵コンテ河森正治，キャラ・美樹本晴彦)[…]タイミングを計
> るために河森氏はビデオで必要なカットに似た絵をつなぎ撮り
> し，絵コンテを描いた。おかげでビデオデッキを一台ダメにし
> た。(1983.7『アニメージュ』:28)

　作品を作る際にもビデオを用いた視聴をする視聴者が意識されな
がら制作されていることがわかると同時に，そのシーンのために作
品は存在したという形での見方の提示が行われている。「ビデオ
デッキを一台ダメにした」という言及がこのエピソードのリアリ
ティを傍証するものとなる。読者の側は，そのシーンを作り出すた
めの偏執的なこだわりをこの表現から読み取ることが可能になり，
その映像を評価するようになる。こうしたシーンを特権化する見方
は，マクロスという作品の今後の展開の重要な前提となる。
　同作品では，後にこのようなシーンへのこだわりを基にした
ミュージックビデオ作品が発売される。この作品には何曲かの新曲

とともに，それに合わせた数分の映像がつけられる。実際の本編の
ラストの一つとして用意されたが，結局公開されることのなかった
映像などが，そのビデオ作品のなかには収められており，曲を中心
にストーリーを追うことが可能になっているのである。

　本項では，制作者の側も，アニメ雑誌に現れる，ビデオを積極的
に利用するような消費者を前提とした作品づくりをするようになっ
た事態に着目し，この消費者と制作者の相互作用のなかで消費者の
リテラシーと映像そのものが再生産されていく様子を観察してきた。
岡田（1996）でも指摘されているような，オタク独自の視覚的能力
の特徴である，パロディを読み込む視聴能力と，映像を細かく見る
という偏執狂的な見方を共有していることが，オタクと呼ばれる人
びとの重要な能力とされていく，文化的な素地が形成されていくの
である。だが，それにはまず何よりも，そうした映像に対する評価
の共有が先だってなされていることが重要になる。このような実践
がなされることで，「世間一般にとっては価値のわからない」，外部
からは閉じたように見える高度な文脈をもった消費実践が可能に
なっていくのだ。

❖ 循環を可能にする環境

　こうした循環を下支えするのが，オンエアや劇場公開を伴わない
OVA（オリジナル・ビデオ・アニメーション）と呼ばれる，5000 部〜
10000 部で採算がとれるといわれたビデオのパッケージソフトの存
在である。こうした媒体の成立によって「今までテレビや映画のさ
まざまな制約のなかでしか，アニメを作れなかった制作者たちにと
り，自由に自分の作りたいものを作る場」（『アニメV』1985. 6：81）
ができあがる。重要なのは，OVA が作られることへの反省的なま
なざしが読者の座談会として掲載されている点である。

（A）ギャランティの問題や自分の好きな事ができるという点で
テレビシリーズからどんどん人がいなくなっていくんだよね。
（B）でもビデオっていうのは，割と見るほうに"選ばれたもの"
みたいな意識ってあるじゃない。そういう"選ばれたもの"に
対してだけものを作るっていうのはまずいと思うんだけれども。
［…］
（C）何がやりたいってそれっきり。見た人が何を考えるかまで
考えて作ってない。ビデオがあまりにも集中すると，アニメそ
のものが縮小してしまう可能性があるよね。［…］
（D）現在，アニメスタッフの数が限られている点が，一番大き
な問題なわけで，ある程度，テレビシリーズのパワーが維持さ
れている状況があった上で"ビデオ"というジャンルが確立さ
れるなら，様々な可能性を秘めたメディアであるといえるので
しょう。（1984. 12『Animec』: 103-104）

　このように，アニメスタッフの数が限られていたため，ビデオと
いう受容者が限られた媒体とテレビアニメの競合が問題化される。
アニメ文化全体が縮小してしまうという危惧は，皆が楽しめる「テ
レビシリーズが維持されるべき」という意識を生み出す。このこと
が，自分たちが中心とは異なるという意識が形成されることに寄与
していたのである。

5 アニメ視聴が分かれることの意味

　本章では，オタク的なアニメ視聴のあり方が形成されるうえでビ
デオデッキの普及がいかなる影響を及ぼすか議論してきた。とりわ
け，コマ送りという技法がアニメファンの集団性を形づくるだけで
なく，アニメ制作者との緊密な関係の下に文化圏を作るうえでも重

要な意味をもっていたことを議論してきた。

　そのうえで，アニメファンの視聴実践が可能になるようなコマ送りの機能が一般家庭で利用されるものではなかったがゆえに，その独自性の形成が可能になったことを議論した。しかし，そもそも家庭では使わない機能が存続したのは，家庭普及以前に教育現場で教育実践の専門的なニーズが存在したからである。そもそもビデオのそうした機能は，「見ながら教える」ということに適した機能だったのである。そうした機能を，技術利用に熱心な受容者が，当初の技術的意図を前提にしないまま再利用することで，アニメ文化を中心として成熟した視聴文化を「互いに教えあうように」形成していったのである。

　同時に，4節2項で挙げた，あくまで自分たちが周辺であることを意識する語りにもつながるが，オタク文化にはそうした視聴のあり方だけに限られない有徴性も存在する。『アオイホノオ』では，本章の冒頭で取り上げた場面と類似した場面が他の箇所で描かれている。だが，そこでは庵野が語ったようなオタク的な語りをためらう場面がみられる。以下は，主人公の焔が同じバトミントン部に所属する同級生の津田洋美と自室でアニメ『サイボーグ009』のオープニングを見る場面である。彼女は作中でいわゆる「スポーツマンタイプ」の女性とされており，芸大に所属しつつもオタク的な知識がない人物として描かれている。

焔　　ここっ

津田　えっ。

焔　　この辺，注目して観て！……どう！　観た？　どうだった!?

津田　え……いや……その…　カッコ良かったね！

焔　　（わかってない!! どうする!? この津田洋美に説明してやるか!?
　　　この009のオープニングの――どこが本当に素晴らしいのか

> を‼ 金田動き‼ 正真正銘の金田伊功作画OP。例えば00ナン
> バーサイボーグの，一人一人の能力を順に動きで表現するが，
> [⋯] 完璧‼‼ おそるべき完璧なオープニング，100点──とい
> う説明を──この津田洋美にしたものかどうか……したい。
> とてもしたい‼ でも…喜ばれないかも…拒絶されるかも…）
> 津田　あっ，ねえ，始まったよ，009。観ないの？
> 焔　　（いや，本編ね　そうね……）
> （島本，2009：97-102）

　このように，「演出について語ること」が同じように問題になっ
ているものの，庵野がしたように津田の前で語ることに焔は葛藤し
ている。ここでは，演出について語ることは相手によっては避けら
れるべきこととして描かれているのである。テレビアニメの演出に
ついて高いリテラシーをもって語ることが「アニメファンに特徴的
な実践」とされていると同時に，それがそうしたリテラシーをもた
ないものの前で語る（教える）べきではないこととされるように
なったのはいかにしてなのだろうか。

　もちろん教養主義的な差異化もあるだろうが，こうした背景の一
つには，本章で論じてきたような「中心とは異なる」，つまり一般
の視聴と分離しているものとして自らの視聴を位置づける語りがあ
るだろう。一方で，1989年にある事件の加害者の部屋で大量に積
まれたビデオが発見された事件の文脈を経た再解釈であるとみなす
こともできる。こうした社会問題化の文脈も，オタクという言葉を
考える点でも，ふまえなければならない論点になっているのである
（永田，2018）。そうした視聴行為をめぐる省察を進めるうえでも本
章で行った議論はその第一歩となりうるものである。

> **●ディスカッションのために**
> 1 本章のタイトルで示されている「オタク的アニメ視聴」とはどのようなアニメの見方か。本文の言葉を使ってまとめてみよう。
> 2 上でまとめた「オタク的アニメ視聴」と，ビデオデッキが普及したことはどのように関係しているといえるだろうか。再生や巻き戻しといったビデオデッキの機能に注目しながら本文の言葉を使ってまとめてみよう。
> 3 近年，YouTube やニコニコ動画といった，個人が動画をアップロードできる動画配信サイトが広まっている。これらの出現以降，人々のアニメの視聴はどのように変容したといえるか考えてみよう。

【初　　出】

以下の論文の一部に大幅に加筆修正を行った。

永田大輔（2015）．「コンテンツ消費における「オタク文化の独自性」の形成過程――一九八〇年代におけるビデオテープのコマ送り・編集をめぐる語りから」『ソシオロジ』*59*(3)，21–37.

永田大輔（2016）．「ビデオにおける「教育の場」と「家庭普及」――1960 年代後半-70 年代の業界紙『ビデオジャーナル』にみる普及戦略」『マスコミュニケーション研究』*88*，137–155.

永田大輔（2017）．「アニメ雑誌における「第三のメディア」としての OVA――一九八〇年代のアニメ産業の構造的条件に着目して」『ソシオロジ』*61*(3)，41–58.

【引用・参考文献】

赤川　学（1993）．「セクシュアリティ・主体化・ポルノグラフィー」『ソシオロゴス』*17*，124–137.

エンツェンスベルガー，H. M.／中野孝次・大久保健治［訳］（1975）．「メディア論のための積木箱」『メディア論のための積木箱』河出書房新社，pp.95–136.（Enzensberger, H. M. (1974). Baukasten zu einer Theorie der Medien. *Palaver: Politische Überlegungen* (*1967-73*). Frankfurt am Main: Suhrkamp. S.91–128.〔初出：*Kursbuch, 20*, 159–186. (1970)〕）

大澤真幸（2006）．「オタクという謎」『フォーラム現代社会学』*5*，5–27.

岡田斗司夫（1996）．『オタク学入門』太田出版

コンドリー，I.／島内哲朗［訳］（2014）．『アニメの魂――協働する創造の現場』NTT 出版（Condry, I. (2013). *The soul of anime: Collaborative creativity and Japan's media success story*. Durham: Duke University Press.）

島本和彦（2009）．『アオイホノオ』（第 2 巻）小学館

永田大輔（2018）．「ビデオをめぐるメディア経験の多層性――「コレクション」とオタクのカテゴリー運用をめぐって」『ソシオロゴス』*42*，84–100.

永田大輔・松永伸太朗（2019）．「多様な表現を可能にする制作者の労働規範の変容――1970 ～ 80 年代のアニメ産業を事例として」『マス・コミュニケーション研究』*95*，183–201.

溝尻真也（2007）．「日本におけるミュージックビデオ受容空間の生成過程――エア

　チェック・マニアの実践を通して」『ポピュラー音楽研究』*10*, 112-127.

ラマール, T. ／藤木秀朗［監訳］・大崎晴美［訳］(2013).『アニメ・マシーン──
　グローバル・メディアとしての日本アニメーション』名古屋大学出版会
　(LaMarre, T. (2009). *The anime machine: A media theory of animation.*
　Minneapolis, MN: University of Minnesota Press.)

Gray, A. (1992). *Video playtime: The gendering of a leisure technology.* London:
　Routledge.

第8章

舞台演出と映像技術

スクリーンの物質性と空間の編成

大久保遼

出典：『Perfume 8th Tour 2020 "P Cubed" in Dome』
(DVD, 2020, ユニバーサル)

　2000年代には音楽の流通の中心が，デジタル配信やYouTubeに移るなかで，CDをはじめ音楽ソフトの販売が低下し，それと入れ替わるようにライブやフェスなどのライブ市場が拡大した。さまざまなエンターテイメント領域で同時に起こりつつあるデジタル化以降の「ライブ・シフト」は，しかし，単に直接的な音楽経験の重視ではない。ライブ会場やパフォーマンスは音響・照明だけでなく，観客とのインタラクションを促進するような技術に媒介されており，なかでも多種多様な形状のスクリーンを含む映像技術が，観客の経験やライブ空間を構造化している。このような状況を技術による文化の再編という視点からいかに記述することができるだろうか。またそうした記述は，今後の私たちのメディア環境の理解に対していかなる貢献をなしうるだろうか。

① 舞台演出と映像技術

　2000年代以降，スマートフォンをはじめとする各種デバイスや都市空間に設置された大小さまざまな形状のスクリーンは，デジタル化した情報が流通し，表示・操作される際の主要なインターフェイスとなっており，その意味で，現在スクリーンとその上を流れる無数の映像は，情報が流通するためのインフラストラクチャーのような存在となっている（大久保，2015：14-15）。このようなデジタル化以降の映像の技術的な変動が，さまざまな領域において，文化の生産・流通・消費の各局面になし崩し的な変化を引き起こしてきた。

　たとえば2019年に20周年を迎えたアメリカ最大規模の野外音楽フェスティバル「コーチェラ・フェスティバル（Coachella Valley Music and Arts Festival，以下「コーチェラ」）」の例をもとに，近年の映像技術による文化の再編について考えてみよう。コーチェラは例年，舞台演出に大掛かりな映像技術が用いられており，2019年

図8-1　コーチェラの舞台演出における映像技術（上段左からBLACKPINK，The 1975，下段左からアリアナ・グランデ，ビリー・アイリッシュ）
（出典：Coachella 2019（YouTube によるライブ配信））

のステージに限っても，BLACKPINK のパフォーマンスにおける
舞台装置と一体化した二段の円形スクリーン，The 1975 による演
奏の背景に設置された視界全体を覆う巨大なスクリーン，あるいは
アリアナ・グランデのステージに設置された半球と一体化した波状
のスクリーンなど，多種多様な形態のスクリーンを多用した演出が
目立った。これらのステージでは，スクリーンは装置や照明と一体
化し，歌やパフォーマンスとともにライブ空間の演出の主要な要素
となっている。

　またコーチェラは大規模な音楽フェスティバルとしては早くから
YouTube による配信の対象となっており，年々その範囲を拡大し
てきた。2019 年は 2 週にわたり週末にライブ配信のプログラムが
組まれると同時に，公式チャンネルでライブ映像の一部や参加アー
ティストへのインタビュー映像をアーカイブ化して公開している。
しかしライブ映像はコーチェラの公式チャンネルからのみ配信され
ているわけではない。会場の参加者はスマートフォンによって映像
を撮影し，リアルタイムで，あるいは後からYouTube やTwitter，
インスタグラムのストーリー機能などを利用して，ライブやイベン
トの様子を随時共有した。

　これらの舞台演出と映像技術の関わりが示すのは，単に観客が映
像を見るために使用する媒体が変化した，ということではない。ス
クリーンの物質性が変化し，映像が空間に遍在し，他の装置やパ
フォーマンスと結びつくことで，文化の生産・流通・消費の各段階
に広範な変化を引き起こしつつあるということである。したがって，
現状の変化を分析するためには，映像そのものに焦点を当てるだけ
でなく，それを可能にしている技術についてのより精細な分析が必
要になっている。

　こうした近年の舞台演出におけるスクリーン，映像技術の変化を
より内在的に分析するために，J-POP グループとしては唯一 2019

年のコーチェラに出演したPerfume の舞台演出，およびそのテクニカルディレクションを担当したRhizomatiks（以下，ライゾマティクス）が手がけたプロジェクトに注目したい[1]。ライゾマティクスは，舞台演出だけでなく，広告，エンターテイメント，アート，また近年では建築や都市空間を横断する領域で，映像を中心とする新しいテクノロジーの開発と導入に携わっており，現代の技術による文化変容を考える際に重要なアクターの一つとなっている。

❷ スクリーンの物質性

　通常，映像のデジタル化による変化は，イメージないし表象の次元の変容に焦点化して語られることが多かった。レフ・マノヴィッチがいうように，デジタル化した映像は加工や修正が常態化しており，実写とCG の境界は曖昧で，その総体がすでにアニメーションの一種になっているといえるかもしれない（マノヴィッチ, 2013）。カメラアプリによる加工やエフェクトの付加が，あまりにも容易に行われる現在，こうしたイメージの変化に焦点を当てることはもちろん重要な課題である。

　しかしながら，「技術による文化の変容」を考える場合，デジタル化による映像技術が引き起こしたより複合的な変化の領域に目を向ける必要がある。たとえば光岡寿郎は，近年のメディア研究におけるスクリーンへの注目を論じるなかで，視聴空間とスクリーンの物質性，観客の移動性の変化を分析することの重要性を指摘してい

---

1) 2006 年に「メディアアートと産業，企業とのコラボレーションによって社会に大きなインパクトを与えるため」に設立されたライゾマティクスは，映像を中心とする新しいテクノロジーの開発と導入により，コマーシャル・エンターテイメント・アートを横断する領域で舞台表現や広告デザインに携わってきた。ライゾマティクスの舞台演出については大久保（2019）で論じたが，本章ではそれ以降の展開や新しい論点を加えて再論する。

る（光岡, 2019）。また渡邉大輔が映画研究の視点から指摘するように，現在の観客はSNSや動画サイトで絶えずコミュニケーションを行っており，映画や映像の流通そのものが，観客のコミュニケーションを組み込んだ形で成立している（渡邉, 2019）。こうした状況のなかで，飯田豊が指摘するように，遍在するスクリーンと観客性の変容は，メディアに媒介されたイベントの構造をも変えつつある（飯田, 2019）。

　またスクリーンの物質性の観点から，たとえばショーン・キュビットはCRTディスプレイからLCDやLEDへの技術的な変化に注目し，スクリーンが映像を映し出す物理的なプロセスやファイルフォーマットが，いかにグラフィックや色彩表現を制約しているかを検討している（Cubitt, 2017）。ユッシ・パリッカが指摘するように，デジタル化で失われるとされたメディアの物質性は別の形で残存し，スクリーンや映像を流通させるインフラの物理的な構成や技術的な特徴こそが，映像表現やその流通に関わる構造に影響を与え続けているのである（Parikka, 2015）[2]。

　コーチェラにおけるPerfumeのライブアクトを映像技術とスクリーンの物質性の視点からみた場合，他の舞台演出と大きく異なっている点は以下の2点であるといえるだろう。すなわち（1）多くの参加アーティストが採用した舞台上への大型LEDスクリーン（LED wall）の設置や後方のスクリーンへのプロジェクションに加え，可動式の半透過スクリーンを演出の中心に据えた点，そして（2）コーチェラ側が用意したYouTubeによる通常のライブ配信に3Dモデルとのシームレスな切り替え（シームレスMR）の技術を導入し

2）Kittler（2010）も参照。こうしたスクリーンの物質性を画像の問題として捉える場合，ファイルフォーマットやディスプレイの表示形式に規定されるピクセルやグリッチが分析の対象となるが（gnck, 2019），舞台演出のような空間性の変化が問題になる場面では，また別の観点が重要になる。

図 8-2　コーチェラにおけるPerfume の舞台演出（上段：「STORY」，下段：「edge」）
（出典：Coachella 2019（YouTube によるライブ配信））

た点である。まずは前者について論じておこう。コーチェラのセットリストに選ばれた 10 曲のうち，「STORY」「FUSION」「edge」等で半透過スクリーンが主要な演出の要素として使用された。「STORY」の演出における半透過スクリーンの使用は，もともと 2015 年のSXSW（South by Southwest）での公演の際に演出を担当したMIKIKO のプランに合わせてライゾマティクスが設計した機構で，ハーフスクリーンに取り付けられたセンサーを，舞台上方に設置された複数のカメラでトラッキングし，スクリーンに合わせて投影を行っている[3]。ここでスクリーンはパフォーマンスに合わせて移動する舞台装置でもあり，コレオグラフィと一体化することで全体の演出のなかに位置づけられる。

3)「Perfume のSXSW——真鍋大度とMIKIKO が語る舞台裏」『SENSORS』2015 年 4 月 24 日〈http://www.sensors.jp/post/post_65.html（リンク切れ：最終確認日：2019 年 5 月 18 日）〉。

　ライゾマティクスの真鍋大度と石橋素も指摘しているとおり，近年のライブ会場や舞台芸術において，大規模なプロジェクションやLEDスクリーンを使用した演出が行われる機会が多くなった（真鍋・石橋, 2017）。しかし，注意しなければならないのは，こうした映像技術の利用が，単にパフォーマンスの様子を背景のLEDスクリーンやプロジェクションによって拡大投影するといった補助的なものではない，という点だ。MIKIKOによる舞台演出とライゾマティクスの映像技術にみられる可動式のスクリーンの使用が示すのは，舞台装置と一体化した，あるいはパフォーマンスの一要素としてのスクリーンであり，これが2000年代後半以降の舞台演出を特徴づけている。

❸ 舞台装置としてのスクリーン ─────────

　とりわけ2000年代以降，音楽業界では1990年代後半にピークを記録したCDの売上が大幅に落ち込む一方，ライブ市場が拡大し，とりわけドームやアリーナを使用した大規模な公演では，会場に設置された大型スクリーンを使用することが一般的に行われてきた。しかしながら近年のライブ演出の映像は，コーチェラのステージにみられるように，単に既存のスクリーンに会場風景を映出するようなものではなく，公演やパフォーマンスごとに仮設のスクリーンを設計することも増え，またその形状は多様化している。

　その要因の一つは，2000年代後半からモジュール化された高性能のLEDスクリーンが普及したことに求められる。たとえば，Element Labs社が開発したモジュール式透過型ディスプレイSTEALTHは，一つのユニットが40cm × 40cmのメッシュ構造のパネルで，25mm間隔でLED素子が埋め込まれている（Moody & Dexter, 2016）。メッシュ構造のため従来品に比べきわめて軽量で，

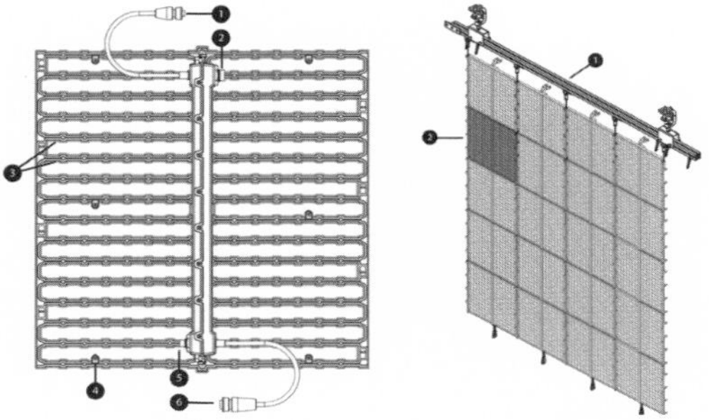

図8-3 モジュール式透過型ディスプレイSTEALTH（左）複数のモジュールの組み
立て例（右）（出典：Element Labs, Inc., 2008, *STEALTH v2 Users Guide*）

図8-4 「The Confessions Tour」の仮設スクリーン
（出典：*The Confessions Tour*（DVD, 2007, ワーナー））

屋外利用時でも強風による影響を受けにくく，また背景が透過する
ため，後方に設置した照明との組み合わせや紗幕的な利用法など，
演出の幅が大きく広がった。こうしたパネルを組み合わせることで，
会場の規模や演出の意図に合わせて，公演やパフォーマンスごとに
さまざまな構造のスクリーンを構築することが可能になった。
STEALTH は 2006 年にマドンナの「The Confessions Tour」への
導入が成功したことで，一躍注目を集めることになる。また翌年に
は仮設的な利用に最適化し，さまざまな角度から滑らかに映像を表
示するよう改良されたSTEALTH2.5 がリリースされている。

　通常，あらかじめ会場に設置されたスクリーン以外の装置を導入

する場合，天井に吊り下げる際の重量や搬入搬出時のサイズ・形状などに大きな制約があった。この点，軽量・小型のモジュール式スクリーンであれば，会場内での組み立てと設置が可能なため，舞台上への導入が容易になった（Gaddy, 2017）。またより柔軟な構造をもつ網状のLED ディスプレイやチューブ状のユニットの開発も進み（Moody & Dexter, 2016），それらを組み合わせることで，ボックス状，球形，波型など，一般的な長方形以外のより複雑な形状のスクリーンを構築することも可能になった。

　ライゾマティクスが参画する以前にも，2009 年に代々木競技場第一体育館で開催されたPerfume のLIVE「ディスコ！ディスコ！ディスコ！」において，こうしたモジュール式のLED パネルを利用した大型スクリーンと会場を取り囲むLED ライト，天井に吊り下げられた大型のミラーボールを組み合わせた演出が取り入れられている[4]。2000 年代後半にはこうしたモジュール式LED パネルの導入によりスクリーンの仮設性と柔軟性が高まり，会場の空間や演出に合わせたスクリーンの形状の多様な設計が進んだ。

　しかしながらライゾマティクスは，こうした既存のモジュール式LED パネルを導入するだけでなく，2010 年代にライブ演出を技術的な面においてその次の段階へ進めたといえるだろう。真鍋と石橋

図 8-5　「ディスコ！ディスコ！ディスコ！」の舞台演出と仮設スクリーン
（出典：WOWOW, 2009 年 5 月 16 日放送）

4）巨大なミラーボールやディスコモチーフの演出など，STEALTH が導入されたマドンナの「The Confessions Tour」を参照しながら，読み替えが行われている。

によれば，ライゾマティクスが開発した映像技術の特徴は，「映像表現だけによらず，物理的なオブジェクトや装置を伴う」点にある（真鍋・石橋, 2017）。ほとんどの場合，ライゾマティクスにおける映像技術は，舞台上のオブジェクト・装置と一体となった技術的な機構であり，空間と演出に合わせてその都度設計・開発される，スクリーンとオブジェクトの混成的な装置である。またその混成体をハードウェア／ソフトウェアの両面において技術的に設計するだけでなく，舞台演出や表現上の課題，身体やコレオグラフィとの整合性を追求する過程で絶えず変動させていく点に，その重要な特徴があるといえるだろう（大久保, 2019）。

❹ 移動体としてのスクリーン ────────

　スクリーンとオブジェクトの混成的な装置，とはいかなることだろうか。真鍋と石橋は，前述の論文のなかで，舞台演出のために開発を行った物理的なオブジェクトの特徴を分類し，「空中移動体」と「地上移動体」という二つの移動体について論じている。空中移動体と地上移動体とは，その名のとおり，舞台上空や舞台上を移動するさまざまな形態のオブジェクトである。これらのオブジェクトはモーションキャプチャシステムによって制御されており，単に舞台上を移動するだけでなく，表面には再帰性反射シートが貼付され，赤外線カメラで検出した位置情報をもとに，リアルタイムでプロジェクションマッピングが行われる。ここで重要なのは，これらの移動体がオブジェクトであると同時にスクリーンでもあり，さらには舞台上を移動しながらパフォーマンスの一部を担うアクターでもあるという点である[5]。

────────────────────────────

5）より詳細な説明は，真鍋・石橋（2017），大久保（2019）を参照。

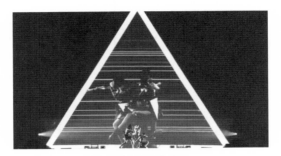

図 8-6　「JPN Special」の正三角形のスクリーン
（出典：『Perfume 3rd Tour「JPN」』（DVD, 2012, ユニバーサル））

　こうした移動体としてのスクリーンが演出に全面的に導入されて
いくのが，ライゾマティクスが本格的にテクニカル・ディレクショ
ンに参画した 2010 年代の Perfume のライブ演出であるといえるだろ
う。ライゾマティクスは 2011 年の LIVE@ 東京ドーム「1 2 3 4 5 6 7
8 9 10 11」からインタラクションデザインに参加しており，2012 年
には LIVE TOUR「JPN」のパフォーマンス「JPN Special」において，
既製品のモジュール式ディスプレイではなく，正三角形状の半透過
性スクリーンとプロジェクション・マッピングを組み合わせること
によって，映像とパフォーマンスの相互作用を含むよりダイナミッ
クな演出を達成している [6]。しかしこの時点では流動性は高いとは
いえ，まだスクリーンの可動性は低く，あくまで舞台装置の一部に
とどまっている。

　移動体＝アクターとしてのスクリーンの導入において画期をなす
といいうるのが，2013 年の LIVE TOUR「LEVEL3」である。まず
舞台装置の要となる巨大な半球状のスクリーン自体が開閉式で，ス
クリーンであり可動的な舞台装置であると同時に，そのダイナミッ

6）その際に作成された「映像とダンス」サーベイ資料を真鍋が公開しており，舞台
　上のオブジェクト，ダンス，映像のさまざまなパターンが分析されている。

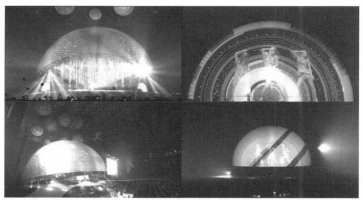

図 8-7　「LEVEL3」のステージに設置された半球型の可動式スクリーン
（出典：『Perfume 4th Tour in Dome「LEVEL3」』（DVD, 2014, ユニバーサル））

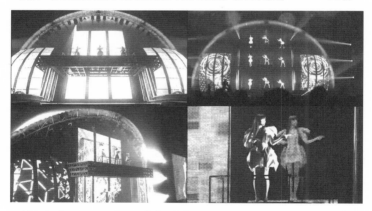

図 8-8　「Party Maker」の可動式の足場とスクリーンを用いたパフォーマンス
（出典：『Perfume 4th Tour in Dome「LEVEL3」』（DVD, 2014, ユニバーサル））

クな作動がパフォーマンスの一部に組み込まれている。また楽曲
「Party Maker」の演出では，この開閉式の半球型スクリーンと，
その内部に設置されたスクリーン，可動式の足場が組み合わさるこ
とで，装置とスクリーンの関係はより可変的かつ流動的になる。ま

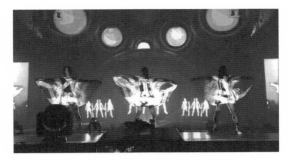

図 8-9　「Spending all my time」の舞台演出
（出典：『Perfume 4th Tour in Dome「LEVEL3」』（DVD, 2014, ユニバーサル））

たスクリーン上のパフォーマンスと実際のパフォーマンスが絶えず
連動し，舞台上の身体が映像にトレースされ，さまざまなレベルで
交換されていくことで，映像・身体・装置は演出上ほとんど等価か
つ可変的な要素となる。再帰性反射材が使用された衣装に赤外線を
当てることによって，その動きをリアルタイムで解析し，映像の投
影を行った楽曲「Spending all my time」のパフォーマンス[7]　にお
いても，衣装と身体は舞台装置とともにスクリーンと一体化してお
り，もはや明確な区別を設けることはできない。コーチェラの
「STORY」や「FUSION」における可動式の半透過スクリーンを用
いた演出も，こうした映像・身体・装置の関係を流動化し，再設計
する技術的展開をさらに洗練させたものとみなすことができる。
　真鍋と石橋は先述の論文において，ライゾマティクスの目指す
ゴールを，「映像だけでなく，舞台上に実際に存在するオブジェク
トとそれらの正確な制御と動作，それに呼応する緻密な振り付けお
よび演出，それらによってのみ実現できる独自の舞台作品を制作す
ることである」と説明している（真鍋・石橋, 2017）。ここで試みら

7）カンヌ国際広告祭の「Spending all my time」の演出と同様の技術的な機構と考
　えられる。真鍋ほか（2013）も参照のこと。

れているのは，デジタル化以降顕著になったスクリーンの変動のなかで，既存の映像・身体・装置の関係性を徹底的に解体し，流動化し，再設計するとともに，演出に合わせたその最適な配置・統御の問題を技術的に解決する作業であり，スクリーンはそうした演出のなかの一つの要素となっている[8]。

5 シームレス MR ／ダイナミック VR

もう一点，コーチェラにおけるPerfume のステージに導入された映像技術として特筆すべきは，シームレスMR と呼ばれる，ライブ映像と 3D モデルとのリアルタイムでの切り替えの技術である。これはコーチェラ以前からSXSW や紅白の演出等で試みられてきた手法で，会場の隅々にわたってモーションキャプチャ用のカメラを配置し，さらに撮影用のカメラの位置や角度の情報を取得することによってリアルタイムで映像を合成し，実際に撮影されたライブの映像と，あらかじめスキャンし作成した会場全体の 3D モデルをシームレスに接続するシステムである[9]。さらにコーチェラでは，深層学習を用いて画像情報からPerfume の 3 人の姿勢推定とシルエットの検出を行い，輪郭をなぞるような効果（Scribble Effect）を加えている（真鍋・花井, 2020）。会場で撮影された映像にリアルタイムで合成を行うため，配信でありながら一回的なライブ性が生じ，会場で体験するのとは異なった（むしろ会場では体験することが不可

---

8) なお技術に焦点を当てる都合上，本論はライゾマティクスの役割を中心に論じるが，最終的なアウトプットは演出のMIKIKO やパフォーマーとしてのPerfume，および現場を支える多くのスタッフの協働による成果である点は繰り返し強調しておきたい。

9) シームレスMR についてはギズモードの以下の記事，およびインタビューも参考にした。「チームPerfume の舞台裏に迫る，SXSW ライブ直撃インタビュー」〈https://www.gizmodo.jp/2015/12/perfume_sxsw.html（最終確認日：2021 年 8 月 12 日）〉

図 8-10　コーチェラにおけるシームレス MR と Scribble Effect
（出典：「Perfume-「だいじょばない」Live at Coachella 2019」〈https://www.
youtube.com/watch?v=5H9QmNEercI（最終確認日：2021 年 8 月 12 日）〉

能な），配信だからこそ実現可能なライブ体験を作り出すことができる。

　また同様に実空間とヴァーチャルな空間を合成する技術としては，2016 年の紅白歌合戦において楽曲「FLASH」の演出に使用されたダイナミック VR ディスプレイを挙げることができる。これはモーションキャプチャによるリアルタイム 3D スキャン，および床面と壁面の二面のスクリーンの映像を組み合わせることで，錯視の効果を利用して二つの平面から 3 次元の奥行きある空間表現を可能にする技術である。このため，実際にスクリーンに表示されているのは平面的な描線にもかかわらず，3 次元の実空間のなかにもう一つのヴァーチャルな 3 次元空間が出現したような効果が生じる[10]。

　シームレス MR とダイナミック VR のような映像技術は，先述してきたスクリーンとオブジェクトの混成的な装置とは異なり，むしろスクリーンの物質性を隠す，あるいは消去することで現実空間と仮想的な空間の境を曖昧にするような技術といえるかもしれない。

10)　技術の詳細については，真鍋が公開している以下の動画も参照。「Dynamic VR Display（Rhizomatiks Research）」〈https://www.youtube.com/watch?v=G7ZQ4KiX1JE（最終確認日：2021 年 8 月 12 日）〉。

しかしながら，私たちはこうしたイリュージョンを舞台演出や映像配信のための仕組みを通じて目にすることで，その背景に何らかの技術が作動していることを感知することができる。たとえば通常の配信からシームレスMRを使用した配信のシステムに切り換わる際には，会場に設置された専用のカメラに視点が移行し，自由視点映像に転換するため，その時点から明らかに3Dモデルによって構築された別のシステムに移行したことがわかる。カメラの視点とそれを支えるシステムの移行の瞬間を強調して見せることによって，通常は不可視化されている映像配信の技術の存在を明るみに出し，なおかつ別の技術によって置き換えることに成功しているといえるだろう。

6　文化変容と映像技術

　真鍋と石橋は先述の論文において，自身が開発に携わった装置について，「単体で見るための技術ではなく，あくまでも舞台で人とともに動作することでその意味を持つもの」と説明しており，スクリーンもまた「人と物・技術の融合した演出の制作環境」の一部に位置づけられる（真鍋・石橋, 2017）。ライゾマティクスを例にみてきたように，現在の舞台演出において映像技術は舞台装置やパフォーマンスと一体化しており，映像・身体・装置の配置や映像空間と実空間の関係はあらかじめ固定されているわけではなく，その都度設計されるべき流動的なものとなっている。そして観客はライブ空間に身体的に参加するだけでなく，映像を撮影し，さらにそれを共有し流通させることでこの環境を補完する。これは必ずしもライブパフォーマンスの演出に限られた話ではない。私たちのメディア環境自体が，多様な空間的配置のスクリーンやさまざまな形態の装置との無数のインタラクションを含むものに組織化されつつあり，

私たちの身体もまたそうした環境の一つの要素となりつつあるからだ（大久保, 2019）[11]。

　近年の映像の技術的な変化は，しばしば視覚的で映画的なスクリーンから，スマートフォンのようなGUIとタッチパネルを基盤とした触覚的なインターフェイスへの転換として要約されてきた。しかしながら，ライゾマティクスの舞台演出技術が示すのは，むしろスマートフォンのスクリーンもその一部となるようなより広範な変動である。ポスト・スマートフォンともいわれる諸技術，すなわちIoT，AR/VR，AI，そして空間に遍在するセンサによるリアルタイムの情報収拾とビッグデータ解析等の技術の連携により，インターフェイスは分散した存在となり，モノの世界の一部に組み込まれる（Parikka, 2013a：20）。結果として実現しつつあるのは，空間やモノの方が人間の行動を認識し，データを解析し，最適な制御へ向けて変化するような環境であり，映像技術もまたその一部を構成する。2010年代のライゾマティクスの舞台演出が予感させるのは，こうした変化が今後，文化の生産・流通・消費の総体を組み換えていく光景である。

　それでは私たちは，ライブ会場でテクノロジーに媒介された光と音の洪水を浴びながら，あるいはその映像をYouTubeで再生しながら，ライブやイベントの映像をSNSへアップしながら，その映像に

11）現在私たちはスマートフォンのスクリーンがそうであるように，「24/7にわたる強制的な視覚的コンテンツへの没頭」（クレーリー, 2015：61）を促され，私たちの身体はスクリーンと一体となった技術的環境に埋め込まれつつある（増田, 2017）。映像文化はしばしばユーザーを常時ネットワークに接続させ，コミュニケーションに没頭させ，それによって個人の視覚活動をデータに変換し，蓄積し，管理・監視するために機能している（クレーリー, 2015；ライアン, 2019）。こうした状況下で必要になるのは，イメージそれ自体に注意を向けることだけでなく，むしろそれを可能にしている技術的条件を明るみに出し，またそうした技術に対する批評的な視点や，オルタナティブな技術の可能性を引き出すことではないか。それはおそらく「認知資本主義の文化技術」（Parikka, 2013b；大久保, 2021）の分析へとつながるだろう。

リアクションしながら，日々映像と一体化した技術的環境に身体的に参与することで，生活に浸透したテクノロジーに機械的に従属しているだけなのだろうか。それとも，そうした日々の経験のなかから，変わりつつある環境を対象化し，その作動の論理に目を向け，組み換えていくための糸口を見出すことができるだろうか[12]。いつの間にか，しかし着々と切り替わっていく環境のなかで，これからの変動に備えるためのヒントもまた，スクリーンと装置が，映像と身体が，オブジェクトとパフォーマンスが絶え間なく交錯し，技術と文化が分け難く一体化した舞台の上に見出すことができるだろう。

●ディスカッションのために

1　本章で扱われた「スクリーン」とは具体的にどのような技術のことを指していたか。本文のなかで挙げられているものを列挙してみよう。

2　ステージ上にスクリーンを設置しないライブと，ライゾマティクスによって演出されるライブは何が違うだろうか。スクリーンと演者と観客の関係に注目しながら，本文中の言葉を使ってまとめてみよう。

3　あなたの家の近くの繁華街に行き，どのようなところで映像技術が用いられているか調べてみよう。またそれらのなかで液晶スクリーン以外の技術がないか探してみよう。

【付　記】

本章は2019年に執筆されたが，諸般の都合により2021年の刊行となった。そのため，8th Tour 2020 "P Cubed" in Dome, Reframe THEATER EXPERIENCE with you など重要な試みを論じることができていない。また2020年以降の新型コロナウィルスの感染拡大はライブ空間とオンラインライブのあり方に大きな影響を与えた。2020年代の展開については稿を改めて論じることにしたい。

【謝　辞】

執筆にあたりライブ技術や事実関係について確認と指摘をいただいたライゾマティクスの真鍋大度氏，石橋素氏に記して感謝いたします。

---

12) 博覧会やオリンピックの歴史研究，批判的メディア・イベント研究が繰り返し指摘してきたように，テクノロジーによって構造化された祝祭的な空間は，度々大規模な制御のための場所へ変化し，参加のためのテクノロジーは動員の技術へと転換してきた。今後新しいテクノロジーを基盤とした祝祭的空間において動員と制御がいかに作動するか，また都市空間の編成や視覚性の政治（吉見，2016）にいかなる影響を与えていくか，引き続き分析していく必要があるだろう。

【引用・参考文献】

飯田　豊 (2019).「遍在するスクリーンが媒介する出来事――メディア・イベント研究を補助線に」光岡寿郎・大久保遼［編著］『スクリーン・スタディーズ――デジタル時代の映像／メディア経験』東京大学出版会, pp.45–67.

大久保遼 (2015).『映像のアルケオロジー――視覚理論・光学メディア・映像文化』青弓社

大久保遼 (2019).「スクリーン・プラクティスの再設計――舞台表現におけるスクリーンの問題」光岡寿郎・大久保遼［編著］『スクリーン・スタディーズ――デジタル時代の映像／メディア経験』東京大学出版会, pp.225–247.

大久保遼 (2021).「アーカイヴ」門林岳史・増田展大［編］『クリティカル・ワード メディア論――理論と歴史から〈いま〉が学べる』フィルムアート社, pp.48–54.

ギャロウェイ, A. R.／北野圭介［訳］(2017).『プロトコル――脱中心化以後のコントロールはいかに作動するのか』人文書院 (Galloway, A. R. (2004). *Protocol: How control exists after decentralization.* Cambridge, MA: MIT Press.)

クレーリー, J.／石谷治寛［訳］(2015).『24/7――眠らない社会』NTT 出版 (Crary, J. (2013). *24/7: Late capitalism and the ends of sleep.* London: Verso.)

gnck (2019).「電子のメディウムの時代，デジタル画像の美学」光岡寿郎・大久保遼［編著］『スクリーン・スタディーズ――デジタル時代の映像／メディア経験』東京大学出版会, pp.329–351.

東京都現代美術館監修 (2021).『ライゾマティクス_マルティプレックス』フィルムアート社

増田展大 (2017).『科学者の網膜――身体をめぐる映像技術論 1880-1910』青弓社

真鍋大度・石橋　素 (2017).「Things on Stage――パフォーマンス作品における開発と実践」『デジタル・プラクティス』8(4), 279–287.〈https://www.ipsj.or.jp/dp/contents/publication/32/S0804-S01.html（最終確認日：2021 年 10 月 13 日）〉

真鍋大度・花井裕也 (2020).「AR/VR 技術によるライブ映像演出」『電子情報通信学会誌』*103*(6), 564–570.〈https://app.journal.ieice.org/trial/103_6/k103_6_564/index.html（最終確認日：2021 年 10 月 13 日）〉

真鍋大度・MIKIKO・TAKCOM (2013).「座談会：　真鍋大度×MIKIKO×TAKCOM」『コマーシャル・フォト』2013 年 10 月号, 66–69.

マノヴィッチ, L.／堀　潤之［訳］(2013).『ニューメディアの言語――デジタル時代のアート，デザイン，映画』みすず書房 (Manovich, L. (2001). *The language of new media.* Cambridge, MA: MIT Press.)

マノヴィッチ, L.／大山真司［訳］(2014).「カルチュラル・ソフトウェアの発明――アラン・ケイのユニバーサル・メディア・マシン」伊藤　守・毛利嘉孝［編］『アフター・テレビジョン・スタディーズ』せりか書房, pp.110–152.

光岡寿郎 (2019).「メディア研究におけるスクリーンの位相――空間，物質性，移動」光岡寿郎・大久保遼［編著］『スクリーン・スタディーズ――デジタル時代の映像／メディア経験』東京大学出版会, pp.25–43.

吉見俊哉 (2016).『視覚都市の地政学――まなざしとしての近代』岩波書店

ライアン, D.／田畑暁生［訳］(2019).『監視文化の誕生――社会に監視される時代

から，ひとびとが進んで監視する時代へ』青土社（Lyon, D.（2018）. *The culture of surveillance : Watching as a way of life*. Cambridge: Polity Press）

渡邉大輔（2019）.「液状化するスクリーンと観客――「ポスト観客」の映画文化」光岡寿郎・大久保遼［編著］『スクリーン・スタディーズ――デジタル時代の映像／メディア経験』東京大学出版会, pp.69-88.

Cubitt, S.（2017）. Current screens. S. Monteiro（ed.）, *The screen media reader: Culture, theory, practice*. New York: Bloomsbery, pp.39-54.

Gaddy, D. E.（2017）. *Media design and technology for live entertainment: Essential tools for video presentation*. New York: Routledge.

Kittler, F.／Enns, A.（trans.）（2010）. *Optical media: Berlin lectures 1999*. Cambridge: Polity.

Moody, J., & Dexter, P.（2016）. *Concert lighting: The art and business of entertainment lighting*. New York: Routledge.

Parikka, J.（2013a）. *What is media archaeology?* Cambridge: Polity.

Parikka, J.（2013b）. Afterword: Cultural techniques and media studies. *Theory, Culture & Society 30*(6), 147-159.

Parikka, J.（2015）. *A Geology of Media*. Minneapolis, MN: University of Minnesota Press.

第Ⅲ部　インフラストラクチャー

第Ⅲ部　インフラストラクチャー

　私たちが日々用いるさまざまな技術には，その前提となる，大規模な，社会的に共有された技術が存在する。たとえば，さまざまなデータ通信のコンテンツを享受するためには，海底ケーブルやデータセンター，アンテナといった諸技術が必要である。ここではそうした技術とそれらを操作・維持する人びとの営みをインフラストラクチャーと呼ぼう。インフラストラクチャーの存在が私たちの意識にのぼるのは，たとえばスマートフォンで動画を視聴している際のラグが激しい際や，クラウドサービスにトラブルがありデータがクラッシュした場合など，アクシデントに見舞われたときである。

　こうした目に見えない，あるいは普段は気にもとまらないインフラストラクチャーに関する研究が，ここ最近注目を集めている。それでは，インフラストラクチャーをあえて切り出して論じる意義はなんだろうか。それはまず，私たちが何気なく利用・消費しているコンテンツやサービスのあり方が，インフラストラクチャーの水準で規定されているからである。たとえば回線容量の問題は，伝達しうるコンテンツの画質や音質を規定し，またどの地域にそれらを分配しうるのかを方向づける。つまりインフラストラクチャーはそれ自体が権力作用をもつ。また具体的な装置や人の働きを指し示すインフラストラクチャーという言葉は，装置の敷設や人の活動を制約する自然環境へと目を向けさせ，メディア文化を規定する予期せぬ条件を明らかにする。さらに現代メディア文化を成り立たせるインフラストラクチャーは大規模化・複雑化する傾向にあるため，人びとに新規な経験を与える観光資源としても位置づけられる。まさしくインフラストラクチャーは，これまでメディア研究からは問われてこなかった広大なフロンティアを切り開くためのハブとして機能している。

　第Ⅲ部に集められた各論考は，こうしたインフラストラクチャーの働きに焦点を当てている。近藤は，映像流通の変遷を跡づけながら，インフラストラクチャーが映像経験に与える影響に焦点を当てる（第9章）。松山は，ラジオ放送を成り立たせるアンテナが都市空間のなかに置かれることで，それ自体が新規な経験を媒介していた諸相を浮かび上がらせる（第10章）。太田は，電波の流れを阻害する自然環境によって，それまでの文化地理とは異なる仕方で青森県のテレビ放送の分配が方向づけられたことを明らかにする（第11章）。このように第Ⅲ部は，映画・ラジオ・テレビ・動画というこれまでもメディア研究で取り上げられてきた主題を，まったく異なる視野のもとから見直す試みである。

第9章

フィルム, テレビジョン, ストリーミング

映像インフラストラクチャーの比較史

近藤和都

映像文化を研究する場合, どのような問いの立て方があるだろうか。たとえば映像それ自体に刻まれた作家の個性を分析するものがあるだろうし, あるいは受容者が映像をどのように解釈し, アイデンティティを形作っているのかを分析することもできる。実際, 送り手と受け手に関するこれらの視座から映像文化の歴史は多様に記述されてきた。

韓国映像資料院のフィルム保管所
（筆者撮影）

　しかし, こうした研究の対象となる「映像」はあらゆる分析者に対して同一性を維持しうるものなのだろうか。というのも, 送り手と受け手をつなげる流通の技術や仕組みの連関＝インフラストラクチャー（media infrastructures）に照準を合わせると, 分析の前提となる「映像の同一性」に関して疑問が生じるのである。本章では映画配給, テレビ放送, 動画配信という三つの映像インフラストラクチャーの仕組みを比較しながら, 流通過程でその伝達対象である映像の存在形態が不可避に変容していく様相を描き出す。そうすることで, 映像文化論を従来とは異なる仕方で展開するための視座を提示する。

1 はじめに

　複数のメディアが協働し，一つのコンテンツを多様な回路で流通させることが当たり前になっている現在では，何かを「見た」「聞いた」「読んだ」という場合に，しばしば次のような疑問が生じる。すなわち，果たして私たちは「同一の」コンテンツを経験したといえるのだろうか，という問題である。

　たとえば，人気を博しているある映画をIMAX シアターで観賞した人，公開開始から半年ほどたってレンタルDVD で視聴した人，Netflix などの動画配信サービスで見た人，あるいは数年後に『金曜ロードショー』などの番組で接した人とでは，たとえ同じコンテンツであったとしても異なる経験が生じるだろう，というのは日常感覚として疑いえない。それは画面サイズの問題が大きいだろうが，それだけにとどまらない，多様な「差異」が「同一」のコンテンツを行き渡らせるなかで生み出されているように思える。本章で考えるのは，同一性のなかに差異を不可避に織り込む，こうしたメディア流通のメカニズムについてである。

　このような日常的に経験されるコンテンツの差異に対する感覚は，これまでの分析では見逃されてきた。たとえばメディア研究で採られてきた重要な手法の一つに，コンテンツのなかに書き込まれたり描き出されたりしたものの分析がある。つまり，ストーリーや舞台，登場人物の言動や造形などを，ジェンダーやエスニシティ，階級などの観点から批判的に考察する手順である。こうした方法のもとでは，分析者がDVD で視聴したのか，Netflix で観賞したのかは考察のなかに織り込まれることはない。

　だが，私たちがメディアを介して見たり聞いたり読んだりすることから受ける影響を測定するためには，そもそものメディアが媒介するコンテンツが存立する条件をより一層掘り下げる必要がある。ヴォル

フガング・エルンストが述べるように，モニターやインターフェイス
に表れる「言説的表層」を基礎づける「技術−認識論的な構成」を論
じることもまた，メディア研究の重要な課題なのだ（Ernst, 2011 : 239）。

　このような問題関心から本章では，「同一のコンテンツ」が流通
過程で別様の質を獲得してしまうという現代では日常となった光景
をふまえ，映画配給・テレビ放送・動画配信をめぐるメディア・イ
ンフラストラクチャーの比較史を描き出していく。そうすることで，
技術志向のメディア文化論の射程を示していきたい。

② 映画配給：フィルムの劣化

　1895年にフランスのリュミエール兄弟が投影式映画（シネマトグラ
フ）を発明して以降，2000年代半ばからDCP（デジタル・シネマ・パッ
ケージ）によるデジタル上映が急速に普及するまで，映画興行には，
運搬に向かない巨大なプロジェクション機構，投影のためのスクリー
ン，暗闇を実現するための遮光設備といった一般家庭では所有しが
たい諸装置とそれらを操作・維持するための技師などの諸アクター
が必要となった。それと同時に，さまざまな装置の複合の場である
映画興行が成立するには，ハードな有形物でもあるソフト＝フィル
ムが供給されなければならなかった。デジタル化以前の映画上映に
は「モノとしてのフィルム」が不可欠であり，そのため映画受容は
「モノとしてのフィルム」の存在形態に基底的に条件づけられていた。

　こうしたインフラストラクチャーの構造が映画文化を規定する要
因だった。すべての映画館に同時的にフィルムを届けることは経済
的に非効率であるため，映画館の数よりもはるかに少ない本数の
フィルムを順次配給することになった。そのため映画興行の形式は，
電波を通じてある範囲内に一律に番組を送信するラジオやテレビと
は異なり，モノとしてのフィルムの具体的な運搬に依存する。また

映画館の空間的制約から上映ごとの観賞可能人数が限られるため，反復的な上映を行わなければ資本の回収はできない。その結果，映画館同士は「時差」という階層的な時間性を通じて構造化され，時間的な遅れに応じてモノとしてのフィルムにもさまざまな影響が及ぼされる。

　こうしたインフラストラクチャーの作用が，映画史の初期においてどのように捉えられていたのかを考えるために，脚本家・映画監督の伊丹万作が幼少期を振り返った文章を参照しよう。幼い頃を松山で過ごした伊丹は，樺太へ引っ越すなかで立ち寄った東京での映画経験を次のように回想する。

> 　その時私は活動写真はこんなに明るいものかと思つて驚いた。いなかの館とは映写の光力が違うし，それに写真が新しいから傷んでいない。おまけに田舎は一，二年は遅れて来るからそれだけの日数に相当する発達過程を飛ばして見せられたことにもなる（伊丹, 1961：397）。

　映画史初期ではとくにフィルムの複製本数が少なかった。そのため，都市部と地方とでは「いつ」映画を見られるのかについて，今では考えられないほどの時差が生じた。くわえて映画はそのモノとしてのフィルムの性質から，上映期間の始点に位置する映画館から時間的な距離が大きくなればなるほど劣化し，投影されるイメージの質にも格差をもたらした。スクリーン上のイメージは，いつ・どこで上映されるかによってその質が変わるという意味で，「非同一性」に基づいていたのである。

　上映ごとにフィルムが劣化し，映画館ごとに異なる映像が実現してしまうという状況は，モノとしてのフィルムに依拠する限り避けがたかった。しかしこうした性質は，受け手や送り手だけでなく，

映画を使ってさまざまな伝達効果をもたらそうと画策する人びとにとっても重大な問題だと受け止められた。

1939 年に映画法が制定されてから，映画は国家のイデオロギーを伝達する手段として位置づけられ，国策映画やニュース映画，文化映画の製作・公開などさまざまに活用されていった。製作・配給・興行それぞれの局面が統制対象となり，イデオロギーを円滑に伝達することが重要視されていった。その過程で問題となったのが，モノとしてのフィルムの脆弱性だった。というのも，たとえイデオロギーの観点から優れた作品ができたとしても，その配給過程においてフィルムが劣化した結果，まったく異なる印象を人びとに与えてしまうからだ。

当然ながらこうした映画の「非同一性」は問題視され，可能な限りそれを制御するための方策が採られていった。たとえば，1942 年 8 月から映画配給社がフィルムを配給する際に部分的に保護器をつける試みを行い，その結果フィルムの寿命が延びたという報告がされている（須田, 1943：16）。また「フイルム事故」に関する調査を積極的に行い，フィルムを破損させた場合は罰金に処すなど，現場の意識を積極的に変えようとしていった（1943,「フィルムおよび検台の損傷規定」『映画旬報』*92*：4）。1943 年 9 月には映画配給社のもとで，「フイルムの耐久力確保」のために「不良映写機」の「指定修理加工制を確立」するにいたった（1943,「映画館の不良映写機映配修理加工制を敷く」『映画旬報』*92*：4）。

このように，映画を通じたイデオロギーの伝達はマテリアルな水準における規格化を通じて初めて構想可能なものだった。もちろん，1943 年の段階で，配給される順序が遅い映画館では「一時間五十分位あるべき写真が四十分になつて仕舞ふ」（神保ほか, 1943：33）ことがあったというように，フィルムの劣化は完全に制御できるものではなかった。しかし，可能な限り極端な劣化を防ごうとするための装置や実践がインフラストラクチャーに内装されることで，映

画経験の規格化がある程度進んだという点が重要になる。

　いつ・どこでも，同じイメージが上映されるべきだという，今では当たり前のように思える発想は，戦時下の国家統制のなかで生み出され，その考えに沿ったインフラストラクチャーの設計が行われた。おそらくこうした方策の一部は戦後にも引き継がれ，映画上映の規格化を推進する前提となった。その意味で，戦後の映画経験は戦時下の論理から派生し，また対象の同一性を前提にする映像分析の方法もまた，こうした条件があったからこそ実効性を得たといえるだろう。

③ テレビ放送：番組の再編集

　遠くを見る技術（tele + vision）として日本では1953年から開始されたテレビ放送は，映画館ごとにフィルムを運搬しなければならない映画配給の仕組みとは異なり，一定範囲内の受像機に電波を送出することで，映画よりも大量の人びとに同時的にコンテンツを届けられるインフラストラクチャーである。こうしたテレビ放送はアンテナやケーブルといった物質的な諸装置と，それらを操作・整備する人員が結びつき，電波をリレーすることで成り立つ。

　このインフラストラクチャーのもとでは電波は有限な資源であるため，一つの放送局が多数のチャンネルを開設することはできない。また時間も有限であるため，一日に放送できる番組数は限定される。その結果，放送局は限られた番組を一つのチャンネルに連続的に流すしかなくなる。番組は特定の時間＝放送時間に埋め込まれた形で流通し，視聴者はVTRなどの外部記録装置を用いない限りは時間の流れに従ってテレビの前にいなければならない。つまり，放送インフラストラクチャーは，番組の制作本数やその制作・放映リズム，視聴可能時間を特定の仕方で制限し，視聴行為を枠づけるのである（Lotz, 2017）。

　しかも放送インフラストラクチャーは，映像の「見え方」にも独

特な仕方で制約をもたらす。大まかにいえば，テレビ放送は映像を複数の列（走査線）に区切ったうえで，それらを一列に配置してから回線を通じて連続的に送出し，受像機上で上から下へと列を高速で再配置することで映像を再現するものである。アメリカと同じフォーマットであるNTSC方式を採用する日本では，1秒間に30枚（厳密には29.97枚）の画像を提示して動きを再現する。

　ただし，インターレース方式を採用するテレビ放送では，1枚の画像は2枚のフィールドに分割される。これは奇数番目と偶数番目に走査線をわけ，交互に各走査線を表示することで1枚の画像を再現する方式だ。この方式は不完全な画像を連続的に提示するものであるため，チラつきなどが生じやすい。そのため，トマス・ラマールが慎重に紹介するように，テレビのこうした再現方式が視聴者にいかなる受動性を強いるのかを批判的に論じる議論もある（LaMarre, 2018 : Chap.3）。このようにテレビの伝送方式は，たとえ映画館で上映されているのと同じ映画を放映する場合であっても異なる仕方で映像を再現し，独特な「見え方」の体制を形作るのである。

　くわえてテレビ放送のインフラストラクチャーは，商業的な論理と結びつくことで放送機会の格差をもたらした。関東，中京，近畿の広域圏を除くと，基本的には県域ごとに電波を利用する事業体に免許を交付する日本の放送制度は都道府県ごとに異なる番組編成を生み出す。そのうえ，テレビ放送局の数は視聴者数およびそれと相関する広告出稿料との関係から決められる。そのため放送局数は都道府県ごとに異なり，ひいては放送可能番組総数にも差があった。それが放送機会の格差を生んだのである。

　機会格差の影響は，周縁的なジャンルにおいて顕著だったといえるかもしれない。たとえば1980年前後に生じたアニメブーム期には，アニメ番組を視聴できるかどうかはどこに住んでいるかに依存していた。たとえばブームを牽引したとされる『機動戦士ガンダ

ム』（1979-80 年）の放送は当初，10 局しか行っていなかった[1]。他方で，『機動戦士ガンダム』の本放送が終わってから 3 か月が経った 5 月段階で放送中もしくは放送予定の放送局は 14 局あった（1980，『アニメージュ』3(6)）。こうした数字が表しているように，アニメブームを牽引した『機動戦士ガンダム』ですら最初は少ない局数しか放送をせず，人気が出てから地方局も後を追って編成に番組を組み込んでいったのである。その意味でテレビ放送にもまた「時差」があったといえよう。

そしてこうした時差が番組の同一性を揺るがす要因だった。放送される時期や時間帯が変わることで，番組が再編集される可能性が高まるからだ。たとえば『伝説巨神イデオン』（1980-81 年）や『宇宙戦士バルディオス』（1980-81 年）は東京では 19 時台に放映されていたが，名古屋では前者が 16：30 から，後者が 17：30 から放映されていた。その結果，名古屋の投稿者からは「アニメが放映されている最中に「6 時からのニュースをごらんください」なんて文字が画面の半分も出て」くることがあったという声が寄せられた（1980，『アニメージュ』3(11)：122）。

これは現在でも，とくに災害時のテレビ放送にみられる現象だろう。災害時のテレビ放送では番組を取り囲むようにして情報を提示する枠が設けられる。その結果，番組イメージの同一性は毀損され，熱心な視聴者たちはしばしばそれに対して苦情を投げかける。従来の研究はテレビの「同時性」を強調してきたが（吉見，2016），電波と時間という有限な資源に基づく放送インフラストラクチャーのもとでは，一つの番組は多様な時間的文脈で放送されうる。そしてメアリー・アン・ドーン（2006）がいうように，テレビ放送のフローには常に危機による中断の可能性がつきまとう。したがって，時間

---

1)『アニメージュ』に掲載された「全国放映リスト」をもとに筆者が数え上げた（1979，『アニメージュ』2(5)：54-56）。

的文脈が多様であればあるほどアクシデントが生じる蓋然性が高まり，それに応じて番組イメージの同一性を揺るがす編集が行われやすくなる。しかもアクシデントの現場からの中継ができ，映像の差し替えが容易なテレビ放送の特徴は，こうした番組の「異本」的イメージの生産を促すだろう。

　先の投稿者はテレビ番組の「非同一性」を別の側面からも提起している。投稿者によれば，放送局はアニメ番組の「次回予告をカットしたり，エンディングをカットしたり」することがあったという（1980，『アニメージュ』3(11)：122）。電波の割り当てに基づき一つのチャンネルしか開設できない放送局は，時間という資源に制約される。そのため少しの無駄もなく番組を編成することが重要になり，時間を有効活用することが求められる。そのなかで，周縁的なジャンルだったアニメ番組を放送する際に，エンディングや予告編をカットして時間を浮かそうという動機が生じたと考えられる。

　短縮版の作成は，テレビ放送で映画を放映する際に顕著になる。映画放映の場合，エンディングがカットされるだけでなく，本編も再編集の末に短縮されるケースがある。しばしばなされる「オリジナルノーカット版」という宣伝文句自体が，テレビ放送において映画が常に再編集されていた事実を表している。

　かつて加藤秀俊は歌舞伎や相撲，寄席といった伝統的な芸能では，パフォーマーが「自由度の高い時間処理の仕方」をもち，一つひとつのパフォーマンスの時間幅は伸縮的であったと指摘した（加藤，1980：301）。そのうえで加藤は「放送という形式は，「時間」の厳密な計量を核心においた形式なのである」（加藤，1980：303）と述べ，そのため伝統芸能がテレビ放送という「時間厳守」を求める形式に埋め込まれることで被る変化を強調した。映画も，テレビ放送よりは時間幅に多様性がある形式で，時代ごとに平均的な上映時間は異なる。そうした映画をテレビで放映する際には，再編集と短縮化の作業が必須となるのである。

❹ 動画配信：ストリーミングの調節 ─────────

　2000年代半ばからYouTubeをはじめとして隆盛した動画配信プラットフォームは，テレビ放送とは異なる仕組みによって成り立つ[2]。動画配信プラットフォームはコンテンツの組み合わせからなる特定のプログラム（番組表）をもたない。利用者はプラットフォームが提供するコンテンツの集合にアクセスし，視聴したいと思ったコンテンツをその都度選び出す。その意味で動画配信プラットフォームは図書館の仕組みに近い。

　このように動画配信プラットフォームは，テレビ放送よりも自由度の高い視聴経験をもたらすように思われる。しかし動画配信プラットフォームへのアクセス性は，多様なインフラストラクチャーの複合によって可能になると同時に制約されてもいる。

　インターネット配信は，世界に張り巡らされたケーブルを介して，これまでにない範囲にメディア制作物を流通させる可能性をもたらした。だが回線容量は無限ではないため，大量のメディア制作物を流通させるためには1コンテンツあたりのデータ容量を圧縮する必要がある。これは言い換えると，圧縮技術の種類に応じてメディア制作物の視聴覚的な再現性が変化するということだ（Sterne, 2012）。

　つまりインターネット配信は，ケーブルという有限のデータ送信技術に条件づけられる形で圧縮技術を生み出し，それらの複合的なインフラストラクチャーを介して，「聞こえるもの／見えるもの」の範囲を規定していったのだ。そしてデータの送受信容量にせよ圧縮技術にせよ，新しい規格が生み出されれば，それに応じてメディア制作物の再現性もまた変わっていく。その意味でデジタル・プラットフォームに流通するメディア制作物の存在形態は「偶発的な商品（contingent

---

2）以下の議論の一部は近藤（2021a：35–36）に依拠する。

commodities）」でしかありえない（Nieborg & Poell, 2018）。

　こうした回線と圧縮技術の結びつきという前提のもと，たとえば Netflix は，大容量の動画配信を円滑に行うために，コンテンツデータを一時的に保存するサーバーを世界中に配置し，それをインターネットサービスプロバイダー（ISP）に提供している。そうすることで利用者がNetflix にアクセスする際に，できる限り短い伝送距離を介して，かつ効率的な経路でデータを配信しているのである。この仕組みがあるために，利用者全体のデータ利用量が大幅に増加する時間帯であっても，Netflix は少ない遅延で映像を配信できるようになっている。サーバーのネットワークを内製している企業は少ないものの，多くのネット企業は同様の仕組みを外注・採用している（Lobato, 2019：95-97）。

　まさしくユーザーフレンドリーな仕組みをNetflix は構築しているように思える。だが，この仕組みの恩恵は平等に分け与えられているわけではない。Netflix は市場価値が高い地域や米軍基地などが立地する場所を中心にサーバーを配置しており，それ以外の地域では不十分なアクセス性しかもたらされていないのだ（Lobato, 2019：99）。Netflix がもたらす能動的な視聴行為を支えるインフラストラクチャーはすべての人に開かれているわけではなく，資本と政治の力に貫かれるなかで不均衡に配分されている。

　公共財としての「電波」に基づく放送の場合は，公共性の観点からアクセス性を保証することが建前として促される。だがプラットフォーム企業はこうした動機をもちにくい。したがって，「いま」動画配信プラットフォームを自在に活用できたとしても，政治経済学的な価値がないとみなされたら能動的な振る舞いはできなくなる。その意味で動画配信プラットフォームへのそもそものアクセス性は，ユーザーの意志に還元できないインフラストラクチャーによって条件づけられている。

　くわえて，十分な伝送速度を実現するインターネット回線自体が先進国に偏った形で敷設されており，国内でも都市部と郡部とではしばしば異なる速度の回線が引かれている（たとえばStarosielski, 2015b）。また仮に都市部に住んでいたとしても，高速度のインターネット回線の契約料は高額になるため，ある程度の収入がなければ契約することはできない。外出中に「見たいときに，見たいもの」（Netflix の 2013 年の広告標語）を視聴するためには無線のインターネット回線につながっている必要があるが，自宅のインターネット回線とは別に無線の回線を契約できる人は決して多くはないだろう。日本をはじめとする各国の携帯キャリアは動画配信プラットフォーム利用を前提として大容量のデータプランを提供しているが，その固定料金は決して安くない。

　このように，動画配信プラットフォームへのアクセス性は伝送速度によって条件づけられ，それを克服する技術へのアクセス性は居住地や社会階層といった要素に基づく選別と排除の仕組みによって構造化されている。一般的にインターネット文化は，通信回線というインフラストラクチャーやそれをめぐるサービスの問題によって規定されているのである（Starosielski, 2015a）。

　さらに，動画配信を成り立たせるインフラストラクチャーは，映画やテレビ放送と同様に，流通する映像の様態にも影響を与える。たとえば回線速度の問題は，大量のアクセスを前提とする動画配信プラットフォームに対して新たな存在形態の映像を生み出す契機を与える。サーバーの効率的な配置を介していたとしても，ストリーミング再生をする際に映像データが求める速度を十分に満たせない場合は多い。その場合，動画配信プラットフォームは二つの選択肢をとりうる。一つは理想的な画質と音質を実現するために，データが端末に配信されるのを利用者が待つような仕組みを構築することである。

　例外を承知でおおまかにいえば，放送が面に向けて電波を送出し，

装置に受信させる仕組みだとしたら，インターネット配信は送出先を
識別しながら点と点を結ぶ仕組みだといえる。その意味で，この仕組
みは映画館を選別しながらフィルムを配送する映画配給と近い。他方
で映画やビデオ，DVD のようなストック型の技術とは異なり，多くの
場合動画配信プラットフォームでは，テレビ放送と同様にリアルタイ
ムでデータの交信を行う。そしてこのように映画とテレビ放送の混合
形式であるがために，送出先に応じてストリーミング過程をリアルタ
イムで調節し，多様な「非同一的な映像」を柔軟に分配できるのである。

　たとえばニコニコ動画は，一つのコンテンツに多くの人びとがア
クセスしている場合，有料会員登録をしている人に優先的にアクセ
ス権を割り当て，それ以外の人びとには画質を落として配信する。
回線が混雑しているタイミングでインターネットにアクセスする際，
ページの読み込みに時間がかかるため，間をおいてから再アクセス
することは一般に行われている実践である。だがニコニコ動画の仕
組みは，「アクセスするタイミングの早さ／遅さ」と「回線速度の
遅さ／速さ」をねじれを伴いながら重ね合わせることで，インター
ネット配信のなかに意図的に時差を持ち込む。こうすることで有料
会員登録を促すとともに，大量のアクセスを成り立たせる回線を維
持するための投資を低く抑えているといえよう。

　たしかに，回線速度の限界がもたらす低画質な動画も「ラグの美
学」として価値づけられ，経験される可能性はある（Starosielski,
2015b：61）。だが多くの場合，利用者は低画質動画や待ち時間に耐
えかねて視聴を止めてしまう。そこでもう一つの選択肢として，回
線速度に応じて自動的に画質と音質を調節し，最適なデータ量で端
末に配信する技術が採用されることがある。たとえばNetflix であ
れば，回線速度に応じてデータ量を処理し，たとえ画質と音質が著
しく落ちたとしても，円滑に再生することを優先する（Lobato,
2019：99）。言い換えると，同じコンテンツだったとしても，利用

者によって異なる映像の肌理を通じて経験されるということだ。動画配信プラットフォーム上の映像はまさしく「非同一性」に基づくが，そうであるからこそ，多くの人びとが（最低限）満足のいく状態で映像に接することができるようになっている。

⑤ おわりに

　このようにインフラストラクチャーの性質は，その伝達対象である映像の存在形態に不可避に影響を与えていく。そのため，メディア文化の分配を規定する物質的位相であるインフラストラクチャーに関する分析は，これまでの研究では問えなかった暗黙の前提を明らかにする可能性をもっている[3]。

　映画がテレビで放送される際にも，映画やテレビ番組がインターネット配信される場合にも，常に映像は「非同一的なもの」として生成される環境下に置かれていった。映画は時間的に「遅れて」配給されればされるほど劣化し，テレビ番組は「最初の」本放送から外れて放送されるたびに再編集可能性に開かれ，動画配信では「同時」接続数が増えると画質が低位に調節された。映像インフラストラクチャーは，時間のモードと関わる「劣化」「再編集」「調節」という変容の契機を不可避に伴う仕組みであり続けてきた。

　ただ一つのオリジナルに依拠する類の芸術とは異なり，複製技術に基づくメディア表現は，劣化や再編集，調節の可能性に開かれることで，さまざまなバージョンの表現を不可避に生み出す構造を抱えているといえよう。その意味で映像の複製技術とは，その語とは裏腹に，

3）こうした前提からメディア・インフラストラクチャーを多角的に分析したものとして，同分野を牽引するリサ・パークスとニコル・スタロシエルスキーが編者をつとめた論集がある（Parks & Starosielski, 2015）。
4）本章で扱った映像文化のインフラストラクチャーを「アクシデント」の観点から捉え直したものとして近藤（2021b）がある。

「非同一のイメージ」を大量に生み出す培養基のようなものである。

　したがって，配給から放送，配信に至るまで，映像のリメディ
エーションの歴史とは，「同一の映像」を基礎とするインフラスト
ラクチャーの構築に失敗し続けてきた歴史として描き出すことが可
能である。そのため，仮に映像それ自体の分析を行おうとするなら
ば，どのような水準のもとそれを行いうるのかに関する探究も重要
になるはずだし，その際には作品が上映／放映／再生された当時の
インフラストラクチャーに関する考察が不可欠になる [4]。

　このことをふまえると，映像文化史をインフラストラクチャーの観
点から再考するためには，「非同一の映像」を前提としつつ，その「非
同一性」がどのような分布を形成していた（いる）のかを見定め，ま
たそうした「非同一性」をめぐっていかなる実践が生起したのかを考
察する取り組みが重要になるだろう。後者はたとえば，作り手たちが
「非同一性」をふまえて，映像の劣化を表現した演出を採用すること
があるが，こうした表象の歴史を描き出す際に有用だろう。またほか
には，「非同一の映像」に対して受容者集団ごとの反応の違いとその
意味を考察することもできる。このような事例研究を積み重ねて映像
インフラストラクチャーの歴史を記述することが今後の課題になる。

●ディスカッションのために
1　本章で示される，映画における「映像の非同一性」とはどのような意味か。
　本文の言葉を用いてまとめてみよう。
2　本章で扱われたフィルム，テレビ，ストリーミングという三つのインフラ
　ストラクチャーは，それぞれ動画の視聴にどのような影響を与えていると
　いえるだろうか。上でまとめた「映像の非同一性」に注目しながら，本文の
　言葉を用いてまとめてみよう。
3　近年，Spotify や Apple Music といったストリーミングを利用した音楽配信
　サービスが発達している。CD で音楽を聴くことと，音楽配信サービスで音
　楽を聴くことはどのように違うだろうか。インフラストラクチャーの違い
　に注目しながら考えてみよう。

【引用・参考文献】

伊丹万作（1961）．『伊丹万作全集 2』筑摩書房

加藤秀俊（1980）．「見世物からテレビへ」『加藤秀俊著作集 4』中央公論社，
　　pp.183–307.

近藤和都（2021a）．「Netflix をメディア論する――動画サブスクリプションをめぐ
　　る問題の所在」『大東文化大学社会学研究所紀要』2, 33–46.

近藤和都（2021b）．「アクシデントとインフラストラクチャー」『映像学』106, 8–17.

神保　栄・村山多七郎・矢野　清・岡　長平・波多野敬三・井関種雄・田口憲三
　　（1943）．「映画興行の新方向　座談会」『映画旬報』74, 31–35.

須田清一（1943）．「映写技士各位に是非とも読んで貰ひたいフイルム保護器の取り
　　扱ひ方」『映画配給社報』5, 16–17.

ドーン, M. A. ／篠儀直子［訳］（2006）．「情報，クライシス，カタストロフィ」
　　『InterCommunication』58, 108–125.（Doane, M. A.（1990）. Information, crisis,
　　catastrophe. in P. Mellencamp（ed.）, Logics of television: Essays in cultural
　　criticism. Bloomington, IN: Indiana University Press, pp.222–239.）

吉見俊哉（2016）．『視覚都市の地政学――まなざしとしての近代』岩波書店

Ernst, W.（2011）. Media archaeology: Method and machine versus history and
　　narrative of media. in E. Huhtamo, & J. Parikka（eds.）, *Media archaeology:
　　Approaches, applications, and implications*. Berkeley, CA: University of
　　California Press. pp.239–255.

LaMarre, T.（2018）. *The anime ecology: A genealogy of television, animation, and
　　game media*. Minneapolis, MN: University of Minnesota Press.

Lobato, R.（2019）. *Netflix nations: The geography of digital distribution*. New York:
　　New York University Press.

Lotz, A. D.（2017）. *Portals: A treatise on internet-distributed television*. Ann Arbor,
　　MI: Michigan Publishing.

Nieborg, D. B., & Poell, T.（2018）. The platformization of cultural production:
　　Theorizing the contingent cultural commodity. *New Media & Society*, 20(11),
　　4275–4292.

Parks, L., & Starosielski, N.（eds.）(2015). *Signal traffic: Critical studies of media
　　infrastructures*. Urbana, IL: University of Illinois Press.

Starosielski, N.（2015a）. *The undersea network*. Durham: Duke University Press.

Starosielski, N.（2015b）. Fixed flow: Undersea cables as media infrastructure. in L.
　　Parks, & N. Starosielski（eds.）, *Signal traffic: Critical studies of media
　　infrastructures*. Urbana, IL: University of Illinois Press, pp.53–70.

Sterne, J.（2012）. *MP3: The meaning of a format*. Durham: Duke University Press.

第**10**章

アンテナ塔のある風景

1920 年代のラジオ都市

松山秀明

1920 年代に誕生したラジオ技術は，人びとにまったく新しいメディア経験をもたらした。目に見えない電波が瞬時に情報を共有し，人と人との経験をつなぐ媒介となったのである。

しかし，このラジオという「非在の事象」は，目に見える形でも都市空間に存在した。それが「アンテナ塔」である。遠くまで電波を行き渡らせようと設置されたアンテナ塔は，それ自体が目立つ存在として，都市空間のなかに屹立した。

本章は，とりわけ 1920 年代の東京と大阪において，初期ラジオのアンテナ塔が作り出していた

小泉癸巳男
『あたごやまのJOAK』
（NHK 放送博物館企画展）

風景を考察する。アンテナ塔のある風景を考えることは，ラジオという「非在の事象」の物質性を考えることでもある。

1 ラジオというメディア技術

✦ 同時性の誕生

　1920 年代に登場したラジオという技術は，人びとにまったく新しいメディア経験をもたらした。たとえ離れた地点にいようとも，放送を介し，人びとは同じ情報を瞬時に共有できるようになったのである。これは異なる地点にいる人びとが同じ放送を聴くこと（同時聴取）ができるようになっただけでなく，ある地点で起きた出来事を瞬時に知ること（同時体験）ができるようになったことも意味している。さらに人びとが聴く放送の内容は，その場で消えていく（同時消失）という特徴ももっている。これらの「同時性」体験は，ラジオの登場によって生まれたまったく新しいものであった。

　かつて加藤秀俊が指摘したように，ラジオ放送の開始によって大きく変わったのが「時間」であった（加藤, 1965）。それまで江戸から明治にかけての日本では，日出から日没までを基準とする不定時法が採用され，季節や昼夜によって時間の長さは異なっていた。しかし，放送が生まれ，時間を共有できるようになったことで不定時法から定時法へと移行し，「秒」という単位が浸透した（竹山, 2002）。つまりラジオとは，人びとの時間感覚を近代化したメディアであった。その最たる例が「時報」だろう。それまでの午砲（正午を知らせる号砲）を廃止し，ラジオによる報時システムを自動化したことで，人びとの時間感覚は均質化し，秒単位で同期した。これは鉄道とも異なる「時間の近代化」の様相である。こうして 1920 年代以降，ラジオによる「同時性」体験が急速に拡がっていくことになったのである。

　この変化に敏感だったのが，作家の永井荷風である。吉見俊哉も指摘するように，荷風は極度のラジオ嫌いとして知られていた（吉見, 2012）。小説『濹東綺譚』〔初版：1937 年〕には隣家から聴こえてくるラジオの音を忌み嫌い，作者がモデルと考えられる主人公が家を飛

び出したことが綴られている。「亀裂の入ったような鋭い音」がやま
ず，それを避けるために荷風は夕飯もそこそこに家を出る。しかし，
「ラディオは家を出れば聞えないというわけではない。道端の人家や
商店からは一段烈しい響が放たれている」（永井, 1947：62）。主人公
が「騒音」から逃れようと家を出ても，ラジオの音は東京の下町中
に溢れ，都市空間のなかに遍在した。この意味において，荷風はラ
ジオによる「同時性」空間の渦中にあった。ラジオは誕生以来，そ
の伝播力でもって，人びとの時間を規律する装置となったのである。

❖ 日本のラジオ研究：「ラジオと戦争」への偏重

　ラジオのもつ同時聴取，同時体験，同時消失という特徴は，放送固
有のものである。言い換えるなら，ラジオの「公開性」「即時性」「一
回性」は，それまでのメディア経験とはまったく異なるものであった。
　日本でラジオ局が発足した当時，室伏高信は『改造』（1925 年 7
月号）に「ラヂオ文明の原理」と題する論考（室伏, 1925）を寄せて
いる。日本初の放送局である東京放送局が仮放送を開始したのが同
年 3 月であったから，きわめて早い時期に書かれたこの論考は，ラ
ジオの特性を的確に見抜いたものだった。室伏はまず，新聞は「昨
日」の出来事を批評するが，ラジオは「今日」を批評すると述べて
いる。それゆえ新聞は過去で，ラジオは現在であり，未来であると
いう。こうして低き文明は去り，ラジオという「高き文明」が来た
ことを宣言し，「ラヂオ文明」の到来を告げた。
　しかし，興味深いのは，室伏の論調が次第に変化していくことで
ある。このラジオ文明の成立はたしかに高き文明であるものの，次
第に「社会的独裁」へとつながると室伏は懸念しはじめる。すべて
の地方的なるものは滅びて中央集権が確立し，すべての個人的なる
ものが滅びて集団的なるものが凱歌をあげる。ラジオ文明の発展に
よって，支配階級が一切を語るようになり，プロレタリアは一切の

声を停止される。こうしてラジオは「民衆の奴隷化」を完成させると室伏は警鐘を鳴らしたのである。

　この最初期に書かれたラジオ論がいみじくも予言したように，ラジオというメディア技術が，人びとの時間を規律するがゆえに，その後，国民を統一し，扇動し，戦争完遂・戦意高揚のための独裁的な伝達装置となっていったことは，これまで多くのメディア史研究が明らかにしてきたとおりである[1]。むしろ，日本のラジオ研究は「戦争（第二次世界大戦）」との関わりを解読することに注力してきたといっても過言ではない。それは以下の言葉に集約されている。

> 　ラジオというメディアの黄金時代は，1930年代「ファシズムの時代」と1940年代「総力戦の時代」にすっぽりと重なる。それゆえ，ラジオ研究の多くが広義のファシズム研究や総力戦研究であったことは当然というべきだろう。(佐藤，2006：2)

　いかにして日本のラジオが戦争と結びつき，政府に管掌され，どのような内容を放送していたのか，そして外地とどう結ばれ，前線と銃後をつないでいたのかといったことが，戦時中のラジオ雑誌などを紐解きながら明らかにされてきたのである[2]。こうしたラジオ史の探求は，インターネット時代を迎えた今日でも，重要な歴史検証であることはいうまでもない。いつの時代も新しいメディアが登場する際は，まずその可能性を期待される。しかし，ラジオのように，発展の途中で「負の歴史」を背負わなければならなかったメディアが存在するという事実は，これからのメディアが同じ過ちを

---

1) たとえば，竹山昭子の一連のラジオ史研究（竹山，2002；2005；2013）を筆頭に，大森淳郎による戦時下の日本放送協会に関する研究（大森，2017；2017-2018），玉音放送に関する研究（竹山，1989；小森，2008；秋山，2018）などが挙げられる。またNHKにて放送された，ETV特集『敗戦とラジオ〜放送はどう変わったのか』（2010年8月15日放送）も戦争とラジオの関係を考えるうえで重要である。

繰り返さないためにも問いつづけていかなければならない。

　しかし，ラジオ史を研究するにあたって，これらの探求がラジオの一側面しか捉えきれていないこともまた事実である。端的にいえば，これまでのラジオ史研究では「物質論」がきちんと検証されてきたとはいいがたい。ラジオとはそもそもどのような構造をしていて，どのような物体なのかということは，しばしば研究のなかで不問にされてきた。これは水越伸がいうように，ラジオとは「非在の事象（エーテル）」であるからにほかならない（水越, 1993）。エーテルとは，地，水，火，風とともに天体の構成要素として夢想された，見えない媒質のことである。ラジオの電波は当初よりこの「エーテル」として，つまり，「目に見えない＝非在のもの」として扱われ，研究においてもその物質性が考慮に入れられることは稀だったのである。

　ラジオにおいて一番わかりやすい物質とは，第一に，「箱」そのものだろう。言い換えれば，ラジオの「受信装置」に関する研究である。ラジオの箱をパカっと開けてみたときに，どのような構造をしているかということである。いうまでもなく，ラジオ装置には回路や増幅器など，電波を受け取るためにさまざまな技術が内蔵されている。とりわけ初期のラジオ・ファンの時代から，どの「箱」をもつかによって階層は複数に分かれ，たとえば，ブルジョアたちが使う「輸入ラジオ」，一家団欒用に家族で聴く「ラッパ付きラジオ」，庶民らが聴く「鉱石ラジオ」，自作の「手作りラジオ」[3] などがあった（竹山, 2002）。さらに草創期の「街頭ラジオ」も存在する。こうしたさまざまな「受信装置の物質性」は，社会科学の知見を超え，

---

2) こうした「ラジオと戦争」研究への偏重の背景には，そもそも日本のラジオ研究がアメリカ発のマス・コミュニケーション研究に端を発し，そのアメリカのマス・コミュニケーション研究の源流がプロパガンダ研究であったことも大きい（Lazarsfeld, 1963）。

3) とりわけ「手作り族」のために，『無線と実験』『電気之友』『オーム』『ラヂオの日本』など，多くのラジオ技術の解説雑誌が刊行されていた。

自然科学とも連動しながら解明することが必要である。

　第二の物質として挙げられるのが,「都市空間のなかにおけるラジオ」である。ラジオは先述の受信装置のように,主に家庭空間内の「箱」として単に置かれていただけではない。ラジオは都市空間のなかにも目に見える形で存在した。その最たる例が「アンテナ塔」だろう。各家庭の受信装置に電波を届けるため,都市空間にそびえ立つアンテナ塔もまた,重要なラジオの物質である。とくにアンテナ塔は「非在の事象(エーテル)」の発信源であり,ネットワークとしてのラジオを目に見える形で示した巨大な物体でもあった。

　本章ではこれからラジオの物質性に着目するために,この「アンテナ塔」について考えてみたい。とくに,1925 年に東京,大阪,名古屋の 3 都市に放送局が次々に開局し,都市空間のなかにアンテナ塔が設置されていくなかで,それらがどのような意味をもったのか,1920 年代の〈インフラストラクチャー〉としての「ラジオのアンテナ塔」について考えてみたい。

② アンテナ塔のある風景 ─────────────

✛ 東京放送局のラジオ風景

　日本における最初の放送局は 1925 年 3 月 22 日に開局した社団法人東京放送局(JOAK)である。開局の日,総裁の後藤新平はこれからの放送事業の職能を四つ挙げ(文化の機会均等,家庭生活の革新,教育の社会化,経済機能の敏活),ラジオへの期待を語った。しかし,開局当初の東京放送局は放送設備も整わず,同年 7 月まで芝区新芝町の府立東京高等工芸学校の一部を間借りして「仮放送」が行われた。送信機器も東京市や逓信省からの借り物であることにくわえ,土地と建物も学校の借り物であったことから「借り放送」といわれた(日本放送協会, 1977)。

　ただ，東京放送局は開局前から新社屋の建設にとりかかり，来たる本放送に向けて建設予定地を見定めていた。その場所が芝区愛宕山公園一号地（愛宕山）であった。愛宕山に東京放送局の本放送施設が完成したのは 1925 年 6 月 1 日で，本放送が開始したのは同年 7 月 12 日のことである。愛宕山の樹林のなかにクリーム色の近代的な局舎が建設され，その両翼には高さ 45m の鉄塔（アンテナ塔）が設置された。当時の新聞はこのアンテナ塔を「愛宕山の一大鉄塔」と称した（『東京朝日新聞』1925.6.7）。こうして放送局によってアンテナ塔のある風景が生まれたのである。

　もっとも，こうした風景は，東京放送局の開局以前にもあった。開局前年の新聞には，逓信省などによる実験放送を聴こうと庶民がアンテナを自作し，自宅の庭に取り付けている様子が載っている（『東京朝日新聞』1924.5.19）。郊外に行くと，「五六丁歩く間に必ず一本や二本のアンテナを眼にする有り様だ」という。のちに権田保之助は，初期の「ラジオ風景」を振りかえって，こう述べている。

　　武蔵野特有の雑木林を背景として，点々と建てられた洋風赤瓦の文化住宅，その何れにも，長い竹棹の先に張り渡されたアンテナが 5 月の青空に揺れている。それが昭和初期のラジオ風景であった。（権田, 1947：1）

　これらの手記からは，各家庭に据えられたアンテナが昭和初期の都市の風景の一部を成していたことがよくわかる。しかし，これらはあくまで受信用の「私設アンテナ」の風景であって，送信用に設置された「巨大なアンテナ塔」はそれらをはるかに凌ぎ，都市文化の一つとなったことはいうまでもない。とくに東京随一の高さを誇る愛宕山頂に建設された東京放送局のアンテナ塔は，それ自体が都市のランドマークとなり，昭和初期の「ラジオ風景」となった（図

図 10-1　愛宕山のアンテナ塔（松山, 2015）

10-1）。東京放送局は「山の放送局」とも呼ばれ，その後も東京で
はその名残から放送会館のことを「ヤマ」と言った。

　そもそも東京・愛宕山は江戸時代から高台の名所としてさまざま
な錦絵に描かれてきた地である。明治初期には人びとに時を知らせ
るため，愛宕山で鐘を打つ計画も進められていた（鈴木, 2013：105）。
1888 年には「愛宕館」という旅館兼西洋料理店が設けられ，それ
に付属して「愛宕塔」が建てられた。5 階の頂上からは浅草の凌雲
閣も見えたという（日本放送協会, 1965：145）。その後，代わって「愛
宕ホテル」が建てられたが，1923 年の関東大震災によって倒壊した。
東京放送局の新社屋とアンテナ塔は，この高台の敷地を引き継いだ
ものであった。

　この東京放送局の新敷地の決定までには紆余曲折があり，当初は
麹町永田町の元学習院女子部跡を第一候補として宮内庁に願い出た
ものの断られ，各方面を探した結果，障害物の少ない愛宕山に決
まった（『東京朝日新聞』1924.11.30）。『東京放送局沿革史』（越野,
1928）によれば，愛宕山のほかにも，代官山，上野公園見晴，下澁
谷高地，本郷帝国大学用地などが候補地として検討されていたが，
障害物の少ない愛宕山が「理想的放送地」として最終的に決定され
たという。

　当時，愛宕山の高台に建てられたこの巨大な鉄塔を人びとはどのようにみていたのだろうか。今和次郎らが 1929 年に刊行した『新版大東京案内』（今，2001）では，この社屋や塔のことを次のように述べている。

> 　建物は，鉄筋コンクリートの二階建，形のよい明るさで，愛宕山のてっぺんに高い鉄塔のもと，夕陽に映えるところなど，たしかに現代的東京風景である。（今，2001：173）

　東京を練り歩く今和次郎たち考現学グループにとって，鉄筋コンクリートの建築とともにその両翼にそびえ立つアンテナ塔は，まるで摩天楼のようであったのだろう。「愛宕山に天を摩する鉄柱を見上げて，あれが「声の素」かとうなづくのである」（今，2001：320）。
　この今の感想は興味深く，まさに電波という「非在の事象」を確認する「物体」として，愛宕山の鉄塔（アンテナ塔）を眺めていたことがわかる。まさにアンテナ塔は都市空間における「エーテル」の可視化でもあったのである。また，小泉癸巳男は「昭和大東京百図絵」の一つとして『あたごやまのJOAK』（1932 年 8 月）を描いている（章扉図）。浅草や築地などとともに，数ある東京百景の一つとして，小泉は愛宕山の巨塔を画角からはみだしながら風景画にして描いたのである。
　ラジオ放送が始まった大正末期から昭和初期にかけて，首都東京の中心地はまぎれもなく銀座であった。「銀座・銀座・銀座，夜の銀座，昼の銀座，男も銀座，女も銀座，銀座は日本だ」という安藤更生の一節を引くまでもなく，当時の銀座では洋装のモボとモガが街を闊歩し，歓楽文化を謳歌していた。しかし，愛宕山に新しく生まれたラジオの巨大なアンテナ塔もまた，当時の東京の都市空間において重要な意味をもった。それは関東大震災で凌雲閣が失われた

後，東京の都市空間に新しく生まれた「垂直軸」であったからである。遠くまで電波を届かせようと高くそびえ立つアンテナ塔は，意図せずして，それ自体が東京の景観を変える復興のランドマークとなったのである。後に述べるように，この放送による「垂直軸」が，戦後，東京タワー（日本電波塔）へと引き継がれ，戦後東京のシンボルとなったこと，設計者が同じ内藤多仲であったことは偶然ではない。

❖ 大阪放送局のラジオ風景

　1925 年 3 月の東京放送局の開局以降，同年 6 月 1 日に社団法人大阪放送局（JOBK），7 月 15 日に社団法人名古屋放送局（JOCK）と，放送局が次々に開局した。大阪もまた東京と同様に，開局当初は自前の局舎をもたず，仮放送でのスタートとなった。

　大阪の場合，新聞社が出資して放送局を株式会社化しようとした経緯もあり，ラジオは相場情報を伝える手段として主に市場関係者に向けて放送されていた。そのため，放送局舎は相場を伝達しやすい立地が求められ，そこで選ばれたのが，船場高麗橋の三越呉服店の屋上であった（図 10-2）。同所は静寂な高所であるだけでなく，北浜の株式取引所にも近い好立地であった。1925 年，大阪放送局は三越屋上 9 階にバラックのスタジオと送信施設，アンテナ塔を建て放送を開始したのである（NHK 大阪放送局・70 年史編集委員会，1995）。

　三越屋上に建てられたアンテナ塔のうち，もっとも高いものは 30m であったが，興味深いことに，大阪放送局でアンテナ塔とともに意味をもったのは放送局舎そのものであった。もともと 7 か月間の約束で借りた三越屋上の借用料は無料だったが，その代わりの条件として，一つしかないスタジオに「見学窓」を付けることが求められていた。これは帝都東京とは異なる，商都大阪のラジオ風景であったといっていい。大阪放送局は局舎自体が三越呉服店の客寄せとして利用されたのである。当時を振りかえり，大阪放送局の横

図 10-2　三越屋上のアンテナ塔（日本放送協会, 2001）

山重遠は次のように述べている。

　　私達が毎日閉口していたのは，この百貨店への居候的立場
だった。スタジオには，放送局とは直接関係なしに外部から内
部がのぞき込めるようになっている「観覧窓」というのがあっ
て——勿論BKが放送見学者の為に設備したというよりは，三
越の宣伝の為に拵えた傾きが多分にあって，100％百貨店の買
い物客に利用されていた。正午過ぎの放送時間等にはお客が
「窓」の前に黒山のように行列を作って群っていて，私達はその
人の群れをかきわけて事務室に出入りするのは，毎日並大てい
の骨折ではなかった。今は亡き京大教授の某博士がこの「観覧
窓」の文字に憤然として，「自分は見世物じゃない」と放送もせ
ずに帰ってしまったのも，この「窓」のホロ苦い思い出の一つ
だ。（横山, 1950：8）

　三越屋上を見あげるとそびえ立つアンテナ塔は，客寄せのマーク
としての意味もあったのだろう。そのため人びとの間では大阪放送
局を「三越の放送局」と勘違いするものもいたという（日本放送協会,
1965）。こうして三越屋上で放送が始まったものの，大阪でも東京・

愛宕山のように自前の放送局舎の建設に向けて早急に動かなければ
ならなかった。しかし，大阪の場合，東京のように都市のランドマー
クとなるような敷地を見つけることに難航したようで，『大阪放送局
沿革史』（大阪放送局編纂委員，1934）には，移転先の「土地の選定に
つき容易ならざる障害があった」とその苦悩が多く述べられている。

　局舎建設の敷地については，出願当初より最有力候補地として大
阪城大手門南側の練兵場跡に目をつけ，大阪市との交渉が続けられ
たが，三越屋上から仮放送が始まった後もまとまらず，大阪市当局
から「貸与不可」の通知を受け取ることになる。この責任をとって
理事長の更迭や常務理事の辞任などの混乱が続き，結局，移転期限
ぎりぎりに上本町9丁目に決まった（加藤・南木，1973）。

　しかし，上本町のアンテナ塔は，先にも述べた東京・愛宕山のア
ンテナ塔のように，都市の風景に絶大な影響を与えるほどのもので
はなかった。上本町ではアンテナ塔が2基設置されたものの，高台
に設置されたわけではなく，2階建ての新局舎もコンクリート造り
なのは機械室だけで，スタジオは木造であった。先の横山も「当時
すでに愛宕山に移って本建築の偉容をほこっていた」東京放送局に
比べ，上本町の大阪放送局は「片田舎の町役場みたいな建物」だっ
たと振り返っている（横山，1950：9）。土地選びに難航し，平地にア
ンテナ塔を設置した大阪放送局と，高台に近代建築とアンテナ塔を
有した東京放送局とでは事情が異なったのである。

　むしろ，大阪放送局の場合，アンテナ塔が意味をもったのは千里
放送所ができたときであったと思われる。1928年5月20日（すでに
日本放送協会に統合後[4]），上本町局舎から10キロ離れた三島郡千里村
（現・吹田市）に新局舎と60mのアンテナ塔が設置されたのである（図
10-3）。これは上本町の局舎から電波を送るようになってからも多く

---

[4]1926年8月20日，東京放送局，大阪放送局，名古屋放送局の3局が統一し，「社
　団法人日本放送協会」が誕生した。

図 10-3　千里村のアンテナ塔
（NHK 大阪放送局・70 年史編集委員会, 1995）

の地域で受信状態がよくなかったことを受け，新しく建設されたアンテナ塔であった（NHK 大阪放送局・70 年史編集委員会, 1995）。

　吹田の郊外に建てられたにもかかわらず，完成間もない千里放送所には多くの人びとが見学に訪れ，ビール工場や国鉄操車場と並び「吹田の誇り」となったという。当時の大阪放送局の記録映像を見てみると，千里村は住宅地が密集していないために見晴らしもよく，アンテナ塔がきわめて目立つ存在であったことが確認できる。上本町で制作されたラジオ番組は千里放送所に送られ，そこから電波にのって関西の聴取者に届けられたのである。その後，局舎が上本町から馬場町へと移るのは 1936 年のことであり，ここにおいてようやく立派な大阪放送会館が建設され，先の横山も「馬場町の新局舎が竣工した時の私達の喜びは大きかった。たちまち大阪名所の一つとなった明るい近代的な局舎が，内部には当時日本の最新最高の設備を持って，堂々と大阪城と相対して聳え立ったのだ」と満足気に語った（横山, 1950：9）[5]。

　以上みてきたように，東京，大阪において放送局舎とアンテナ塔が

都市のなかでどのように位置づけられていたかをみることは，それぞれの都市における初期ラジオの風景を知ることでもある。東京では江戸以来の名所だった愛宕山の高台にアンテナ塔を建てることで偉容を示したのに対し，大阪では相場情報を伝えるために取引所近くに放送局舎を設置し，局舎そのものを見世物化した。これはその後，3局が統合して日本放送協会となり，さらには戦後に商業放送局が誕生してラジオ時代からテレビ時代へと移行してもなお，問わなければならない〈インフラストラクチャー〉としての放送の諸相であった。

③ 戦後のアンテナ塔へ：放送技術と都市空間 ────

　1920年代，ラジオのアンテナ塔は放送という技術を可視化した物体であり，昭和初期の都市の風景であった。しかし，時代は戦争へと突入し，ラジオは戦争を伝えるためのメディアとなって，その状況は一変した。1932年に100万人を超えたラジオの聴取者は，戦争終結の前年1944年には750万人を突破し，ラジオは戦意昂揚・国威宣揚のために情報を国民に拡散する装置となっていったのである。

　敗戦後，焼け野原のなかで再び「アンテナ塔」が意味をもったきっかけは，テレビ局の開局に伴うアンテナ塔の建設であった。昭和初期にラジオのアンテナ塔が作った風景は，戦後，テレビのアンテナ塔が作る風景へと引き継がれたのである。とりわけ1953年に日本初の商業テレビ放送として開局した日本テレビ放送網は，東京都千代田区二番町（旧早川満鉄総裁邸）に局舎を構え，そこに巨大

5）一方，名古屋放送局もまた敷地決定には困難があったものの，比較的早い段階で名古屋市西区南外堀の「名古屋衛戍監獄跡」に決まった。『名古屋放送局沿革史』（名古屋中央放送局・吉田，1940）によれば，同所は瓦壁礎石の破片が散乱し，雑草は荒れるに任せた足の踏み場もない荒涼たる地であったが，ここに鉄筋コンクリート2階建ての本館，そして高さ40mのアンテナ塔を設置したという。このことから，大阪よりも早い段階で都市空間のなかで存在感を誇っていたことがわかる。

な鉄塔を建設した。初代社長の正力松太郎は鉄塔の内部 74m の高さに展望台を設け，エレベーターで昇降できるようにし，多いときには 1 日 5000 人がのぼるなど，東京名所の一つとなった（日本テレビ放送網株式会社社史編纂室, 1978）。テレビのアンテナ塔はその始まりから，都市空間のなかで観光地となったのである。

　戦後において，もっとも意味をもったのは，いうまでもなく 1958 年に建設された「東京タワー」であった。日本テレビの後にラジオ東京（1955 年開局），日本教育テレビ（1959 年開局），富士テレビジョン（1959 年開局）とテレビ局の開局があいつぐなかで，このままいけば東京の空に複数のアンテナ塔が林立する懸念から，一元化のために建設された巨塔が「東京タワー」であった。東京・芝公園内に建設された 333m の鉄塔は，当時世界一の高さを誇り，敗戦で失った自信を「世界一」という名のもとに取り戻すには十分な建造物であった。建設以来，多くの日本人がこの鉄塔の展望台にのぼり，眼下に広がる都市東京の復興と発展を感嘆のまなざしで見たのである。建設の翌年には年間来場者数が 513 万人に達し，予想をはるかに上回る形で，都市のシンボルとして受け入れられていく。その証左に，さまざまな形で東京タワーの「昭和ノスタルジア」言説が登場し続けることになる。たとえば川本三郎は以下のように述べていた。

　　塔は，昭和 33 年の 12 月に完成した。起工されてからわずか 1 年半であれだけのものが建てられたことになる。高さ 333 メートル。エッフェル塔よりも高い，世界一の塔。校庭から目の前に見える，そのコンパスのような塔の出現が，中学生の私たちには無性にうれしかった。"日本も偉くなったんだ！"。私などの世代は，ものごころついてから貧しい日本しか知らなかったから，世界一の塔の建設は，これから新しい，豊かな時代が始まるのだという，明るい象徴に思えた。（川本／田沼, 1992：40）

　まさにこうしたアンテナ塔をめぐる言説は，本来，電波を広く届けるために屹立するという実用的な意味が後景化し，都市のランドマークとしての意味が前景化したことを意味している。つまり，ここにあるのは（東京タワーの正式名称が「日本電波塔」であるという）アンテナ塔としての意味ではなく，都市のシンボルとしての聖性である。シンボルであるがゆえに，ゴジラは東京に上陸するたびに東京タワーを破壊し，モスラは東京タワーに繭を作ってそこから飛びたつのである。

　これは東京に限った話ではない。1954 年に建設された名古屋テレビ塔（高さ180m）や，1957 年の別府タワー（建設時の高さ100m），さっぽろテレビ塔（高さ147m）などもまた，それぞれの都市空間のなかでランドマークとしての意味をもった[6]。そして，これらの塔がすべて内藤多仲による設計であり，内藤が愛宕山の鉄塔から，名古屋，別府，札幌の各塔，そして東京タワーまでを手がけたという事実は，ラジオからテレビへと移り変わるなかでも変わらない，放送のアンテナ塔の役割を示している。もちろん，内藤の死後もテレビのアンテナ塔は建設され，とくに 2012 年に竣工した「東京スカイツリー」は東日本大震災からの復興としての意味を付加されて東京にそびえ立つことになる。

　したがって，冒頭で述べたように，放送という技術を考えるとき，戦争との関連など，その内容面だけを調べることは放送の一側面を捉えるにすぎない。かつてフランスの社会学者アンリ・ルフェーブルはわれわれの社会空間は三つの次元に分かれると述べたが（ルフェーヴル，2000），放送の内容のみに焦点を当てることは，そのうちの《表象の空間》を明らかにしたにすぎない。これは番組や映像

6）とくに名古屋テレビ塔がいかに都市に存在していたかは多くの資料が明らかにしている（名古屋タイムズ・アーカイブス委員会，2010；長坂・名古屋テレビ塔株式会社，2018）。

などメディア内容によって表現された，表象のなかの空間だからで
ある。むしろ，これから問うていかなければならないのは，残りの
二つの次元，《空間的実践》と《空間の表象》であろう。《空間的実
践》は知覚される空間そのものであり，本章でいえばアンテナ塔と
いった巨大建造物や，本章では扱わなかったラジオ塔といった共同
聴取施設がこれにあたる。《空間の表象》は社会空間を知や記号に
よって認知するもの，つまり，放送の文脈でいえば局間のネット
ワークによって編制される国土などがこれに当てはまるだろう。

　こうした放送技術と都市空間の関係は，これら三つの次元《空間
的実践》《空間の表象》《表象の空間》がたがいに対抗しつつ，成立
しているものである。本章はそのうちの一つである《空間的実践》
を，とりわけ 1920 年代におけるラジオのアンテナ塔から明らかに
したにすぎないが，「非在の事象」である放送にとって〈インフラ
ストラクチャー〉を問うことの意味はますます重要になっている。

●ディスカッションのために
1　本章では放送が「非在の事象」であると述べられているが，これはどのよう
　　な意味か。本文の言葉を用いてまとめてみよう。
2　本章で扱われたアンテナ塔は，放送文化に対してどのような影響を与えた
　　といえるだろうか。都市文化との関連に注目しながら，本文中の言葉を使
　　ってまとめてみよう。
3　あなたの住んでいる場所から一番近くにあるアンテナ塔を探してみよう。
　　そのアンテナ塔がいつ，どのような目的で作られたのか調べてみよう。

【引用・参考文献】

秋山　久（2018）．『君は玉音放送を聞いたか──ラジオと戦争』旬報社

NHK 大阪放送局・70 年史編集委員会（1995）．『こちら JOBK──NHK 大阪放送局
　　七十年』日本放送協会大阪放送局

大阪放送局編纂委員（1934）．『大阪放送局沿革史』日本放送協会関西支部

大森淳郎（2017）．「シリーズ戦争とラジオ〈第 1 回〉　国策的効果をさらに上げよ
　　──同盟原稿はどう書き換えられていたのか（前・後編）」『放送研究と調査』
　　2017 年 8 月号，9 月号

大森淳郎（2017-2018）.「シリーズ戦争とラジオ〈第2回〉　前線と銃後を結べ――戦時録音放送を聴く（前・後編）」『放送研究と調査』2017年12月号，2018年1月号

加藤秀俊（1965）.『見世物からテレビへ』岩波書店

加藤三之雄・南木淑郎（1973）.『大阪の情報文化』毎日放送

川本三郎［編］／田沼武能［写真］（1992）.『昭和30年東京ベルエポック』岩波書店

越野宗太郎［編］（1928）.『東京放送局沿革史』東京放送局沿革史編纂委員会

小森陽一（2008）.『天皇の玉音放送』朝日新聞出版

権田保之助（1947）.「ラジオ風景點綴」『放送文化』1947年2・3月号, 1.

今和次郎［編］（2001）.『新版大東京案内　上』筑摩書房

佐藤卓己（2006）.「ラジオ文明とファシスト的公共性」貴志俊彦・川島　真・孫安石［編］『戦争・ラジオ・記憶』勉誠出版, pp.2-23.

鈴木　淳（2013）.『新技術の社会誌』中央公論新社

竹山昭子（1989）.『玉音放送』晩聲社

竹山昭子（1994）.『戦争と放送――史料が語る戦時下情報操作とプロパガンダ』社会思想社

竹山昭子（2002）.『ラジオの時代――ラジオは茶の間の主役だった』世界思想社

竹山昭子（2005）.『史料が語る太平洋戦争下の放送』世界思想社

竹山昭子（2013）.『太平洋戦争下 その時ラジオは』朝日新聞出版

永井荷風（1947）.『濹東綺譚』岩波書店〔原著初版：1937年〕

長坂英生［編］／名古屋テレビ塔株式会社［監修］（2018）.『名古屋テレビ塔クロニクル』人間社

名古屋タイムズ・アーカイブス委員会［編］（2010）.『ぼくらの名古屋テレビ塔』樹林舎

名古屋中央放送局・吉田　一（1940）.『名古屋放送局沿革史』名古屋中央放送局

日本テレビ放送網株式会社社史編纂室［編］（1978）.『大衆とともに25年――沿革史』日本テレビ放送網株式会社

日本放送協会［編］（1951）.『日本放送史』日本放送出版協会

日本放送協会［編］（1965）.『日本放送史 上』日本放送出版協会

日本放送協会［編］（1977）.『放送五十年史』日本放送出版協会

日本放送協会［編］（2001）.『20世紀放送史 上』日本放送出版協会

松山秀明（2015）.「拡がるラジオの「同時性」空間――放送による帝都への集権化」『放送研究と調査』2015年7月号, 64-81.

水越　伸（1993）.『メディアの生成――アメリカ・ラジオの動態史』同文舘出版

室伏高信（1925）.「ラヂオ文明の原理」『改造』1925年7月号, 30-47.

吉見俊哉（2012）.『「声」の資本主義――電話・ラジオ・蓄音機の社会史』河出書房新社

横山重遠（1950）.「BK 昔ばなし」『放送文化』1950年3月号, 8-9.

ルフェーヴル, H.／斎藤日出治［訳］（2000）.『空間の生産』青木書店（Lefebvre, H. (1974). *La production de l'espace*. Paris: Anthropos.）

Lazarsfeld, P. (1963). Trends in broadcasting research. *Studies of Broadcasting, 1,* 49-64.

第**11**章

「線」と「円」のテレビ史

青森県を事例としたテレビ電波の考古学

太田美奈子

テレビということばは何を指しているのだろうか。テレビ受像機であったり，テレビ局，テレビ局が制作した番組のコンテンツ，はたまた，遠方の人とスクリーンで顔を合わせて通信するやりとりに「テレビ電話」「テレビ会議」という言い方が用いられたり，YouTube の動画に「＊＊テレビ」と銘打たれているものがあったりと，指し示す対象や意味は広がりをみせている。テレビということばが普及した時代に戻って改めて考えてみると，立ち現れるのは電波という技術的な側面である。まだ電波環境が整っていない地域の人びとは，どうにか電波をとらえられないものかと，

青森県八戸市の不習岳で仙台からの電波受信を試みる人びと

（『デーリー東北』1956.9.12 日刊）

屋根の上に超遠距離アンテナを掲げて受像実験を繰り広げた。そして電波のキャッチに成功すると「テレビ，志賀高原を越える」といった見出しで話題になったのである。受像機でもテレビ局でも番組でもなく，テレビとはなにより電波だった時代があった。

1 「線」の放送制度と「円」の放射電波 ――――――――

❖「線」の放送制度

　近代に整備された鉄道や道路の幹線と同じように，テレビの映像や音声，データを伝送するマイクロ波回線は，東京を中心に出発する直線として延びていった。日本のテレビ放送は 1953 年 2 月 1 日，NHK によって東京で始められ，人びとは街頭テレビや商店などが路面に置いたテレビで視聴を体験していく。翌年の 1954 年には大阪と名古屋で，1 年空いて 1956 年には仙台，広島，福岡，札幌で，NHK はテレビ局を開局した。1957 年以降は各県の県庁所在地もしくは主要都市にテレビ局を置くような形で開局が相次ぎ，1960 年までに多くの都道府県で開局が完了，民放もそれに続いた。戦後民主主義を標榜するNHK にとって，テレビ電波を日本の隅々まで届けることは大きな使命だった。各都道府県での開局と並行し，地理的な条件による電波空白地帯を埋めるように，NHK はテレビ塔を設置し，民放もそれに続いた。

　テレビ番組は日本電話電信会社（通称・電電公社，現・NTT）が敷設したマイクロ波回線に乗って全国へ運ばれていた。マイクロ波回線とはマイクロ波を用いた無線通信であり，各中継所のアンテナでマイクロ波の受信・送信を行い，各地をつないで情報を遠距離まで届けようとするものである。いくつもの中継所をマイクロ波は一瞬でリレーし，各地のテレビ塔がそれを受信して高所から広範囲に放射，各家庭の屋根などに設置されたアンテナが電波をキャッチすることでテレビが視聴できる。これによって可能となるのは，放送メディアの特性のひとつ，「同時性」である。たとえば東京で放送されたテレビ番組が，同じ時間に青森県でも視聴可能となる。同時性がとくに際立つ番組は生中継であろう。1959 年に日本中が視聴したといわれる皇太子ご成婚パレード，1964 年に開催された東京

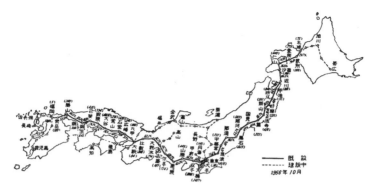

図 11-1　1956 年 10 月時点の電電公社広帯域マイクロ波回線図
(林, 1957：14)

オリンピックの生中継は，マイクロ波回線なしには成り立たないものだった。

　電電公社は電気通信五カ年計画の一環として，全国にマイクロ波回線を敷設した。マイクロ波回線は，1954 年 4 月に東京―名古屋―大阪間，1956 年 4 月に大阪―広島―福岡間，翌年の 1957 年 1 月に東京―仙台―札幌間で開通した。「東・名・阪」「阪・広・福」「東・仙・札」と呼ばれるこれらのルートがマイクロ波回線の最初の幹線となり，その後は東京―金沢―大阪間，福岡―熊本―鹿児島間，札幌―旭川―釧路間など，日本海側や九州の南側，北海道の東側へとさらに延びていく（桑原情報研究所，2004：33–107）[1]。

　東京を中心として日本を縦貫するマイクロ波回線のありようは，鉄道や道路といった近代交通と同様，放送にも中央集権的なシステムが構築された事実を示している。鉄道や道路の幹線が地図上に描く線は，マイクロ波回線のそれと類似している。明治時代，鉄道の建設を主張した大隈重信や伊藤博文の意図が中央集権制の強化にあったのと同

1）現在は地上デジタル化により，マイクロ波回線の役割は光ファイバー回線へと引き継がれている。

様に（原田, 1998：44-45），「線」の放送制度は，東京を中心として各
道府県が線上に束ねられる中央集権のシステムなのである。

　では，マイクロ波回線の敷設が完了した地域から，つまり東京か
ら近い順にテレビ視聴が可能になったかというと，そうではない。
ここに「線」の論理における政治的な作為性がみえる。東京から東
へ延びるマイクロ波回線は，1956年3月にNHK仙台テレビ局を開
局させた後，同年12月には岩手県と青森県を素通りして津軽海峡
を渡り，NHK札幌テレビ局を誕生させた。回線は当時すでに両県
まで至っていたわけだが，北海道での開局が優先されたのである。
東京を中心として回線を敷くという中央集権的な「線」の引き方，
さらには「線」のなかでも入れ替わる開局の順序という点において，
放送制度における「線」の論理は中央による意図的なものであるこ
とがわかる。

❖「円」の放射電波

　マイクロ波回線が及んだ地域では，回線の中継所から電話局やテ
レビ局を経由してテレビ塔に電気信号が届き，テレビ塔から電波が
地域一円に降り注ぐ。マイクロ波回線の敷設と同じように，テレビ
局・テレビ塔の設置場所は「線」の論理で決定がなされた。最初の
設置場所として選ばれたのは県庁所在地など各都道府県の都市であ
る。しかし，テレビ塔から放射される電波が描く「円」の範囲に，
「線」の論理は通用しなかった。電波はテレビ塔を中心点に据え，
大気中を同心円状に広がっていく。ここに，放送事業側や国といっ
た中央側が意図しない電波受信可能圏／不可能圏が生み出され，電
波受信をめぐって悲喜交々のドラマが展開されたのである。

　テレビ草創期，人びとが意識した電波とは明確に「中心」と「周
縁」をもつ「円」であった。テレビ塔から放射される電波の大きさ
によって，「あのテレビ塔からの電波は半径○○kmにまで届くくら

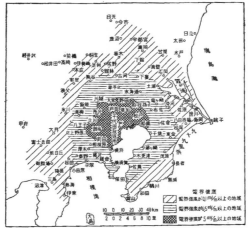

図11-2　1953年11月時点のNHK電界強度分布図
(柿崎ほか, 1956：255)

しい」という言い方がされていたからだ。電波環境が整備されてい
く時代，テレビ塔がまだ設置されていない地域の人びとは，設置を
待つまでもなく超遠距離用アンテナでテレビ電波をどうにか受信し，
テレビを視聴しようとしていた。遠くのテレビ塔にアンテナを向け
た人々は，テレビ塔が設置された地域を「中心」，自らが居住する
地域を「周縁」と強く意識したことだろう。

　図11-2は本放送開始の年における関東のNHK電界強度分布図であ
る。電界強度の強いエリアをみると，地図の中央にある千代田放送所
から放射された電波は，関東平野に円を描くように広がっていること
がわかる。一方，電界強度の弱いエリアは円の北西側が欠けている。
円内の電波受信を妨害するものは山や谷など自然の地形であった。

❖「線」と「円」からみる青森県のテレビ受容

　本章ではこのテレビの番組内容を伝送する電波の「線」と「円」
という観点からテレビ受容の様相を改めて検討したい。地方の初期

テレビ史を明らかにするためには，電波への着目が欠かせないのである。早い時期から電波環境が整えられた大都市と異なり，地方では他県からの電波を受信してテレビを視聴する時期が数年ほど発生した。電波受信に成功した地域では，地域的な背景を踏まえ，主体的にテレビを受容しようとする姿がみられている。「テレビを視聴したい」という欲望の一段階前に地方で現れた「テレビ電波を受信したい」という欲望は，現在と異なるテレビ文化を醸成していた。

　ここでは青森県を事例として考えてみることにしよう。青森県が本格的にテレビ時代を迎えたのは，NHK 青森テレビ局が開局した1959 年 3 月だった。東京での本放送開始から 6 年後のことである。開局後，メディア・イベントも相まって県内ではテレビが急速に普及した。1959 年といえば皇太子ご成婚パレードの年である。青森市のテレビ普及率は 1959 年度末で 15.4% を記録した（日本放送協会，1960）。

　以上は青森県における「線」のテレビ史である。しかし「線」のテレビ史は副次的に「円」のテレビ史を引き起こす。1959 年より前に，青森県の人びとは，近隣でテレビ塔が建設されるたび高いアンテナを屋根に立て，他県のテレビ電波を受信しようと試みていた。たとえばNHK 仙台テレビ局が開局した 1956 年，八戸高等電波学校（現・八戸工業大学第一高等学校）という船の無線通信士を育成する学校が，250km も離れた仙台からのテレビ電波受信に成功している（太田，2019）。翌年の 1957 年には，下北半島に位置する佐井村という漁村にテレビ文化が突如栄えた。同年 3 月に開局した北海道のNHK 函館テレビ局からの電波を，津軽海峡を越えて受信したのである（太田，2018）。また秋田県との県境に位置する大鰐町も函館からのテレビ電波受信に成功し，100 万円の共同出資で山頂にアンテナを設け，そこからケーブルを引き各家庭での視聴を可能にした（『東奥日報』1959.1.3 朝刊）。函館山から大鰐町まで，青森県を南北に

ほとんど跨ぐような距離の受信が試みられたということになる。

　翌 1958 年 12 月，今度は NHK 盛岡テレビ局が開局する。岩手県からのテレビ電波受信が可能となったのは，八戸市内で高台に位置する一部の地域だった。八戸市立根岸小学校では早速テレビを購入し，テレビを用いた視聴覚教育で有名になった（『デーリー東北』1959.3.18 日刊）。このような時期を経てようやく，1959 年に県内で NHK 青森テレビ局が開局する。他地域から放射される電波が漏れ出る場所として青森県が位置していた時期，県内には中央集権的な「線」のテレビ史には回収されないような，「円」のテレビ史が存在したといえるだろう。

❷ 県都・青森市にテレビが来るまで ────────

✣ テレビ公開実験

　本節ではまず青森県における「線」のテレビ史の事例として，県庁所在地の青森市を取り上げる。日本でテレビ本放送が開始される 1953 年より 2 年前の 1951 年，NHK は地方の人びとにテレビという新しいメディアを広く周知すべく，「テレビカー」を全国に巡回させた。8 月 1 日に東京の NHK 前を出発したテレビカーは，1 日約 4 時間，1 会場 5 日間の予定で，福島，札幌，旭川，青森，秋田，盛岡，新潟を回った。一度東京に戻った後，機材を整えて，北陸，九州，四国を回っている（日本放送協会, 1952：129-131）。青函連絡船で北海道から津軽海峡を渡ってきたテレビカーは，青森市立浪打小学校を会場にテレビ公開実験を開催した。当時テレビ電波は放射されていないため，校庭のステージを有線にてテレビ受像機に映し出すという形式だった。ステージ上ではボクシングの解説や手品，ファッションショーなど，多彩なプログラムが披露されたという（NHK 放送技術研究所, 1951：27）。期間中の入場者数は延べ 82,812

人とNHKの記録に残っている。この数字は当時の青森市の人口の
およそ8割にあたる。郵便局や農協，銀行など，NHKとつながり
の深い団体が後援や協賛についた。青森県における最初のテレビ体
験は，有線によってNHKから県都・青森市にもたらされた。

❖ NHK青森テレビ局の開局

　テレビ公開実験から8年後，そして東京での本放送開始から6年
後の1959年3月22日，東京から延びるマイクロ波回線は青森市に
NHK青森テレビ局を開局させた。開局時の地元紙を振り返ると，
「雨降りテレビ」に別れを告げる喜びが記されている。開局以前，
青森市の人びとは北側にアンテナを向けて函館からの電波をどうに
か受信していたが，弱い電波によるテレビ画面の不鮮明さは，雨降
りの様子によくたとえられた。市内の松木屋というデパートでは
「テレビ電波展」が開催された。テレビ受像機やテレビ関係図額の
展示，購入の相談などが行われ，国内有名13メーカーが出品して
いる（『デーリー東北』1959.3.22日刊）。電器店では早くもテレビ販売
合戦が繰り広げられた。1959年は先述のとおり皇太子ご成婚パ
レードが4月に開催され，人びとがパレード見たさにテレビを購入
したというテレビ史の通説どおり，青森市の電器屋ではテレビが不
足して奪い合いになるほど売れたのだという。このようなメディ
ア・イベントも重なって，テレビは急速な普及をみせた。飲食店や
理髪店などの商店や裕福な家庭から順に，テレビが購入されていっ
た。テレビ普及率は前年2%から1959年度末に15.4%，東京オリ
ンピックが開催された1964年度末には81.5%と上昇し，テレビは
次第に各家庭へと浸透していった（日本放送協会, 1959, 1960, 1965）。
テレビ放送をお茶の間で楽しむ現在の一般的な文化形式が，ここに
確立されたのである。

❸ 電波に恵まれなかった都市／恵まれた辺境 ────

　放送局主導でテレビという新しいメディアが紹介され，県内でいち早く電波環境が正式に整えられた青森市に対し，電波受信を自らの手で成し遂げ，独自に受容していったのが八戸市と佐井村だった。ここでは「円」のテレビ受容として対照的な二つの地域に注目する。八戸市は，NHK仙台テレビ局が放射した電波が描き出す円の，かろうじて周縁に位置することになった。他方佐井村は，NHK函館テレビ局開局により，電波が描き出す円の内側に入ることとなった。しかし両地域ともに独自のテレビ文化が開花し，結果的に普及率を大きく伸ばした点において，「円」のテレビ受容の豊かさをみることができる。

❖ 周縁から電波をとらえた八戸市

　1950年代の八戸市は，東北有数の漁港を擁し，工業や海運も盛んだったため，経済規模は青森市をしのぎ県下トップだった。しかしテレビ以前，ラジオは八甲田山を隔てて弘前市や青森市が電波環境の整備において優先され，テレビ時代に入ると，県内でNHKや旧郵政省の置局計画に当初選ばれたのは青森市のみであった。

　そんな八戸市が，1956年のNHK仙台テレビ局開局時，県ではじめてとなるテレビ電波受信をはるか仙台から成し遂げたのである。舞台となったのは，当時不足していた漁船の無線通信士を育成するため，浜通りという漁業地域に同年設立された八戸高等電波学校だった。学校の研究グループが試算してみたところ，八戸─仙台間の250kmを越えて電波を受信するために必要なアンテナの高さは，2,600mという途方もない数字が出たという。それでも諦めず，彼らは受像実験を試みた。八戸─仙台間には中級の山々がそびえているため，屈折波や反射波を利用することによって受信の可能性があ

ると考えたのである。彼らが 100 万円をかけ，苦心して屋根に備え付けた 10m もの水道管と，その上にくくりつけた超遠距離用アンテナは，一度は落下し粉々になったが，二度目の挑戦で仙台の電波をいよいよとらえた（太田, 2019）。

　この試みに対して，NHK は冷めた反応をみせていたという。「今はとうてい安定した受像は望めないということははっきりしているんだから，そんなことやっているのはナンセンスだという感じの受け止め方をしていたみたいですよ」と，当時の生徒は振り返っている（八戸工業大学第一高等学校, 1986：25）。船の無線通信の延長線上にテレビ電波受信をとらえた八戸高等電波学校に対し，NHK には安定した電波による番組の明確な視聴を目指すという「放送」の論理があった。

　受信に成功し地域の話題をさらうと，やがて八戸高等電波学校は自前の放送局の設置を構想するようになった。しかし電波監理委員会は民放の設置に関して，大都市を除いて 1 県域に 1 局のみとの方針を示しており（中部日本放送株式会社, 1959：107），すでに青森県にはラジオ青森（現・青森放送）という民放が開局していたため，彼らの挑戦は幕を下ろすこととなった。その 4 年後，熱心なテレビ局誘致運動が実を結び受像環境が整った八戸市は，翌年に早くも県内第 1 位のテレビ普及率を記録する（日本放送協会, 1962）。

❖ テレビ文化が栄えた佐井村

　1957 年の NHK 函館テレビ局開局時，函館にほど近い下北半島はテレビ受像が可能な地域となった。函館山から放射される電波は半島一帯を電波受信可能圏にしたのである。下北半島は中央に恐山山地を擁しており，交通が不便な土地として知られていた。

　そのなかでも「県庁からもっとも遠い村」と呼ばれた佐井村という漁村が，半島内で一番テレビに沸いた村だった。道路交通の困難

さが距離に追い討ちをかけ，それに伴う時間がなにより切実な問題
だった地域に，テレビ電波は全国各地との視聴の同時性という体験
を突如もたらしたのである。テレビ普及率は，県平均が1%にも届
かないなか，1957年度末，1958年度末ともに県内第1位の4.6%,
6.2%である[2]（日本放送協会, 1958, 1959）。100万円という金額が村
の追加予算で可決され，村内九つすべての小中学校にテレビを設置
し，テレビ教育に関して受賞を重ねていった。村議会では「まんず,
おらアだちのわらし共だば，首ッコしばられた山羊ッコみてえなも
んだス，世の中のこと何でも知らねすけ，よそさ行って働くこと出
来ね，まんずそれ位の銭コですむならテレビ買うてやるだな」との
発言が予算可決の決定打になったという（秋月, 1958：28）。

　彼らはテレビをナトコ[3]やスライドといった視聴覚教材の延長
線上にとらえ，「子どもたちに外の世界を見せたい」というおおら
かな教育的動機から，学校を中心に村ぐるみで受容していった（太
田, 2018）。子どもたちは視野の広がりや自発性，明るさを獲得する
とともに，相撲の取り口を覚えたり，物語に刺激されてマントのよ

図11-3　テレビを視聴する佐井小学校の子どもたち
（佐井小学校百周年記念協賛会, 1974：42）

---

2) 日本放送協会（1958, 1959）に記載されたテレビ台数より筆者が計算。算出方法は
　1960年以降の『受信契約数統計要覧』に同じ。
3) GHQが民主化教育のために全国で貸与した16ミリ発声映写機。

うなものを持ち出したりと，教育的な効果をはみ出すような遊戯性や想像力をも培っていく。低俗番組への批判が盛んになる時代，佐井村ではテレビを見ることがおおいに肯定され，村人たちが自発的にテレビの光を浴びようとする姿があった。

④ 現在の区域外波受信

　テレビ電波は，VHF からUHF，そしてデジタルへの移行によって範囲を設定しやすくなったため，時代が下るにつれ，概ねきれいに県の形を描き出すようになっていく。現在，青森県内ではNHK青森放送局，青森放送（NNN 系列），青森テレビ（JNN 系列），青森朝日放送（ANN 系列）と４局の地上波を受信することができる。草創期と同様に，放送電波の範囲は関東広域圏などを除き基本的に県域である。しかし，県外からテレビ電波を受信する姿は現代の青森県においてもみられる。「円」のテレビ受容は今に続いているのである。

　川村和司は，放送区域外の県外送信所に向けてアンテナを設置している世帯について，青森市と岩崎村（現・深浦町岩崎地区），むつ市，八戸市，大間町にて現地調査を行っている（川村, 2006）。調査結果によると，青森市や大間町では北海道函館方面に，岩崎村では秋田方面に，八戸市では岩手県二戸方面に，むつ市では函館方面と二戸方面の両方向にアンテナの向きを合わせる世帯がみられたという。区域外波の受信率が高い地区は，大間町全域の 94.1%（アンテナの方角は函館），八戸市湊高台の 84.4%（二戸），むつ市浜関根の 80.5%（函館）などである [4]。

---

4) アナログの電波は遠くに進むにつれ徐々に画質が低下するが，デジタルの電波は，一定程度の電界強度がなければある段階で全く受像できなくなるという特徴をもつ。2011 年の地上デジタル化以降，区域外波の受信は一段と難しくなっている。

図 11-4　青森県地図 （筆者作成）

　なぜ彼らは県外からテレビ電波を受信しようとするのだろうか。
川村はもっとも大きな要因として，県内にない系列チャンネルの需
要を挙げている。青森県内にはFNN系列のテレビ局が存在しない
ため，近隣のFNN系列テレビ局である北海道文化放送や岩手めん
こいテレビの電波を受信しようとするのである。また，ANN系列
の青森朝日放送は開局年が1991年と県内でもっとも新しく，電波
環境の整備が遅れた地域もあった。県内に存在しないFNN系列，
そして後発となったANN系列と，アンテナを隣の道県のテレビ塔
へと向けるほうが，チャンネル数を多く獲得できる環境となってい
たのである。

　ここでさらに着目したいのは，人びとが，青森県内に存在する系
列のテレビ局の電波も，県外から受信している点である。八戸市や
大間町では，県外のFNN系列やANN系列が受信可能なUHFアン
テナだけでなく，県内に揃っているJNN系列やNNN系列を受信で
きるVHFアンテナをも，二戸方面や函館方面に向けていたという。
その理由について川村は，県外ローカル局への需要が歴史的・経済

的な要因によって生み出されているのではないかと指摘している。大間町の住民にとって函館は生活圏の一部である。大きな商業施設や病院などへ行こうとするとき，海を隔ててほど近い函館が選択肢として浮上する。彼らは天気予報を視聴するとき，主要な都市がピックアップされるなかで函館の天気を参考にするという。一方で，八戸市は旧南部藩の歴史が今も跡を残している。八戸市を中心とし，岩手県北を含んだ範囲が生活圏として形成されており，通勤・通学や商業・経済活動が県境を越えて行われている。人びとは現在も，県域という枠組みに囚われず，地域の文化的背景や生活のなかでテレビを受容しているのである。だから「円」のテレビ史は，近代的な中央集権制からはこぼれ落ちてしまうような，近代以前から続く土着の生活圏の存在を示しているともいえよう。

⑤　テレビ受容がブリコラージュだった頃 ─────

　電波が日本の隅々に至るまでのテレビ放送草創期，とくに地方では，放送事業側や国が意図しない，「線」から外れたテレビ受容の姿が生まれた。政治の要請により中央集権的に設置されたテレビ塔だが，電波という技術は「円」の論理で同心円状に降り注ぐ。政治的・地理的な条件により電波の恩恵にあずかることが難しかったのは，県内第2位の人口を誇る八戸市であった。しかし，NHK仙台テレビ局が放射する電波が描く円の周縁にかろうじて位置するのではないかと，電波受信を目指して試行錯誤を繰り広げ，県内初の受像に成功した。一方，NHK函館テレビ局の開局により，電波が描き出す円の内側に思いがけず入ったのは「県庁からもっとも遠い村」と呼ばれた佐井村だった。八戸市と佐井村における電波環境の違いは，青森県の地政図から鑑みると大きな転倒であろう。この転倒のなかで生まれたのが，初期テレビ受容の多様性である。八戸市

は無線通信の延長線上にテレビをとらえ，受信に留まらず送信をも構想した。佐井村は視聴覚教材の延長線上にテレビをとらえ，教育的に受容した。八戸市や佐井村のほかにも，さまざまなテレビ受容の物語が各地域に眠っているのかもしれない。そして当時の彼らに似た受容は，わずかではあるが，今にも見出すことができる。

　八戸市と佐井村の事例に共通していえるのは，「円」のテレビ史において，テレビ受容が人びとの手のうちにあったということである。彼らの姿はレヴィ=ストロースの「ブリコラージュ」を想起させる（Lévi-Strauss, 1962）。ブリコラージュとは，手持ちの寄せ集めで製作するいわば素人大工である。テレビ受像機やアンテナはテレビ視聴のため新しく購入したものに違いないのだが，地域の土着的文化，人びとに備わっていた知識，彼らが夢想するテレビ像など，持ち合わせの思考でテレビという新しいメディアを受け止めていく様子はブリコラージュ的といえるだろう。この豊穣な「円」のテレビ史は，「線」のテレビ史を相対化するとともに，テレビの存在意義が揺らぎ続ける現在，テレビとの関わりを再考する可能性に私たちを開いている。

●ディスカッションのために

1　本章で示された「「線」のテレビ史」と「「円」のテレビ史」とはどのような意味か。本文中の言葉を用いてまとめてみよう。
2　テレビ塔の設置場所は 1950 年代の青森県のテレビ視聴にどのような影響を与えたといえるだろうか。本文中の言葉を使ってまとめてみよう。
3　あなたの両親や祖父母など年上の人に，初めてテレビを見たのはいつ，どのような場所で，どのような目的だったかを聞いてみよう。その内容と現在のあなたのテレビの利用の仕方を比べてみよう。

【引用・参考文献】

秋月桂太（1958）．「さい果てのテレビ村」『放送文化』*13*(9), 27–29.
飯田　豊（2016）．『テレビが見世物だったころ──初期テレビジョンの考古学』青弓社

NHK 放送技術研究所（1951）．「テレビカー全国行脚」『放送技術』*4*(11), 27.

太田美奈子（2018）．「青森県下北郡佐井村における初期テレビ受容」『マス・コミ
　ュニケーション研究』*92*, 165–182.

太田美奈子（2019）．「「通信」と「放送」が交錯する初期テレビ受容――1950 年代
　青森県八戸市の事例から」『早稲田大学大学院文学研究科紀要』*64*, 837–852.

柿崎守彦・久保誠二・小川忠一・新田　勇・平林　立（1956）．『テレビジョン・サ
　ービス・ノート』日本放送出版協会

川村和司（2006）．「青森県における地上波民放テレビと区域外波受信」『学芸地理』
　61, 34–46.

桑原情報研究所［編］（2004）．『私たちのマイクロ波通信 50 年（黎明編）』桑原情
　報研究所

佐井小学校百周年記念協賛会［編］（1974）．『佐井 創立百周年記念誌』佐井村立佐
　井小学校

中部日本放送株式会社［編］（1959）．『民間放送史』四季社

日本放送協会［編］（1952）．『NHK ラジオ年鑑 1953』日本放送出版協会

日本放送協会［編］（1958–1965）．『受信契約数統計要覧 昭和 32–39 年度』日本放送
　出版協会

日本放送協会青森放送局［編］（1993）．『歳月 あおもり ふれあいの五十年――NHK
　青森放送局・開局五十周年記念誌』日本放送協会青森放送局

八戸工業大学第一高等学校［編］（1986）．『八工大一の教育 創立 30 周年記念誌』八
　戸工業大学第一高等学校

林　新二（1957）．『マイクロウェーブ通信方式』コロナ社

原田勝正（1998）．『鉄道と近代化』吉川弘文館

フータモ, E. ／太田純貴［編訳］（2015）．『メディア考古学――過去，現在，未来の
　対話のために』NTT 出版

吉見俊哉（2003）．「テレビが家にやって来た――テレビの空間 テレビの時間」『思
　想』*956*, 26–48.

Ginsburg, F. D., Abu-Lughod, L., & Larkin, B.（eds.）(2002). *Media worlds:
　Anthropology on new terrain*. Berkeley, CA: University of California Press.

Lévi-Strauss, C.（1962）．*La pensée sauvage*. Paris: Plon.（レヴィ＝ストロース, C. ／大
　橋保夫［訳］（1976）．『野生の思考』みすず書房）

【新聞記事】

「鮮明度はまず上々 不習岳でテレビ受像テスト」『デーリー東北』1956 年 9 月 12 日
　日刊 3 面

「本県にもテレビ・ブーム 今春から放送開始 県下全域でみられる」『東奥日報』1959
　年 1 月 3 日朝刊 5 面

「理科教材に好成果 八戸市根岸小のテレビ教育」『デーリー東北』1959 年 3 月 18 日
　日刊 3 面

「テレビ展 青森・弘前で開く」『デーリー東北』1959 年 3 月 22 日日刊 4 面

第 IV 部　システム

第IV部　システム

　私たちの社会や文化は，連動して作動する複数の技術によって可能になっている。この状態，つまり相互依存的な関係にある複数の要素が結合し，統一されたネットワークあるいは構造を形成している状態を，ここでは「システム」と呼ぼう。たとえば，機械は一つのシステムであり，さまざまな部品が均衡と調和をもって作動する時計はその原型となる。また，電力のネットワークも同様にシステムを形成する。そして，システムのなかではその円滑な運用と効率の最大化が目指されていく。とりわけ産業革命以後，鉄道や電信によるネットワークは巨大なシステムを実現してきた。同時に，そのなかでの処理量の増加が，情報技術あるいは制御技術の必要性を増加させる。20世紀の初期，アメリカで成立した大衆消費社会において，ヘンリー・フォードは「システム，システム，システム」と述べ，フレデリック・テイラーは「システムが第一」と述べた。このようなシステムは，総力戦体制を経て，現代社会においてより拡大する。そこには，ネットワークのネットワークとしてのインターネット，コンテナによる世界規模の輸送ネットワーク，グローバルな資本主義における金融システムなどが含まれる。同時に，その個々の身体もまた，スマートフォンやPCのような端末を通じて，あるいはソーシャルメディアを通じて，そのようなシステムに参与していると考えることができるだろう。

　第IV部におさめられた三つの論文は，いずれもこの「システム」という観点から，技術，文化の関わりを論じている。飯田は，芸術家や地域放送局の人びとによるビデオの利用を扱いつつ，それがテレビという社会的制度への批判として機能した様態を描き出す（第12章）。林は，キャッシュレジスターという装置が日本の小売業を大きく変容させていく歴史を扱い，バーコードを通じてより高度な流通システムが確立されていくさまを描いている（第13章）。新倉は，第一次大戦後の日本社会に視点を定め，「能率」の概念が，「文化」の概念と複雑に絡まりあいながら，工場のみならず家庭まで，一つのシステムとしてみなすまなざしを成立させていることを論じている（第14章）。

第**12**章

ビデオを「撮ること」と「視ること」のリテラシー

1960–70 年代における電子映像の民主化

飯田　豊

　ドイツ出身の美術家ヴォルフ・フォステル（W. Vostell）は 1961 年，パリのデパートに設置されたテレビ受像機に磁力をかけて映像を歪める，「TV デ・コラージュ（TV Dé-coll/age）」というハプニング的な作品を発表した。

Magnet TV *

フォステルに影響を受け，韓国出身の美術家ナムジュン・パイク（白南準／N. J. Paik）は 1963 年，ドイツで開催された初めての個展で，12 台のテレビ受像機を用いた「プリペアド TV（prepared TV）」という作品を発表した。テレビ受像機に強い磁力をかけて映っている画像を歪めたり，白黒反転させたりするインスタレーションである。

　1950 年代以降，多くの先進国でテレビ受像機が急速に普及し，放送産業や広告産業が肥大化していくなかで，フォステルやパイクの作品は，普段は受動的な立場に置かれている視聴者が映像を乱すことによって，テレビに干渉しようという批評的な試みだった。1960 年代前半はまだ安価なビデオカメラが普及していなかったからこそ，放送されている番組を流用した表現に取り組むしかなかった。

　ところが 1960 年代後半，ポータブルなビデオカメラが市場に流通しはじめたことで，その魅力に惹きつけられた個人ないし集団が爆発的に増加した。動いている自分の姿を同時にモニターで視聴できることは，当時の人びとにとっては大きな驚きだった。多くのアーティストがビデオ技術に興味をもち，ほどなく「ビデオ・アート（video art）」と呼ばれる文化が誕生する。その一方，寡占的で商業的なテレビ放送に対抗すべく，市民が誰でも番組枠をもつことを保障する「パブリック・アクセス（public access）」という考え方も定着した。こうした映像の民主化にともなって，テレビを批評する語彙も大きく変わっていったのである。

*Nam June Paik, Magnet TV: Video in American Sign Language. Whitney Museum of American Art.〈https://www.youtube.com/watch?v=807ElYCYTO0（最終確認日：2021 年 8 月 20 日）〉

1 映像の民主化をめぐるジレンマ

　私たちは日々，都市の街頭からスマートフォンの画面まで，スクリーンと映像が遍在する社会を生きている。ひとたびインターネットにアクセスすれば，YouTube などの動画共有サイト，Netflix や Amazon Prime Video などの映像ストリーミングサービスなどを通じて，無数の映像を視聴できる。それにくわえてTwitter，Instagram，TikTok などのSNS 上にも，個人の興味関心に最適化された断片的で脱文脈的な映像が溢れかえっている。

　そして何より，高精細度のデジタルカメラを内蔵したスマートフォンが普及したことで，私たちは皆，自分自身で手軽に映像を撮影できるようになった。必要に応じて高度な編集や加工を行ったうえで，インターネットに公開できる。その結果，2010 年代はSNS のビジュアルシフト──映像を媒介としたコミュニケーションの隆盛──が生じた。映像を「撮ること」と「視ること」は現在，日常生活のなかで一連の所作になっている。

　それに伴い，不用意に投稿された不適切動画の炎上も，今では見慣れた光景になってしまった。炎上はインターネットのなかだけで完結している現象ではない。不適切動画がテレビで取り上げられることで，社会問題として広く認知される。そして報道された事実と併せて，ネット上で再燃していく。こうしてテレビとインターネットの共犯関係が強まっているかと思えば，数え切れないほどの YouTuber やTikToker のみならず，テレビを主戦場とする芸能人や制作者までもが，テレビ放送では社会的に容認されなくなった過激な企画や演出を，インターネット上の動画で実践するという棲み分けも散見される。

　このような時代だからこそ，いわゆるメディア・リテラシー（メディアを批判的に読み解き，能動的に表現するための知識や技能）がま

すます重要であるという意見が根強い。その反面，マスメディアを
めぐって精錬されてきた批判的思考をデジタルメディアに敷衍して
も，もはや役に立たないという見方もある。伝統的な映画やテレビ
の場合，専門的な技術や巨大な資本を有するかどうかで，送り手と
受け手の区別が厳然と存在していたが，デジタル化，ネットワーク
化，モバイル化といった技術革新が折り重なった結果，インター
ネットにおいては，情報の送り手／受け手，表現の生産者／消費者
の関係が曖昧になった。たとえば，人工知能による深層学習を悪用
して，現実には存在しない画像や動画を容易に偽造できる技術が発
達し，フェイクニュースの蔓延をさらに助長させるおそれ（＝
ディープフェイク）も指摘されている。それゆえ，デジタルメディ
アに対する批判的思考を涵養しようと思えば，新しい技術に関する
深い洞察が不可欠になっている。

　こうしたことから近年，「ビデオ（video）」という概念に対する
学問的関心が高まっている。1980年代以降にテレビ番組を録画で
きるVHS規格の家庭用VTR（video tape recorder）が広く普及した
ことで，日本語でビデオといえば，いわゆるタイムシフト視聴を可
能にするテレビの複製技術という語感が，今でも根強いかもしれな
い。しかし1970年代までは，ビデオという概念のなかにカメラを
含むのが当たり前だった（かわなか，1979：186）。専門的で大掛かり
な機材を必要とする映画やテレビに比べれば，民生用のビデオカメ
ラは低コストで，誰でも手軽に映像を撮影できる。ビデオという技
術の登場は，平たくいえば，民主的な出来事として歓迎された。ビ
デオを「撮ること」と「視ること」は当初から，分かちがたく結び
ついていたのである。

　ところが現在，スマートフォンの普及によってビデオの（再）民
主化が徹底されたことで，すでに述べた通り，さまざまな問題が指
摘されている。このジレンマを一体どのように考えたらいいのだろ

うか。ただし，デジタル化，ネットワーク化といった節目だけに目を向けてしまうと，状況を過度に単純化してしまいかねない。

　そこで本章では，マスメディア／デジタルメディアといった区別を前提にするのではなく，ビデオという技術と文化の関係に着目することで，メディア論としてどのような展望が拓けるかを検討したい。まず，1960–70 年代におけるビデオの技術革新に焦点を当て（☞ 2 節），それに伴って当時いかなる理念や実践が生まれたのかを振り返り（☞ 3 節），逆に何が見落とされてきたのかを考察する（☞ 4 節）。

②　技術としてのビデオ：
「撮ること」と「視ること」の同時性／再帰性 ─────

　ソニーは 1965 年，世界初の民生用オープンリール式 1/2 インチ VTR，「CV-2000」を市場に投入し，これに接続できるビデオカメラも発売された。オープンリール式とは，テープがむき出しの状態でデッキの上に乗っているもので，当時はまだ白黒の映像として記録することしかできなかった。CV は "Consumer Video" の略で，家庭用と銘打たれてはいたが，日本における VTR の導入は学校を中心に進み，放送教育のあり方を大きく変えた（佐藤, 2019）。

　そして 1967 年，ソニーは携帯可能なビデオ撮影ユニット「ポータパック（Portapak）」（図 12-1）を発売した。ビデオのポータブル化が実現したことは，ビデオ・アートの誕生に直結する重大事件であった。都市で起こっている出来事を手軽に撮影したり，あるいはアーティストたち自身が仕掛けるパフォーマンスやハプニングを記録したりするうえで，携帯可能なビデオでの撮影は理想的な手段だったからである [1]。

　そもそもビデオとはどのような技術だろうか。ビデオ映像（＝電子映像）の原理や特性は，<ruby>動く写真<rt>モーション・ピクチャー</rt></ruby>として 19 世紀に始まった写真

図 12-1　Sony Portapak[2]

映画（＝光学映像）とはまったく異なっている。

　いうまでもなく，ビデオには録画と再生の機能がある。録画を電子的に可能にする先行技術は，音声（audio）の伝送や記録の技術である。即時伝送の原理については，電話やラジオの技術を直接的に継承していて，記録の原理はグラモフォン（蓄音機）の技術を継承している。それに対して，映像の再生を可能にする先行技術は，テレビジョン（television）にほかならない。1930 年代には音声と映像を同じ原理に基づいて電子信号に変換できるようになり，さらに信号変調という技術によって，その両方を超短波の搬送波（一本に合成された正弦波）に乗せて伝送することも可能になった。音声や映像を一つの波として，総合的にデータ化できるわけである。搬送波としての電子映像では，たとえ静止画に見えても電流によるデータは流れ続けている。それは時間的連続性を伴う「フロー（flow）」であって，光学映像の質感とはまるで別物である。

---

1) 初期のビデオ・アートに影響を与えた新しい芸術潮流として，テレビ受像機を用いたフォステルやパイクの初期作品群にくわえて，1960 年代における「インターメディア」や「環境芸術」が挙げられる。パフォーマンスやハプニングへのビデオの応用，マルチスクリーンのビデオインスタレーションなどの試みは，これらの系譜に位置づけることができる。

2) Description：A picture of the consumer grade Portapak，Author: Mwf95 〈http://commons.wikipedia.org/wiki/File:Sony_AV-3400_Porta_Pak_Camera. jpg（最終確認日：2021 年 8 月 31 日）〉（CC BY-SA 4.0）

　光学映像では実現できない電子映像の特性の一つが，記録と再生の同時性である。映画フィルムの場合，現像処理を待たなければ映像を確認できなかったのに対して，ビデオの場合，電子映像の信号に電圧を加えて操作することで，モニターに出力される映像の色や形をすぐさま制御でき，その処理の結果を同時再生できる。この特性はビデオの「再帰性（reflection）」と呼ばれる。今ではスマートフォンによるデジタル映像の操作を通じて，私たちはその特性をごく当たり前のこととして享受している。というのも，カメラアプリを使えば，撮影している映像に対してリアルタイムにエフェクトをかけることができ，それを画面上で視ることもできる。自撮りをすれば，画面に映る自分の姿を見ながら，撮り方や加工の仕方を即時に変えることもできる。この再帰性という特性が，きわめて画期的だったのである。

　ビデオカメラをモニターにつなぎ，撮影した映像をすぐさま再生する仕組みは当初，「閉回路（closed circuit）」システムと呼ばれた。そして，「撮ること」と「視ること」が分離しているテレビ放送に対する批判としても，ビデオの同時性や再帰性の新しさ，面白さが強調されるようになった。つまり，テレビとビデオは技術的に連続しているにもかかわらず，ビデオにいち早く魅了された人びとの多くは，次節で述べるように，その文化的な差異を強調したのである。

3　文化としてのビデオ：テレビとの対抗関係 ───

❖「ビデオはテレビではない」

　アメリカでは，1968年創刊の雑誌『ホール・アース・カタログ（*Whole Earth Catalog*）』（1968-74年）が，消費社会から自立した生き方を呈示し，いわゆるDIY（Do It Yourself）文化が広がりをみせていた。この雑誌は，後にApple創業者となるスティーブ・ジョブ

ズ（S. Jobs）やGoogle 創業者となるエリック・シュミット（E. Schmidt）などを魅了したことでも知られている。

　1969 年 10 月，抽象画家からメディア・アクティビストに転身したフランク・ジレット（F. Gillette）は，マイケル・シャンバーグ（M. Shamberg）とともに，「レインダンス・コーポレーション（Raindance Corporation）」というシンクタンクを創設した。両名ともマーシャル・マクルーハン（M. McLuhan）に強い影響を受けていて，ビデオ作品を制作・販売・配給する活動にくわえ，雑誌『ラディカル・ソフトウェア（*Radical Software*）』（1970–74 年）の発行を通じて，独自のメディア生態学（media ecology）を展開した[3]。『ラディカル・ソフトウェア』は，マクルーハンにくわえてグレゴリー・ベイトソン（G. Bateson）やバックミンスター・フラー（R. B. Fuller）などの思想を紹介し，国家やメディア企業体に迎合することなく，地域社会や地方自治体の多様な利害関心を反映する「コミュニティ・ビデオ」の制作を啓発した。彼らの旗印は「ビデオはテレビではない（VT is not TV）」であった。それはなぜか。

　1971 年に彼らが刊行した『ゲリラ・テレビジョン（*Guerrilla Television*）』は，ビデオに関する技術的かつ実践的な情報を掲載したマニュアルと，『ラディカル・ソフトウェア』の思想を抽出したメタマニュアルによって構成される。同書によれば，当時，「フィードバック」が欠如した「広域放送テレビジョンに対する根源的な不信」に根ざした，個人的で素人的なビデオテープの交換を通じて，「ビデオ・コミュニケーション」という文化が台頭していたという（シャンバーグ＋レインダンス・コーポレーション, 1974）。「フィードバック」は制御工学に由来する技術用語で，前節で述べた電子映像の再帰的構造を言い表す際にも使われるが，彼らはこの言葉を，送

3）　発行された雑誌の誌面はhttp://www.radicalsoftware.org/ にすべてアーカイヴされている（最終確認日：2021 年 8 月 25 日）。

り手と受け手のあいだのコミュニケーションにおける再帰性（自己
反省性）という文化的な意味合いに横滑りして用いた。

　ビデオ・アートは，その文化的起源を実験音楽や前衛映画に求め
ることもできる一方，テレビの民主化を志向する政治的な運動として，
初めてその輪郭が浮き彫りになった。すなわち，テレビは技術的優
位性を独占していながら，視聴者の想像力を喚起しない因襲的なメ
ディアとして痛烈に非難されたのである。多くのビデオ・アーティ
ストが，テレビによって再生産されるステレオタイプに異議を唱え，
たとえばフェミニズムの立場から女性の自由や解放を主題にした作
品も多く制作された。ビデオ・アーティストたちは，技術革新に基
づく社会変革を先導しようという理想主義的な熱意を共有していた
のである。

　『ゲリラ・テレビジョン』の思想や実践は，マクルーハンの世界
的ブームが退潮していくのと軌を一にして次第に忘れ去られ，ビデ
オという技術に固有の美学を追究する実験精神こそを重視するビデ
オ・アート史のなかでは，必ずしも高く評価されていない[4]。もっ
ともシャンバーグは，利用者の目的に応じて独自の使い方を可能に
する「多目的テクノロジー」として，ビデオとともにコンピュー
ターにも言及している。『ゲリラ・テレビジョン』は，いわゆるハッ
カー文化に多大な影響を与え，アメリカにおけるコンピューターや
ネットワークの革新につながっていった。それは個人の参加を尊重
する初期インターネットの思想や実践にまで継承されていく[5]。

---

4)　「ここ〔＝ゲリラ・テレビジョン〕にあるのは，技術的完璧さの断念を意図的な〈様
　　式手段〉として含むような考え方である。あらゆる強調にもかかわらず，このグ
　　ループのメディア理解は一般的なものにとどまっている。すなわち，このメディア
　　理解は，美的手段や技術的に可能なエフェクトを開発しつくそうとはしないのであ
　　る。〔…〕ヴィデオの独自性をさらに分化させ，確立するのに貢献するような技術
　　的，美学的基準は打ち立てられない」（シュピールマン，2011：154）。

❖ パブリック・アクセスとメディア・リテラシー

　初期のビデオ・アーティストたちは，比較的安価になったビデオ機器によって映像作品を制作し，ケーブルテレビ（CATV）を通じた放送の機会などを利用して，従来のテレビとは異なる映像流通の回路を模索していった。1970 年代半ばにビデオカセットが出現するまでは，放送が唯一の配給方法といっても過言ではなかったからである。

　アメリカでは 1970 年代に入ると，連邦通信委員会（Federal Communications Commission：FCC）が CATV 各局に対して，市民が番組枠をもつことを保障するパブリック・アクセスのチャンネルを供給することを義務づけた。その理念は次のようなものである。マスメディアの所有権が一部の企業に集中し，多くの人びとはテレビをほとんど受動的に視聴することしかできない。だが，民主主義が効果的に機能するためには，一人でも多くの人びとが市民の問題に積極的に関わり，より効果的かつ建設的に行動する必要がある。さまざまな考え方や選択肢について知ったうえで，人びとは，受動的な受け手に留まるのではなく，能動的な送り手にならなければならない（リンダー，2009：29）。

　この考え方を支持したのは，地方自治体に根ざした CATV 業界それ自体であった。全米ネットワーク局よりも地域に密着した関心事を取り上げる情報基盤として，パブリック・アクセスの存在を広く宣伝することで，公共的な精神に溢れていると評価されることにつながったのである（リンダー，2009：50）。

　そして送り手と受け手の関係性を組み替えようとするパブリック・アクセスの理念は，同じ頃，隣国カナダで定着しつつあったメ

5）たとえば，アレクサンダー・ギャロウェイ（A. R. Galloway）らが 2000 年に設立し，ソフトウェア・アートやインターネット・アートといった領域の開拓に貢献した「ラディカル・ソフトウェア・グループ」の名称は，『ラディカル・ソフトウェア』誌に由来している。

ディア・リテラシー教育の考え方とも共鳴していた。アメリカのテレビが生み出す大衆文化の流入に直面していたカナダでは，メディア・リテラシーが1970年代以降，公教育のなかに真っ先に取り入れられることになる。トロント大学で教鞭をとっていたマクルーハンに影響を受け，テレビの社会的影響に注目した若手教師たちが運動を展開した結果，革新政権の支持を得たことも相まって，すべての州でメディア・リテラシー教育が実践されるようになったのである。その中心地であったオンタリオ州，とりわけトロントの郊外には，一貫してビデオを使って活動するアーティストたちがいて，アメリカからの影響に向き合う彼らの問題意識は，メディア・リテラシー教育の推進者たちと共有されていた。

　対するアメリカでは，パブリック・アクセスは必ずしもリベラルな市民運動においてだけでなく，保守系団体においても積極的に活用されるようになった。さまざまな思想信条がせめぎあうパブリック・アクセスの存在が，結果としてアメリカにおけるメディア・リテラシーの覚醒を促したのだった（菅谷, 2000）。

　メディア・リテラシーの系譜をたどるならば，ファシズムやナチズムによるメディア宣伝に対する警戒感が強まっていた1930年代のヨーロッパにまで行き着く。とくにイギリスでは，低俗な大衆文化を氾濫させていると考えられた映画やラジオを批判的に読み解くメディア教育（media education）が，啓蒙的な教養主義の立場から模索されていた。イギリスでは，写真家でジャーナリストだったジョン・ホプキンス（J. Hopkins）が，1969年にニューヨークで眼にしたビデオ・アートの台頭に衝撃を受け，「アート＆テクノロジー研究所（Institute for Research into Art and Technology：IRAT）」の一組織として，「TVX」というビデオ協同組合を立ち上げた。イギリスではこの年に前述のポータパックが入手できるようになっている。また，IRATに導入されたビデオ機器の一部は，ビートルズから譲っても

らったものだったという（リーズ, 2010：138）。IRAT はテレビ研究の拠点として，学術機関や国際学会との接点を作り，ビデオやコミュニケーション理論に関する出版物の輸入・販売なども手がけていた。

　パブリック・アクセスに強い関心を抱き，アメリカのレインダンス・コーポレーションとも交流のあったホプキンスは，内務省からコミュニティ・ビデオの活用に関する研究委託を受けた。彼らは「ビデオのメタソフトウェア（The metasoftware of video）」（1976 年）という論文のなかでポータパックを，テレビ技術を個人が脱中心化するための基本的な手段と位置づけており，『ラディカル・ソフトウェア』と認識を共有している。

　そして彼らは，映像に記録した活動やイベントと直接的に関わりがある人びとに対してビデオ作品を上映することを，制作プロセスの基本と位置づけていた。ホプキンスはこれを「フィードバック・ループ」と呼んでいて，当初から想定されていた人びと以外に映像を視てもらうことが最大の学習体験をもたらすと考えていた（メイ＝アンドリュース, 2013：94-98）。また，イギリスでは 1970 年代，多くの芸術系大学でメディア学科が設立され，ビデオ機器が導入されている。初期のビデオ・アートは，大学におけるメディア教育と不可分の関係にあった（Marshall, 1985）。

　その一方，バーミンガム大学に 1964 年に設立された現代文化研究センター（Centre for Contemporary Cultural Studies：CCCS）を震源地として，カルチュラル・スタディーズが台頭する。1968 年から 1979 年までセンターの所長を務めたスチュアート・ホール（S. Hall）は，成人教育を重視し，ラジオやテレビ，そしてビデオなどのメディアを駆使して，その思想や実践を広めていった。

❖ 日本の初期ビデオ・アート

　したがって，1960 年代のテレビ放送がいまだ国家に強く枠づけ

られていたのに対して，ビデオは明らかにグローバルな文化現象で
あった。ビデオを活用した熱狂的な実験は，1960 年代末のアメリ
カに端を発して，カナダ，イギリス，西ドイツ，フランス，オラン
ダ，ポーランド，オーストラリアなどに拡散していった。

　日本の状況にも触れておきたい。『ゲリラ・テレビジョン』を日
本に紹介したのは，1972 年に発足した芸術家グループ「ビデオひろ
ば」で，山口勝弘，中谷芙二子，小林はくどう，松本俊夫，一柳慧，
幸村真佐男，東野芳明などが参加した。ビデオひろばは 1970 年代
を通じて，欧米では対抗文化としての色合いが強かったビデオ・
　　　　　　　　　　カウンター・カルチャー
アートを，もっとゆるやかで日常的なコミュニケーションの可能性
を探る協働的プロジェクトとして日本に定着させることを目指した。

　『ゲリラ・テレビジョン』を翻訳した中谷芙二子が，それに先立っ
て初めて制作したビデオ作品が，「水俣病を告発する会——テント村
ビデオ日記」（1972 年）である。加害企業の本社前で抗議活動を行う
若者たちを撮影し，その映像をその場で再生してみせるというもの
だ。中谷は，一つの作品として完結させることを積極的には意図せず，
ビデオの同時性／再帰性を双方向的に展開することによって，送り
手と受け手の流動化を引き起こし，個人の視点からの反応が促され
るような環境づくりを目指していた（阪本, 2008：73-75）。すなわち，
ビデオによるフィードバックをいち早く実践したわけである。

　また，全国各地のCATV 局にビデオ技術が導入されたことに
よって，既存の公共放送や民間放送とは異なる自主放送（コミュニ
ティ・チャンネル）が活性化したのも，1970 年代のことである。そ
して 1980 年代半ば以降にマクルーハンの再評価が進み，日本では
1990 年代を通じて「メディア論」という学問領域が次第に輪郭を
帯びてくるなかで，メディア・リテラシーやパブリック・アクセス
はそれに不可欠な視点として織り込まれ，大学のメディア教育を構
成するカリキュラムのなかでも重要な位置を占めるようになった

（たとえば鈴木, 1997；津田・平塚, 2002 など）。

4　ビデオの技術と文化のメディア論

✣ ビデオに対する批判的思考の不在

　本章ではここまで，ビデオの技術特性を概観したうえで，そもそもテレビとビデオが電子映像という技術基盤を共有していながら，1960-70 年代にかけては文化的に対立するものとして位置づけられ，その対抗関係のなかでメディア・リテラシーやパブリック・アクセスが民主的な理念として育まれる端緒をみてきた。

　しかし裏を返せば，これらはビデオという技術がもたらす可能性の一部にすぎなかった。というのも，電子映像の民主化を肯定的に捉えるあまり，その技術特性に対する批判的思考がこれまで十分に育まれてこなかったのではないだろうか。たとえば，ビデオ・アートの独自性を追究する実験精神に溢れたアーティストたちは，テレビと通底する技術特性に対して深い洞察を有していた。彼らは，ビデオで何かを表現するというよりも，ビデオとは何かということを表現する自己言及的な作品を制作してきたのである。だが，彼らの姿勢はパブリック・アクセスやコミュニティ・ビデオなどを重視する運動論的な立場とは相容れず，しばしば互いに敵対した。このような技術と文化の対立が，ビデオに関する理論の発展を妨げることにもなった [6]。

　1980 年代になってビデオカセットが普及し，ビデオ・アートも

---

6)　「ビデオ・アーティストだけが，ビデオと電子メディアのための概念装置を発展させたいと思っていた。しかし，彼らの〈形式主義〉は，より広いタイプのアーティストやコミュニティ・グループとは相容れないものであった。これに伴って，理論までもが拒否され，直接的なアート，つまり直接的な行動が支持されることになった。この機能不全につながる理論の欠如が引き起こした結果が，ビデオおよびそのデジタル的後裔に対する批判的議論と分析を妨げ続けている」（リーズ, 2010：140）。

それを通じて流通するようになると，テレビとの対抗関係が必ずしも問われなくなった。また，家庭用VTRの普及に伴い，テレビのタイムシフト視聴が定着していくと，ビデオを「撮ること」と「視ること」は乖離していった。ビデオがテレビと文化的に対立するどころか，テレビを拡張する補完技術とみなされるようになっていくと，メディア・リテラシー教育のなかでビデオの存在が意識されることもなくなっていった。もっとも，1980-90年代にかけて映像編集技術が飛躍的に発展するなかで，操作や改変が施された映像をいかに批評的に視聴できるかを問う「ヴィジュアル・リテラシー」の重要性も提唱されたが（Messaris, 1994），メディア・リテラシー教育の系譜とはほとんど交錯することはなかった。ビデオカメラやコンピューターの普及に伴って，映像制作などを通じた教育実践は盛んになったが，ビデオ技術そのものに対する批判的思考は等閑視されてきたのである。

　ところが以下で述べるように，ようやく近年，フローとしての電子映像の視聴経験が，テレビとビデオのあいだで地続きであるばかりか，インターネット社会においてますます浸透しているという見方が指摘されるようになってきている。

❖ 電子映像のフローが氾濫するネット社会

　電子映像の技術特性を暗にふまえつつ，文化的形式の観点からフローという概念を論じたのは，イギリスの文化研究家レイモンド・ウィリアムズ（R. Williams）だった。ウィリアムズは，1974年に刊行した『テレビジョン――テクノロジーと文化の形成』（*Television: Technology and cultural form*）のなかで，テレビというメディアが日常生活のなかに切れ目なく埋め込まれていることを明らかにした。ウィリアムズのいうフローとは，視聴者の散漫な意識の流れが中断しないように仕向けられた放送の様式のことであると同時に，テレ

ビを見続けることへの衝動が持続する視聴経験を意味する（ウィリアムズ, 2020）。

　1960 年代を通じてテレビとの関係を強めていたウィリアムズは, 1968 年から 1972 年にかけて BBC が出版する雑誌にテレビ時評を執筆していた。そして 1972 年に渡米したのを機に, イギリスとアメリカにおける放送制度と社会との関係を比較分析したうえで, 『テレビジョン』を執筆している。3 節で述べた通り, テレビ放送がいまだ国家に強く枠づけられていたのに対して, ビデオがグローバルな文化現象として両国で存在感を高めていた, まさにその時期にあたる。

　ウィリアムズは, 放送をめぐる技術や制度の急速な発展を検証したうえで, 演劇, 小説, 新聞など, テレビに関連するさまざまな文化的形式の発展を手がかりに, テレビのフローを明らかにしている。それぞれのチャンネルや番組の諸要素は多様性を有しているにもかかわらず, それらを脈絡なく連続させることで, テレビの時間経験は画一化される。ウィリアムズ自身, 電子映像の技術特性（☞ 2 節）について詳しくは言及していない。だが, ビデオ・アーティストの河合政之は, ウィリアムズが注目した「フローを通じた技術と文化の形式的適合性ゆえに」（河合, 2018：47）, テレビが社会的現象として繁栄できたと指摘している。

　ウィリアムズが明らかにしたように, テレビのフローには, 番組の諸要素が断片化ないし分散化されているにもかかわらず, 散漫な視聴者の視聴経験を時間的に統合する働きがあった。そうであるならば, 複数のチャンネルを視聴者が気ままに切り替えるザッピング, あるいは VTR を利用したタイムシフト視聴は, 受動的に番組を視聴し続けるのに比べて, 計画されたフローに抵抗する手段にもなっているように思われる。しかし河合によれば, 視聴者の能動的関与によって, 異なる番組ごとの断片的要素を脈絡なく統合しようとする視聴経験は, 解体されるどころか, むしろ強化されるのではない

かという。ビデオが人びとをテレビから解放するどころか，日常生活のあらゆる断片的な時間がテレビのフローと連動し，分散的にプログラムされるようになったからである（河合, 2018：55-56）。つまり，人びとの意識の絶えざる流れを捕捉しようとする技術の進化という観点からみれば，無数の視聴者の経験を均質化できる広域放送から，個人の多様な興味関心に最適化されている断片的なインターネット動画まで，連続的に捉えられる。したがってビデオは，テレビの補完技術というだけではなくて，インターネット動画の先駆でもあるのだ。

　スマートフォンによって誰でも自由にビデオを撮影でき，インターネット上に動画として手軽に公開できる現在，いわゆる「テレビ離れ」が決定的に進行していることはいうまでもない。したがって，パブリック・アクセスはもはや，制度としても理念としても時代遅れのように思われるかもしれない。しかし，スマートフォンから投稿される動画は，ネット上の寡占的プラットフォームを媒介し，画一化されたフローとして流通する過程で，人びとの注意を引きつける関 心 経 済（アテンション・エコノミー）を構成する資材として消費されかねない。この過程は，テレビとは異なる意味で，計画されたフローにほかならない。

　つまり従来，送り手の意図を読み取ることこそがメディア・リテラシーの眼目の一つだったはずだが，人間から技術に主導権が移っている現在ではむしろ，メディアやプラットフォームを支える技術基盤に関する理解が欠かせなくなっている（飯田, 2021）。そのためにも，マスメディア／インターネット，アナログ／デジタルといった二項対立の狭間でしばしば看過されてきた，ビデオの技術特性に改めて立ち戻ることで，メディアを支える技術基盤に対する想像力を高め，これまでのメディア・リテラシーやパブリック・アクセスとは異なる文化のあり方を探る意義がある。

> **●ディスカッションのために**
> 1 1960–70年代におけるビデオとテレビの「対立」(p.217) とはどのような
>   ものであったか。本文の言葉を用いてまとめてみよう。
> 2 本章が取り上げた1960–70年代のビデオを用いていた芸術家や実務家は，
>   テレビ放送のシステムをどのようなものとして捉えていたのか。本文の言
>   葉を用いてまとめてみよう。
> 3 現代におけるスマートフォンの利用と，本章で扱われたビデオの利用を比
>   較して，どこが同じでどこが違うか考えてみよう。

【引用・参考文献】

飯田　豊 (2021).「技術への問い──メディア・リテラシー論の刷新に向けて」伊藤　守 [編]『ポストメディア・セオリーズ──メディア研究の新展開』ミネルヴァ書房

ウィリアムズ, R.／木村茂雄・山田雄三 [訳] (2020).『テレビジョン──テクノロジーと文化の形成』ミネルヴァ書房 (Williams, R. (1992). *Television: Technology and cultural form.* Hanover: Wesleyan University Press (first published in 1974).)

河合政之 (2018).『リフレクション──ヴィデオ・アートの実践的美学』水声社

かわなかのぶひろ (1979).『ビデオ・メーキング──コミュニケーションの新しい道具』フィルムアート社

クラウス, R.／石岡良治 [訳] (2009).「ヴィデオ──ナルシシズムの美学」『ヴィデオを待ちながら──映像，60年代から今日へ』(図録) 東京国立近代美術館, pp.184–205. (Krauss, R.(1976). Video: The aesthetics of narcissism. *October, 1,* 50–64.)

阪本裕文 (2008).「メディアに対する批評性──初期ビデオアートにおいて」伊奈新祐 [編]『メディアアートの世界──実験映像1960–2007』国書刊行会, pp. 63–81.

佐藤卓己 (2019).『テレビ的教養──一億総博知化への系譜』岩波書店

シャンバーグ, M. +レインダンス・コーポレーション／中谷芙二子 [訳] (1974).『ゲリラ・テレビジョン』美術出版社 (Shamberg, M., & Raindance Corporation (1971). *Guerrilla television.* New York: Holt, Rinehart and Winston.)

シュピールマン, Y.／柳橋大輔・遠藤浩介 [訳] (2011).『ヴィデオ──再帰的メディアの美学』三元社 (Spielmann, Y. (2005). *Video: Das reflexive Medium.* Frankfurt am Main: Suhrkamp.)

菅谷明子 (2000).『メディア・リテラシー──世界の現場から』岩波書店

鈴木みどり [編] (1997).『メディア・リテラシーを学ぶ人のために』世界思想社

津田正夫・平塚千尋 [編] (2002).『パブリック・アクセスを学ぶ人のために』世界思想社

メイ=アンドリュース, C.／伊奈新祐 [訳] (2013).『ヴィデオ・アートの歴史──その形式と機能の変遷』三元社 (Meigh-Andrews, C. (2006). *A history of video art: The development of form and function.* Oxford: Berg.)

リーズ, A. ／犬伏雅一・伊奈新祐・大橋　勝・豊原正智・山口良臣［訳］（2010）.
　　『実験映像の歴史——映画とビデオ——規範的アヴァンギャルドから現代英国
　　での映像実践』晃洋書房（Rees, A. L.（1999）. *A history of experimental film
　　and video: From the canonical avant-garde to contemporary British practice*.
　　London: BFI.）

リンダー, L. R. ／松野良一［訳］（2009）.『パブリック・アクセス・テレビ——米国
　　の電子演説台』中央大学出版部（Linder, L. R.（1999）. *Public access television:
　　America's electronic soapbox*. Westport, CT: Praeger.）

Hanhardt, J.（1990）. Dé-collage/collage: Notes toward a reexamination of the
　　origins of video art, in D. Hall, & S. J. Fifer（eds.）, *Illuminating video: An
　　essential guide to video art*. New York: Aperture/BAVC.

Marshall, S.（1985）. Video: From art to independence. *Screen, 26*(2), 66–72.

Messaris, P.（1994）. *Visual "Literacy": Image, mind, and reality*. Boulder, CO:
　　Westview Press.

第13章

私たちは何を登録してきたのか

キャッシュレジスターのメディア史

林 凌

　「レジ」という言葉を，私たちは日常生活のなかでよく用いる。「レジに並んでおいて」，「レジが混雑してて」といった会話のなかで，「レジ」という言葉は「キャッシュレジスター」と呼ばれる機器そのものか，その機器が設置された箇所を指す。皆さんのなかには，「レジ打ち」をバイトでしたことがある人もいるだろう。だが，この「レジ」は何のために設置されているのだろうか。

　現代社会において，この「レジ」が果たしている役目は多岐にわたる。それは購入された商品の合計額を計算するだけでなく，販売された商品の数量や価格を，定式化された情報として登録するという役目も果たしているのである。この情報はインターネット回線を通じてサーバー内で統合処理され，商品販売データとして小売企業内で販売戦略を練るために分析されたり，マーケティングの資料としてメーカーなどの企業で用いられたりしている。つまり，「レジ」は現代社会の企業戦略立案において欠かせない，商品販売システム（POS システム）の一環を構成している。

　だが，こうしたシステムはそもそもどのような歴史的過程のもと形成されてきたのだろうか。そしてそのなかでなぜ「レジ」が用いられているのだろうか。本章では，現代日本における商品販売システムの形成過程を，キャッシュレジスターという機器に着目することによって解き明かすこととしたい。

① はじめに

たとえば，あなたが何らかの食品や日用品を買いに行くとすると
しよう。まずあなたは店舗の中を回りながら，欲しい商品をカゴの
中に入れていく。そののち，あなたは購入する商品が決まった段階
で，キャッシュレジスターの場所を探し，行列にならぶ。自分の番
が回ってくればあなたはチェッカー──いわゆる「レジ打ち」や
「バーコードスキャン」を行う人──に商品を渡す。そして最後に
チェッカーがキャッシュレジスターを介して提示した金額を確認し
たのち，あなたは会計を済ませ，店を出る。

こうした多くの人びとが日常的に体験している購買プロセスの中
で，キャッシュレジスター（レジ）はさまざまな役目を果たしている。
第一に，目の前で実行されている決済補助の役目であり，キャッ
シュレジスターは購入された商品の総額を即座に計算し，金額を提
示するという役目を果たしている。第二に，店舗内の販売管理の役
目であり，キャッシュレジスターはバーコードのスキャンを通じて
何が，いくらで買われたのかを記録し，販売された商品数・金額を
店舗別に集計するために欠かせない役目を果たしている。第三に，
店舗外で用いられるデータ作成の役目であり，キャッシュレジスタ
ーを介してスキャンされた情報は他店舗の情報と統合され，その
企業全体の売上構成を把握したり，特定の商品の売れ行きを観測し
たりするために用いられる。この情報は一般にPOS（Point of Sale）
データと呼ばれ，小売企業内で用いられるだけでなく，ポイント
カードやクレジットカードの属性情報と併せ（ID-POS[1]），匿名処
理を行ったのちメーカーや卸売企業のマーケティングに用いられる

---

1) ポイントカードやクレジットカードと紐づけられたPOSデータ。商品売上を性
別・年代などの顧客セグメントによってさらに細かく検討できるため，近年の流
通業ではこれを用いることが多い。

こともある。このように，現代のキャッシュレジスターは，さまざまな情報を登録する（register）役目を，文字通り果たしている。

　本章の議題は，なぜキャッシュレジスターに，こうしたさまざまな役目が付与されるようになったのか，である。当然のことながら，こうした機能の拡張は，キャッシュレジスターという機器が登場した当初には想定されていなかった。たとえば1800年代後半にアメリカにて

図 13-1　創成期のレジスターの形態（中川，1984：13）

キャッシュレジスターが発明され，さまざまな店舗に普及しはじめていた際に求められていたのは，顧客の注文金額を積算し，受け取った金銭を保管する機能のみであった（日本事務能率協会，1963：416）。さらにいえばそれは，どちらかといえば豪華絢爛な装飾をほどこされた，最新技術のデモンストレーションとしての側面が強かったのである（図13-1）。ではこのように単なるガジェットにすぎなかったキャッシュレジスターは，いかにして現代社会におけるPOSシステムの重要なパーツになりえたのか。

　この問題関心から，本章では主に日本におけるキャッシュレジスターの導入・普及過程に焦点を絞る形で，キャッシュレジスターという機器に対する役割の変容と，それに伴う商品販売システムの形成過程を記述する。第一に，日本におけるキャッシュレジスター普及期である1960年代の議論に着目し，当時キャッシュレジスターの導入がどのような文脈のもと推奨されていたのかを分析する。第二に，機械式から電子式へとキャッシュレジスターが移行した1970年代以降に，商品販売システムへ入力する情報を登録する機器として，キャッシュレジスターが普及するようになる道筋をたどり返す。最

後にこうした分析をふまえ，キャッシュレジスターという機器が現代社会において果たしている役目を論じることとしたい。

② 機械式レジスターの導入：
日本小売業における「会計の近代化」とその契機 ────

　一体いつから私たちの社会ではキャッシュレジスターが用いられるようになったのか。先行研究によれば，日本においてキャッシュレジスターの導入が本格化したのは1950年代後半以降のこととされる[2]。言い換えるのならば，それまで舶来品の装飾物として導入される傾向が強かったキャッシュレジスターに対し，それまでと異なる意味が付与され，導入の必要性が論じはじめられるのがこの時期なのである。

　ではなぜこの時期，キャッシュレジスター導入の必要性が論じられたのか。それは，キャッシュレジスターの導入が「会計の近代化」を小売業にもたらすものであると考えられていたからにほかならない（大山, 1960）。つまり，元来よりキャッシュレジスターが有していた金銭保管機器としての役割だけでなく，簿記会計機器としての役割が重要視されはじめる中で，キャッシュレジスターは小売業の経営において必要であると捉えられるようになったのである。

　しかしながら，簿記会計機器の役割はなぜ重要視され，かつこうした主張が社会一般に広く受け入れられるようになったのか。以下三つの要因が指摘できるだろう。第一に，この時期の小売業界[3]に

2）「我が国の金銭登録機の歴史は明治39年安藤兼三郎氏が日本興国社を設立してNCRの輸入販売を開始したときにさかのぼる。最初のユーザーは三越百貨店であった。以来金銭登録機は百貨店が主なユーザーであったが，今次大戦後は一般の小売商店やそば屋理髪屋にいたるまで広く普及している。個人商店にまで普及したのは比較的構造のかんたんな廉価品が出現したことと金銭登録機の持つ"手提げ金庫兼売上帳"の役割が一般に認められたためである」（日本事務能率協会, 1963：415）

おいては簿記会計をきちんと行い，それに基づいた近代的経営を行うことが持続的な企業運営に必要であるという考えが，商業コンサルタントらの活動等によって主流となりつつあった（林, 2018）。こうした状況において，キャッシュレジスターの簿記会計機器としての役割が重要視されたのである。第二に，この時期生じたスーパーマーケットの設立ブームもキャッシュレジスター導入を後押しするものであった。スーパーマーケットでは対面販売と異なり消費者の商品購入個数が多くなり，かつ決済が最後にまとめて行われるため，決済効率化のためキャッシュレジスターを導入する必要性があったからだ（村上, 1964：70）。第三に，高度経済成長期の初頭であるこの時期，多くの小売企業が多店舗展開（≒チェーンストア化）に成功した一方で人手不足に悩まされていたことから，店舗オペレーションの効率化が経営課題として挙がっていたということも指摘できる（城, 1964：21）。こうした要因により，当時の小売業界においては，キャッシュレジスターという新しい機器を導入する機運が整いつつあった。

　では，当時の小売業におけるキャッシュレジスターの使い方は，どのようなものであったのか。同時代のキャッシュレジスターの利用法を指南する資料によれば，その使い方は以下のとおりである（図 13-2）。

　まず，「店員別ボタン」は，その各キーが店員一人ひとりに割り当てられて利用され，このキーを押さないと金額の入力に移ることはできない。この作業は商品ごとに行わねばならないため，金額入力作業が誰によって行われたのかが必ずわかる仕組みになっており，不正を防止する役目を担っている。「金額ボタン」というのは，そのままチェックする各商品の金額を入力するボタンである。縦の列

3）当時の小売業界は大半が零細企業であり，家族経営が主流であった。そのため，その経営は多くの場合勘と経験に基づいて行われており，会計処理もおろそかにされる傾向にあった。こうした状況を問題視したのが倉本長治・新保民八といった商業コンサルタントたちであり，彼らは簿記会計に基づく近代的経営と，チェーンストア化を推進していた（矢作, 1997；石原・矢作, 2004）。

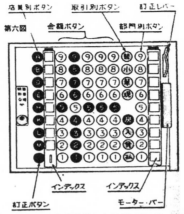

図 13-2　1950 年代後半における MCR の一般的な
ボタン配列とその機能（鈴川, 1957：124）

が桁数をあらわすため，このキャッシュレジスターであれば，最大
99999 円までの商品が入力可能である。こうして各商品の金額を確
定した後に押すのが「取引別ボタン」と「部門別ボタン」であり，
これはそれぞれが決済手段と商品部門を指示するものとなる。つま
り，支払手段が現金か掛売り（いわゆる「ツケ払い」）か，その商品
のカテゴリーが野菜か肉か，といったことを分別し，各商品のもつ
属性として入力することができる。

　こうしたプロセスを商品ごとに行い，最後に「モーター・バー」
を押すと，ベルとともに引き出しが開き，精算とレシート発行が可
能になる。そしてこの購入者ごとに計算されている金銭の合計額は，
客が訪れるたびに積算され，記憶されている。そのため店主は各取
引・部門・チェッカー別の合計売上金額を，レジを確認するたび──
──多くは店を閉めた後に行い，取引金額とレジ内の残金を照合する
──に知ることができるのである。

　こうしたキャッシュレジスターの機能や操作のフローそのものは，
現代のキャッシュレジスターにおいても受け継がれており，その基

本は変わっていない。だが，重要な違いをここで二つ指摘すること
ができる。

　第一に，当時のキャッシュレジスターはMCR（Machine Cash
Register），すなわち機械式であったため，機器間や店舗間でのデー
タの受け渡しが難しかった。機械式のキャッシュレジスターは，い
わゆるタイプライターのようにキーをパンチすることによって中の
ギアが動作し，その動作によって計算が行われる。そのため各キー
が果たす機能は多くの場合固定されており，外部機器の接続なども
困難であった[4]。数字の積算がギアのかみ合わせによって行われる
ということは，数字の入力が人間の指の「キーを押し込む」という
物理的な動きによってのみ実現することを意味するため，バーコー
ドリーダーのような装置を接続し，その装置に入力作業を肩代わり
させるといったことは基本的にできないからだ。同様に，当時のレ
ジスターはバックグラウンドで売上高を積算してはいるものの，そ
の積算はあくまでもギアのかみ合わせによって保存されている以上，
他の機器にその積算情報を自動的に出力することも困難であった。
このデータ入力・出力の制約は，現代のキャッシュレジスターと当
時のキャッシュレジスターを比較して考えるうえで決定的な差異で
ある。現代のキャッシュレジスターは購買データを逐一サーバーに
送信し，小売企業の本部はその数値の積算をリアルタイムで見るこ
とができるが，当時同様の行為をするためには，各店舗を閉店した
後，積算された数字を店員が各レジスターを回りながら紙に書き写
し，本部まで持ち運ばなくてはならなかった[5]。

　第二に，この機能的制約により，商品の個別・カテゴリーごとの
管理を行うことは不可能であった。「部門別ボタン」のキーが物理的

---

[4]　もちろん多くのキャッシュレジスターは 1960 年代当時すでに電動であったが，そ
　れはモーターの巻き上げや，金額表示機を動作させるために用いられていたにす
　ぎなかった。

に足りない以上，その分析は小売企業の経営組織内にある部門——野菜，精肉，鮮魚，グロサリー，惣菜といった——単位でのみ，可能となるものだったからである。もちろん，当時としては部門別の分析が可能となったこと自体が驚くべきことであり，キャッシュレジスターの導入は小売企業の部門別生産性管理の定着を促す重要な要因となったのだが，現代で一般的に行われている「特定の商品がどの程度売れたのか」を精密に求めることは，個店単位でも困難だった。

　以上のことからも，当時大々的に導入されたキャッシュレジスターは，現代のものと比べ情報登録器としての機能に大幅な制約がかかっていたことがわかる。それはあくまでも部門別のおおまかな販売数量・金額に関する情報を登録することしかできなかったし，さらにいうならば，その情報を伝達し，商品販売・管理に関するシステムを構築するための機能を欠いていた。とはいえ，それでも当時の小売業界において，キャッシュレジスターは小売業の近代化に必要不可欠な，新たな機器としてみなされたことで盛んに導入されたのである。

③ 情報登録器としてのキャッシュレジスター：
その着想と限界

　それではいつごろからキャッシュレジスターはこうした制約を打ち破り，単品商品の販売数量を把握可能な機能をもつようになった

---

5) こうした売上管理の煩雑さは，1970年代から80年代まで小売業において常につきまとう問題であった。小売業のチェーン展開において，売上管理は大きな問題だったのである。流通業に関する取材を長年行ってきた坂上正一は，POSシステム導入以前の小売業の状況について，以下のように振り返っている。「POSが出てくる前の商品管理は，手書きの売上伝票の世界である［…］従業員は毎日，自分が記入した売上伝票をもとに売上日報を書き，管理者が従業員の売上日報に目を通し，集計して各店の在庫状況を把握するというのがPOSが出てくる前の商品管理作業だ。商品管理に欠かせないデータとはいえ，店舗数が増えると集計作業は膨れ上がる。業種を問わず，大半の小売業は膨大な作業に耐え切れず断念。商品管理在庫管理が荒れ果てるというのがそのころの最大公約数だろう」（坂上，2014：356–357）。

のだろうか。この問いに返答することは少々難しい。というのも，
そこには「思想」と「実践」のズレとでも呼ぶべき，時間的ギャッ
プがあるからである。キャッシュレジスターが社会の中で広く普及
するようになった 1960 年代において，すでにコンピューター導入
によるオートメーション化とその可能性は，実業界にて広く共有さ
れていた。キャッシュレジスターを情報登録器として用い，それを
製造・配送・販売の統合的流通システムの中に埋め込もうとする視
座は，多くの言説の中に読み取ることができる（林, 1962 : 149）。だ
が，こうした萌芽期の思想が実行に移されることはほとんどなかっ
た。前項で示したように，当時のキャッシュレジスターが機械式で
あり情報入出力・機能拡張の余地に乏しいこと，そして当時のコン
ピューターが高価であり，メンテナンスも難しいものであったこと
が，その実現の大きなハードルとなっていたからである [6]。

　こうした制約を原理的に突破するきっかけとなったのは，1970
年代前半以降の ECR（Electronic Cash Register），すなわち電子式
キャッシュレジスターの普及であった。ギアではなく電子回路に
よって動作する ECR の登場は，キャッシュレジスターが商品販売
システムに組み込まれるにあたって必須のものであった。ECR の
動作原理が一般的なコンピューターとほぼ同じである以上，機械式
と異なり，キー入力の結果を互換可能な情報として取り扱うことが，
理論的には可能となるからだ（松本, 1976 : 97-99）。

　だが，ECR が小売企業に当初導入された要因を，こうした情報
登録器としてのビジョン・可能性のみに求めることは難しい。むし

---

6) 1960 年代のビジネス誌において，「コンピュータがビジネスを変えるか」という
　問いについては，総論としては正しいながらも，各論としては当面厳しいのでは
　ないかという論説が目立つ。それは，現代のビジネス言説においてもみられるよ
　うな，既存のビジネスワークフローとコンピューターのワークフローが食い違い，
　効率化に結びつかないことがあるという懸念が存在していたからである（マネジ
　メント編集部, 1961 : 57-63）。

ろそれはMCRが構造的に抱えもつ，キー押下圧の高さという問題
を解決するために導入されたといえる（井谷, 1976：585）。1970年代，
キャッシュレジスターへの金額入力を行うチェッカーの腱鞘炎が多
いことが，労組の訴えなどにより可視化された（細川, 1973：47-49）。
この問題が労働省によるチェッカー労働環境の是正通達を生むなど
社会問題となった結果（労働省, 1973），それを解決する方策として
ECRが導入されていったのである（『経済知識』編集部, 1974：77）。
そのため，1970年代においてECRを新たな情報登録器として捉え
ようとする視座はすでに花開いていたとはいえ，当時のECRの導
入の大部分は，その後のPOSシステムの普及とは独立した形で行
われたといえる（協和銀行, 1978：6）。

　ではなぜ，ECRが導入されたのにもかかわらず，情報登録器とし
ての機能拡張は進まなかったのであろうか[7]。この問題を考えるう
えで重要なのは，情報を登録するためには読み取るための情報が必
要という点である（矢野経済研究所, 1982：49）。今までみてきたように，
日本におけるMCRの普及当初より情報を登録することは，この機器
の重要な役割であるとみなされていた。だがこの時期における情報
の登録は，チェッカーの手動操作――商品情報（価格・商品カテゴ
リーなど）を目視で読み取り，キャッシュレジスターに入力するとい
う――によってしかなしえないものであった（鎗田, 1978：24）。こう
した属人的な情報処理は不安定・低速ではあるが，一方でどのよう
な規格の商品であっても扱えるというメリットが存在する。他方，
現代のように個別の商品情報をPOSシステム上で管理し，バーコー

---

7) MCRからECRへの移行に伴って，一部機能が拡張されていることには留意が必
　要である。たとえば部門別キーの数は，機械的制約がなくなったことに伴って大
　幅に増加しており，計算機能もメモリー機能の追加などにより高度化している。
　ただし，こうした機能の向上はあくまでもMCRの機能強化版にすぎず，その後
　のPOSレジにみられるようなレジとデータサーバー間の接続などについてはほ
　ぼ未実装の状態であった。

ドリーダーのような装置を介して商品情報を自動的に読み取るには，キャッシュレジスターを中心とした情報登録器を導入するだけでは不十分であり，自店舗で取り扱っている商品すべてに，読み取ることが可能な商品情報を刻み込む必要がある。バーコードがない商品を，バーコードリーダーで読み取ることはできないからだ。

　もちろん現代でもこうしたことは度々生じ，その際チェッカーは商品の金額や，後述するJAN コードを手打ちすることになるわけだが，こうした作業が頻発する場合は，新しい情報登録器の導入は無意味なものとなってしまう。つまり，個別の商品がどの程度購入されたのかという情報を登録する機能がキャッシュレジスターに付与可能となるためには，商品への商品情報の付与と複数企業間の標準規格が必要となるため，レジを機械式から電子式に置き換えるだけでは不十分だったのだ。

4　POS の導入とその効用：
　商品販売状況の可視化とそのアーキテクチャ ————

　では，現在のようなPOS システムと接続したECR を用いた商品販売と，それに伴う個別単品管理の手法が一般に広まったのはいつごろであったのか。それは，現代ではあらゆる商品に付与されているバーコードの規格が策定され，さまざまな企業の実証実験の末，本格的に採用されていった 1980 年代以降であるといえる。言い換えるのならば，チェッカーの腱鞘炎対策のためECR の導入が進んだ後に，ECR を介した情報登録のための標準規格が制定されることによって，POS システム導入の目処が立ったのである。

　日本におけるPOS システムの普及過程を検討するうえで重要なのは，1977–78 年におけるJAN（Japanese Article Number）コード規格——商品に対しバーコードという形で商品情報を付与するための

日本工業規格（JIS）——の策定である（浅野, 1979：3-5）。JAN コードは四つの独立したコードによって構成されており，それぞれ国・商品メーカー・商品アイテム・チェックデジット（エラー訂正数字）を表している（笹井, 1979：17-25）。そのためJAN コードは他の国でも使われるバーコード規格——アメリカのUPC（Universal Product Code）やヨーロッパのEAN（European Article Number）——と互換性があり，かつ商品情報データベース[8]を参照することで，バーコードをスキャンした際に，その商品がどのメーカーによって作成された，どのような性質の商品なのかを把握することが可能である。つまりJAN コードはそれ単独で，それが印刷された商品が何なのかを明示する機能をもつ。

　ここで重要なのは，JAN コードの標準規格化によって，異なる会社間での商品販売データの比較検討がはじめて可能となったということである。各メーカーや小売業がそれぞれ異なるフォーマットを採用している場合，これは非常に困難なものとなる。たとえばA，B という小売企業がそれぞれ異なる体系で情報を管理していた場合，メーカーはそれぞれの小売企業から情報を受け取っても，自社の商品がどちらの企業で売れているのかを把握することは難しい。また，逆にある小売企業において α，β というメーカーがそれぞれ異なるフォーマットで情報を管理していた場合，小売企業はそのどちらにフォーマットを合わせればよいのかという問題が発生してしまう。JAN コード策定前の日本において，POS システムを独自に構築しようとすればこうした問題に突き当たるため，各社とも実証実験を

8）日本では，JICFS（JAN Item Code File Service）と呼ばれるデータベースサービスが，事実上の標準データベースとして，多くの企業で用いられている。このデータベースは，カテゴリーや商品性質によって定義された商品アイテムコードと，個別商品のJAN コードを対応させる役目を果たしている。そのためJICFSに登録された商品であれば，その商品が属する商品カテゴリー内でどの程度の売上を占めているのか，それが地域・店舗などによってどの程度異なるのかといったことが，容易にPOS システム上で判断可能となる。

行いながらも，取り組みを十分に広げることができなかった（ビジネス機械・情報システム産業協会, 2004：52-58）。

　よって，標準規格の出現は，こうした問題を防ぐために必要不可欠であったといえる。キャッシュレジスターによって読み取られた商品情報が瞬時にデータベースに蓄積され，かつそれを各企業が利用可能になったことによって，個別商品の販売量を把握することができるようになった。そしてそれは，個別商品の販売動向を分析した結果を，商談やマーケティングなどで用いるといった人びとの実践を可能にするものでもあった（鈴木, 1988）。

　つまりどういうことだろうか。たとえば小売業であれば，個別商品の売上が店舗・日時別にわかるということは，どの商品がどの時期にどの地域でどの程度売れるのかが数量的にわかるということである。これは小売店舗の販売計画を立てるうえで，欠かせない情報である。一方メーカー・卸であれば，このことは自社の商品の売上が店舗・日時別にわかるということであるから，どの時期にどの程度商品を生産し，どの地域（企業）にどの程度の商品を配送しなければならないかが，数量的にわかるということを意味する。これも商品の生産・販売計画を考えるうえで重要な情報であることはいうまでもないだろう。逆にいえば，こうした生産・販売計画を立てるうえで必須とも思えるデータが，1980 年代までは決定的に欠如していた。

　よって，それまで勘と経験によって行われてきた商品の生産計画・販売計画の立案が，キャッシュレジスターによって登録された情報を用いて数量的に判断可能となっていったことは，その後の流通業の発達の方向性に決定的な影響を与えた。1982 年，POS システムに接続したキャッシュレジスターを日本で初めて全面的に導入したのは，その後店舗のドミナント戦略ときめ細かい商品販売戦略によって日本小売業界を席巻した，セブン-イレブン・ジャパンであった（ビジネス機械・情報システム産業協会, 2004：102）。

5　おわりに

本章では，キャッシュレジスターという機器の普及過程を分析することを通じて，現代社会を支える商品販売システムがどのように構築されてきたのかを記述してきた。キャッシュレジスターは，1960年代日本における小売業の近代化を目指す一連の動きの中で普及した。そこで求められていたのは，キャッシュレジスターを売上金の保管機器として用いるだけでなく，確実な会計処理を可能とする情報登録器として用いることであった。こうした動きの中でキャッシュレジスターは，情報登録器として流通業において重要な役割を果たすという未来像が構想されたのであるが，当時のキャッシュレジスターの機械的制約と標準規格の不在により，こうした構想が実現したのはMCRが普及してから20年近く経った後であった。チェッカーの腱鞘炎対策に伴うECRの普及と標準規格であるJANコードの策定に伴い，情報活用の下地が整ったことによって，流通業はキャッシュレジスターを商品の販売傾向を測定するための装置として積極的に活用することができるようになったのである。

こうした商品販売システムの形成に伴う新たな情報フローの発生は，大きなインパクトを社会に与えるものであった。POSシステムの導入は，個別単品管理を可能としたことによって小売業の効率

---

9) たとえばメーカーが季節限定商品を増産するか，販売終了するかといった経営判断は，POSデータによる売れ行き推移の観測を抜きになしえないし，そもそもこうした商品開発の段階で，ID-POSを用いて商品コンセプトを数量化されたデータをもとに正当化することなしに，商品開発の承認を得ることは困難である（むろんそうした数量的根拠以外の「感性」によって開発される部分も大きい）。また，小売企業側が商品陳列（どの商品をどの程度並べるか）の適正化を図る際には，セールや値引きの影響を排除するためにも単品ごとの日時・価格別販売数量がわからないことには話にならないし，卸売企業やコンビニなどで実装されている商品の自動発注は，今までのPOSデータの積み重ねから判断されている（これがいわゆる各企業が抱えている「ノウハウ」である）。こうした具体例からも明らかなように，メーカー・卸・小売それぞれにおいて，今やPOSデータ無しに企業活動を行うことは困難なのである。

化に貢献するとともに，それまで大まかにしかわからなかった小売企業・日時別の販売数量を，メーカーが実数値で把握することを可能としたからである。今やわたしたちの身の回りにある，ありとあらゆる商品にはJANコードが貼られ，POSシステム上で管理されており，流通業はこうしたデータに基づいて販売戦略や改廃番も含めた商品戦略を練り上げている[9]。そしてこうした人びとの営為を成り立たせているのが，「購入者の支払い金額」や「何がどれくらい売れたか」という情報を絶え間なく登録し続ける──つまり私たちの消費活動のほぼすべてを記録し，流通業の活動にフィードバックを与える機能をもつ──キャッシュレジスターという機器なのである。

●ディスカッションのために
1　本章で取り上げられた機械式レジスター（MCR），電子式レジスター（ECR），POSシステムと連動したレジスターの三つはそれぞれどのような情報を記録しているのか。本文の言葉を用いてまとめてみよう。
2　POSシステムによって，消費者がいつ何をいくらで買ったのかという情報を集めて分析することが出来るようになったことで，小売業はどのように変わったといえるだろうか。本文中の言葉を用いてまとめてみよう。
3　近年インターネット上での買い物が普及し，特定の個人の購入履歴が詳細に把握できるようになった。これによって商品の売り手や買い手にどのような影響があったといえるか考えてみよう。

【引用・参考文献】
浅野恭右（1979）．「POSシステム研究のあゆみと展望」『流通とシステム』*21*, 3-5.
石原武政・矢作敏行［編］（2004）．『日本の流通100年』有斐閣
井谷　徹（1976）．「スーパー／マーケットの金銭登録機作業者に対する健康管理」『労働科学』*52*(10), 585-597.
大山政雄（1960）．「金銭登録機を導入した場合の帳簿組織の設定」『月刊簿記』*11*(12), 1171-1176.
協和銀行（1978）．「電子レジスターにかげり」『協和銀行調査月報』*287*, 6.
『経済知識』編集部（1974）．「生産間に合わぬ電子レジスター──海外でも大モテの花形商品」『経済知識』*260*, 76-77.
坂上正一（2014）．『風雲家電流通史』日刊電気通信社
笹井　茂（1979）．「ソース・マーキングの現状」『流通とシステム』*21*, 17-25.
城　功（1964）．「小売店はコンピューターをどのように活用するか」『販売革新』*2*

(4), 21–26.

鈴川克美（1957）．「商店経営機械化のために──金銭登録機」『商業界』10(5), 124–127.

鈴木明彦（1988）．「流通情報システム化への挑戦──JICFS 第一次実験システム実用化レポート」『流通とシステム』55, 84–92.

中川一郎（1984）．「フォトインタビュー──キャッシュレジスター ダイエー社長 中内功さん」『商業界』37(13), 13.

日本事務能率協会（1963）．『事務機械化ハンドブック 第2集』日本事務能率協会

林 周二（1962）．『流通革命──製品・経路および消費者』中央公論社

林 凌（2018）．「「商業近代化運動」の論理／倫理──商業コンサルタントによる「安売り」をめぐる言説に着目して」『社会学評論』69(1), 107–124.

ビジネス機械・情報システム産業協会（2004）．『小売業を支えたレジスタ・POS の 125 年』ビジネス機械・情報システム産業協会

細川 汀（1973）．「チェッカーの職業病──特に職業性頸肩腕障害について」『月刊いのち』7(6), 47–49.

松本純一郎（1976）．「LSI 世代のECR 像（上）」『事務と経営』28(339), 97–100.

マネジメント編集部（1961）．「コンピューター革命下の経営を解剖する──変貌する組織と人間」『マネジメント』20(11), 57–70.

村上末吉（1964）．「小規模経営の生産性向上のポイントは何か」『商業界』17(4), 59–70.

矢野経済研究所（1982）．「ECR, POS の現状と動向──POS 市場, 本格開花は2〜3年後か」『ヤノレポート』570, 46–54.

矢作敏行（1997）．『小売りイノベーションの源泉──経営交流と流通近代化』日本経済新聞社

鎗田宗生（1978）．「初級──POS 誌上講座」『事務と経営』30(377), 24–25.

労働省（1973）．「金銭登録作業の作業管理について」（2019 年7月20日取得, https://www.jaish.gr.jp/anzen/hor/hombun/hor1-27/hor1-27-14-1-0.htm）

NCR Corporation（1984）．*Celebrating the future: 1884–1984*, NCR.（日本NCR 株式会社（1984）．『新たな飛躍』日本NCR 株式会社）

第14章

文化＝能率？
大量生産技術のメディア論
新倉貴仁

　どうすれば，より少ない手間で最大の単位数を得ることができるか。バイトで稼いだお金をどう使うか。1日24時間，週7日間の限られた時間のなかで，趣味と遊びとバイトと授業をどう配分すれば，もっとも無駄がないか。

　大学生に限らず，私たちは，日々，もてる資源を最大限に利用し，無駄なくスマートに生きることを目指しているのかもしれない。このような考え方は，「能率」ということばが意味するものであり，戦前において，企業や工場の活動原理として重視されていた。同時に，「能率」は，現在にいたるまで，私たちの生活原理となっているといえる。

1924年能率展覧会懸賞ポスター一等当選作品
（能率展覧会, 1924）

　本章ではこの「能率」の問題を大量生産技術の問題と捉え，それがどのように社会や人びとを変えていくのか，考えていきたい。スマートフォン，PC，テレビ，ラジオ，新聞，雑誌，書籍などは，多くの人びとにメッセージを伝え，経験を共有させるが，なによりもまず大量生産され人びとの手元におかれるモノである。文化と，文化を成立させる産業とのつながりに注目し，私たちが当たり前としている普段の生活を改めて考え直してみよう。

1 はじめに

　第一次大戦後の 1921 年，『文化生活』という雑誌が創刊された。吉野作造，有島武郎，森本厚吉の三人が創設した都市のミドルクラス向けの雑誌である。その巻頭言は，雑誌の趣旨を次のように述べる。

> 　しかして，かかる改造の基調は，言うまでもなく，個人としては，根本的にその生活を現代の進歩した科学の立場から観て，合理的および経済的と認め得らるべきものに改め，社会としては，その秩序や制度が真に人民の意志によって支配されるものとしなければならぬ。そして，これがためには，今一層の教育の普及を図り，民衆の啓蒙に最善を尽し，彼等をして，一方においては平等なる人格とその責任観念とを充分に自覚せしめ，他方においては，新知識を実生活に応用して，能率の高い新進の経済生活を営み得るようにしなければならぬのである。（森本, 1921 : 2）

　ここには，教育の普及，民衆の啓蒙，平等なる人格といった民主主義への訴えがある。広く大正デモクラシーと呼ばれるものである。同時に，「能率の高い新進の経済生活」を送るという主張に注目しよう。この文章を著した森本は，別のところで「能率の高い文化生活」（吉野ほか, 1921 : 115）と述べている。森本にとって，「文化生活」とは能率の高い生活であり，「文化」とは能率が高い状態であった。
　ここでの「文化」と「能率」という言葉の結びつきは，現代の私たちからすれば違和感を覚えるものである。文化的であることが能率的であるとは，一体，どういうことなのであろうか。本章では，大正期における「文化」と「能率」の概念の関係を手がかりとして，

新しいミドルクラスの生活様式の背後にあった大量生産技術に光を当てていく。これは，文化と技術の交錯についての，一つの歴史的探求の試みである。

② 日本における文化

　よく知られているように，「文化」は，大正期を象徴する言葉であった[1]。この時代，文化生活にくわえ，文化主義，文化住宅，文化鍋，文化包丁といった言葉が登場する。このような大正期の「文化」は，しばしば，明治期の「文明」との対比によって説明される。すなわち，かつて開国と西洋化の課題のなかで，国家が要請する物質的な「文明」が重視されていたが，大正期に入り，「個人的な生活に要求される精神「文化」が求められるようになった（南・社会心理研究所，1965：13）。近代化が進み，生産から消費（生活）へ，公的なものから私的なものへと時代の中心が移っていったという整理である。

　この整理はわかりやすく，また，ある程度妥当であろう。事実，第一次大戦末期に登場した文化主義という哲学の立場は，文明と文化という対によって，自らの立場を新たに「文化」として示そうとした。同時期には，権田保之助らの民衆娯楽研究もはじまっている（鶴見，1976；寺出，1994）。

　だが，先の「文化生活」を含め，大正期の「文化」はもう少し複雑である。たとえば，「文化住宅」を考えてみよう。それは，建築における和洋折衷の様式で，洋風の外観と洋間をもちながら，畳の部屋も備えた住宅を指す。ここでの「文化」は，伝統文化のような古い習俗ではなく，住宅というモノであり，新しい生活様式の場を

---

1) 大正期の文化については，南・社会心理研究所（1965），寺出（1994），市野川（2015），新倉（2017），吉見（2018）を参照。

指し示している。「文化生活」もまた新しい生活様式であった。それは，アメリカやヨーロッパから導入され，どこかで理想的，観念的な性格をもちつつ，電気やガスや水道といった物質的な条件によって支えられる生活であった。

3 ミドルクラス

　ここで重要なのは，このような新しい生活様式こそが，同時期に社会に広がりつつあった都市のミドルクラスを特徴づけるものであったことである。彼らは，「中産階級」，「中間階級」，「中堅階級」と呼ばれる一方で，「俸給生活者」と呼ばれるように，給与をもらって生活を営む社会層であった。高等教育を受けて事務や経営の仕事につき，鉄道の開発を通じてひらかれた郊外住宅地から通勤し，電気やガスや水道といった生活のインフラストラクチャーに支えられて暮らす。いわば，私たちの日常生活を先駆けて経験していた人びとである。

　もちろん給与によって生活する官吏や教員は明治期から存在していた。だが，第一次大戦による日本社会の産業構造の変容が，この社会層を拡大させた。輸出の増加と輸入の途絶は，国内の工業を急速におしすすめ，同時に，急激なインフレーションを引き起こした。1917年のロシア革命を背景に，労資協調が叫ばれるなか，ミドルクラスは階級対立の緩衝材として注目され，その没落を防ぐことが重要な政策課題と考えられていた。

　また，第一次大戦末期に成立した原敬内閣による高等教育の改革も，この文脈のなかで考えることができる。当時，増加する事務処理を担う人材が広く産業のなかで求められていた。大学が新設され，大学生の数が増加した。大学卒業後，企業内で経営管理（マネジメント）の業務に携わった人びとが，企業で実践し，またその生活に

おいて重視していたものが，「能率」であった。

④ 科学的管理法の紹介と能率 ─────────

　「能率」とはefficiency の訳語であり，「文化」と同じように，大正期を象徴する言葉であった。その由来は，フレデリック・テイラー（F. W. Taylor）の科学的管理法にある（奥田，1985；高橋，1994；佐々木，1998）。それは，工作機械のもっとも効率的な利用法の探求を通じて，工場内での労働作業の標準を設定し，経営管理の変革を目指す方法である。

　日本では，1911 年に，安成貞雄がテイラーの科学的管理法に言及したのが最初の紹介とされる。第一次大戦の終わりからその後にかけて，『能率増進』（1917 年 8 月，エフィシェンシー社），『能率増進研究』（1923 年 6 月，能率増進研究会），『能率研究』（1923 年 7 月，日本能率研究会），『マネジメント』（1924 年 1 月，マネジメント社）などの雑誌が創刊され，科学的管理法と「能率」の概念は，産業界を中心に普及していく（佐々木，1998：3-14）。

　このような科学的管理法の普及の背景には，すでに述べた労使協調という課題があった。当時の「能率」に関する書の一つは，科学的管理法の目的を，「すべての無駄を省いて雇主と被雇者とに最大の利益を与えること」としている（大日本文明協会，1919：例言 3）。だが，本章においてより重要なことは，科学的管理法が，急速に進展する大量生産技術の方法として認識されていたことである。

　このとき，第一次大戦という出来事がきわめて重要である。それは，当時の「能率」を紹介する論者が強く意識していたように，世界初の総力戦であった。総力戦を遂行するためには，工場だけではなく，「国民」の「最高能率」を達成しなければならない[2]。そのためには，「能率」の原理が工場にとどまらず「会社，商店，銀行，

学校」, そして個人にまで応用される必要がある[3]。先の文化生活もまた, そのような企業や工場の現場でのさまざまな知や技法を, 生活という領域にも及ぼすものであった。戦争の遂行が, 工場の生産に重ねられ, 大量生産の原理が探求されたのである。

　しかし, 急いでつけくわえるべきは, そのような大量生産と能率は, 広く人びとが求めるものでもあったことである。1910 年代のアメリカでは, さまざまな文化の領域で「能率」の向上と「無駄」の根絶という主張が広がっていた (Tichi, 1987)。

5 大量生産技術の歴史

　このような大量生産技術を象徴する商品が, 1908 年に販売されたT 型フォードである (ハウンシェル, 1998)[4]。1927 年までに延べ1,500 万台が生産されたこの自動車の大量生産は, 組み立てライン, 標準化された部品, 労働者の標準化された作業の反復によって可能となった。1930 年代に, チャップリンが『モダン・タイムス』で戯画化したものである。

　T 型フォードは, 大量生産技術の歴史の一つの到達点といえる。1851 年, イギリスの水晶宮で開催された産業博覧会で, コルトの回転銃をはじめとしたアメリカの製品は, その高度に標準化された特徴によって注目を集めた。この製造方式は, 「アメリカ的製造方式」と呼ばれ, 19 世紀後半から 20 世紀前半にかけて, ミシン, 懐

---

2)「この新管理法による各自能率の増進は, 将来における工業の進歩発達を意味し, 同時に最高能率をもって生産し能う国民は, やがて世界における工業国民の牛耳を執るということを意味する」(大日本文明協会, 1919：序 2)。

3)「この管理法の原則をば, 工場以外の会社, 商店, 銀行, 学校ないし個人等にも応用し, 以て益々其能率を発揮するのは, これまた大に望ましいことである」(大日本文明協会, 1919：例言 5)。

4) 大量生産技術については, この書に加え, ギーディオン (2008), マイヤー・ポスト (1984), 橋本 (2002：2013) を参照。

中時計，鉄道機器，馬車から，タイプライター，農業機械，自転車，蓄音機，カメラ，自動車へと広がっていく。

　アメリカ的製造方式の特徴は，①機械化生産，②分業，③互換可能な部品の製造である。このうち，③互換可能な部品の製造に注目しよう。それは，一定の精密性をもった部品を機械的に複製することであるが，そのためには標準寸法にしたがって正確に計測する必要がある。このための器具がゲージである。ゲージには，ゲージそのものを測定する「マスターゲージ」も含まれる。これは，生産の諸段階での計測の基準となり，製品の理想のモデルとなる。さらに，「中間の平均寸法前後の容認しうる長さの差である許容誤差（公差）が，20世紀の転換期ごろに，はじめて製図に使用されはじめた」（マイヤー・ポスト，1984：114）。それは，ダニエル・ブーアスティン（D. J. Boorstin）が指摘するように，必要以上に製品の質を高めないことを目指す点で，それまでの職人の仕事とはまったく異なる生産の方式であった（ブアスティン，1976：上225）。

　互換性の確保を通じた標準化は，生産を取り巻くシステム化の前提条件である[5]。それは，アルフレッド・チャンドラー（A. D. Chandler）が強調するように，経営そのものにまで及ぶ。「工程の複雑さのゆえに，近代工業管理の方式がつくられたのであり，また，製品の複雑さは，近代企業経営の創設に導いた」（マイヤー・ポスト，1981＝1984：162）。

　このような近代工業と近代的経営の発展は，鉄道と電信の発達を通じたマス・マーケットの成立を条件としている。それまでにない規模とスピードによって，ジェームズ・ベニガー（J. R. Beniger）のいう「制御の危機」が生じ，制御技術の革新が進む（Beniger,

---

5）ヘンリー・フォード（H. Ford）は，「システム，システム，さらにはまたシステム」と言い，テイラーもまた，「システムが第一でなければならない」と述べる（Hughes, 1989）。

1986)。標準化は，処理しなければならない作業量をあらかじめ縮減することで「制御の危機」に対応する制御技術の一つである。また，「経営」は，事務と情報処理という制御の問題であり，それを専門とする人材が広く社会で求められるようになる。すなわち，産業の発達とともに，サラリーマンに代表される新中間層が登場してくるのである。「能率」と都市のミドルクラスが結びつくゆえんである。

⑥ 能率展覧会

　再び視点を日本に戻そう。1924 年 3 月 15 日から 4 月 20 日にかけて，能率展覧会が大阪・天王寺公園の勧業館で開催された（図14-1）。「我国最初の企画たる能率展覧会」（能率展覧会，1924：1）である。もともと 1923 年 10 月末の開催予定だったが，関東大震災のために延期を余儀なくされた。この展覧会では，延べ 98,017 人を集め，当時の首相，清浦奎吾も訪問している。この展示の内容は『能率展覧会報告書』として出版された。

　冒頭に掲載された開設主旨の一部を以下に示す。まず，「科学的管理」を通じて，「生産ならびに販売上の無駄を省いて能率の増進」を目指すという目標が示されている。同時に，それは「優良品を廉価に供給」し，産業全体を発展させる。重要なことは，節約や倹約ではなく，「日常生活における能率の研究」を通じて，無駄が発見され，解決されることである。大阪府，市，商業会議所は，すでに講演会や講習会の実施，工場での実施診察，能率技師の養成，能率増進の促進宣伝といった施策を展開していた。この展覧会は，さらに進んで，「内外の実例を蒐集陳列」し，「能率増進」においてまず解決すべき課題とその実際を，人びとに知らしめることを目指すものである（能率展覧会，1924：1）。

図 14-1　1924 年能率展覧会（能率展覧会, 1924）

　ここで示される能率の原理は，なによりもまず，大量生産技術と結びついていた。このことは，呉海軍工廠の伍堂卓雄による講演の内容に見出すことができる。

　伍堂は，第一次大戦後の欧米諸国で，工業が著しく進展したことを指摘し，その核心に「能率」の問題があることを強調する。伍堂によれば，能率とは，「最少の労力最少の原料をもって最大の量と最善の質を生産する」ことである（能率展覧会, 1924：305）。欧米は，戦争を通じてこの能率を著しく向上させた。そして能率の向上は，国家の力を増し，人びとの生活を改善させる。だが，伍堂によれば，日本の労働者の教育訓練は，著しく低い状態にあった[6]。

　このような状況を改革するために，伍堂は，呉海軍工廠で採用しているリミット・ゲージ工法を紹介する。第一次大戦後，日本海軍は，八八艦隊（戦艦 8 隻，巡洋艦 8 隻による主力部隊の整備）の方針を掲げた。これは，かつてない規模での生産計画であり，海軍工廠ではまかないきれず，民間の工場と分業しなければならない。このとき，部品の互換性という問題が浮かび上がる。部品が標準化され

6）当時の日本における労働事情と科学的管理法の導入については，橋本（2001）を
　　参照。

ていれば，複数の工場で作業工程を共有することができる。そして，部品の互換性を確保するための手法が，リミット・ゲージ工法，すなわち，部品の寸法における許容量の基準を定め，測定する手法なのである。

　まったく同一の部品の製造は不可能である。重要なのは，機能するために十分な水準を満たすことである。部品の互換性は，「適当なる公差や公隙や遊隙を定め，その相互嵌合の程度を定め」ることによって可能になる（能率展覧会, 1924：315）。このような規格・標準の設定によって，工作は容易になり，別々の人が分業して仕上げ，廉価に大量の製品を産出することができるようになる。それまで個別のシステムだったものが，互換性を通じて統合されるのである。

　この統合された「システム」の内部では，製作される部品や，用いられる道具が標準化されるばかりでなく，人間の動きも標準化される。すなわち，「最良なる工作方法」が探求され，標準工作法として位置づけられる。それを通じて，何時間で作業を仕上げることができるかという作業能率の測定が可能になる。さらに，その測定結果は分析され，「計画が最善であるや否や分析吟味」され，「改善」に用いられる。こうして，「最少費用をもって，最短期間に生産」するという「能率」の原理が探求されるのである（能率展覧会, 1924：315–316）。

　伍堂は，科学的管理法と能率が，なによりも大量生産の原理であることを強調する。「私が科学的管理法を採用するに至りました動機は［…］大量生産が第一の目的であったのであります」（能率展覧会, 1924：316）。『能率展覧会報告書』からは，このようなシステム化と標準化への意志が，熱量をもって，企業家たちに受け入れられていくさまがうかがえる。

7 能率の主題

　「最少費用をもって，最短期間に生産」するという「能率」の原理は，さまざまな事象に適応されていく。能率展覧会は，そのような事例を収集，展示することを通じて，知的協働を図る試みであった。

　たとえば，エレベーター（電気昇降機）の導入は，能率を増進させる事例の一つであった。なぜなら，エレベーターによって，高層階への移動にかかる時間と疲労を軽減することができるうえ，設備を集約することで，建物内の床面積の節約が可能になるためである。このような床面積の節約は，同じ頃に建築されはじめるビルディング（高層建築）の長所としてうたわれており，限定された敷地により多くの床面積を可能にするものだった。

　有限なリソースの活用事例としては，デパートでの陳列ケースや，広告のレイアウトなどもある。いずれも，限られたスペースでどれだけ一覧性や訴求性を発揮することができるかが問題になる。同様に，夜間学校や早朝学校の開講による学校設備の活用，都市そのものの有効活用（都市計画）などが，能率増進の事例として取り上げられている。

　他方で，新しい技術を導入することで，スピードや到達範囲などを飛躍的に増大させることも能率増進の事例である。その端的な例として，ラジオ（無線電話）が紹介されている。ラジオは，有線電話を「同時に多数の人々が受け入れ」られるようにしたという点で，能率を増進させるものとしてみなされ，「文化生活上にいかに能率的の大革命をもたら」^[ママ]すかが期待された（能率展覧会, 1924：251）。

　これまでのやり方を改善することも，能率増進の重要な方法であった。公設市場は，それまでの掛売を撤廃して，購買方法・販売方法を改善し，時間と無駄を省く。勘定場，調理室，配膳室などで

は, 従来の設備の無駄が明らかにされ, 配置と動線の最適化を通じた能率が探求される。これは, それぞれの家庭のキッチンにも応用される。また, このような合理化には書類整理箱, カードの分類, 用紙の統一など, 事務に関する事例も含まれる。カードはまた, 工場において指示や情報を伝達するために必要な書式でもあった。ローマ字, 邦文タイプライターの使用, 新字の考案なども能率の名のもとに報告されている[7]。

8 能率の対象の拡大

　資源の有効活用, 新しい技術の導入, さらに, 従来のやり方の改善といった, 能率増進の事例の多様さにくわえて, 能率の対象となる領域が拡大していることも見落とせない。

　初期の科学的管理法は, テイラーが労働者の最適な動作を問題としたように, 生産の場面を主要な対象とした。だが, 『報告書』からみえてくることは, 生産ばかりでなく, 生産外部の領域も配慮の対象になっていることである。『報告書』では, 工場の照明, 温度, 湿度, 換気が問題とされ, 労働者の福利増進が盛んに議論される。疲労, 栄養, 口腔衛生など, 保健衛生についての研究が紹介されるほか, 身体検査, メンタルテスト, 知能検査, 適性検査についての報告や紹介も多い。そのなかには, たとえば, 工場で働く女工たちの肺活量を測定し, 数値化し, その能率を計測しようとする試みも含まれている (図14-2)。工具や店員の一般教育が議論されてもいるが, 従業員の能力を標準化することが目指されていた。

　能率は, 工場や職場を溢れ出て, 家庭にも入り込んでくる。たとえば台所では, 炊事のための動線が配慮され, 住宅では工場同様に

---

7) 文字の能率については安田 (2016) を参照。

図 14-2　「人間の仕事の能率試験法」（能率展覧会, 1924）

換気と照明（通風と採光）が配慮される。料理は合理的な調理法が
重要とされ，カロリーやビタミンなどを考慮した食事がすすめられ
る。また，石鹸も，美容だけではなく，家庭における保健衛生のた
めの方法として，「能率増進の文化生活において必要にして欠くべ
からざるもの」と述べられる（能率展覧会, 1924：294）。

　家政は，皿洗いなどの仕事の手順，家計簿，買い物，女中のやり
くりまで，能率の場である（コーワン, 2020；柏木, 1995）。家庭能率
（home efficiency）がいわれ，1 日，1 週間，1 か月，1 年の予定の整
理が求められ，賄帳や小遣帳，月計表，年計表の記録が奨励される。
家庭を営むうえでは，貯金，保険などが奨励され，家庭団らん，趣
味の向上が目指される。虚礼が排され，結婚式もまた挙式時間を短
縮し，より能率的なものでなくてはならない。

　以上のような能率の対象の拡大を，どのように考えるべきであろ
うか。たしかにそれは，労働者の身体をそれまでにない精度によっ
て捕捉しようという欲望の表れであるようにも思える。だが，同時
に労働者たちがそれを受け入れていくことを見落としてはならない。
当時，新しい生活（文化生活）が始まりつつあり，知識への旺盛な
要求があった。このような能率の広がりのなかで，人びとの生活や
身体が標準化されていく。そして，標準化された生活や身体は，工

場から家庭へ，また労働者から労働者へと広がる。能率と新しい生活様式は，社会へと広まり，階級間の差異を曖昧にしていく。

9 おわりに ────────────────

　戦前の能率展覧会において，生産に従事する者の身体や生活は，生産の関数とみなされ，配慮の対象となり，測定され，改善が目指されていた。そのような配慮は，栄養，睡眠，疲労，適性にまで及ぶ。福利厚生といった問題は，この配慮の広がりのなかで浮上する。能率の問題は，工場から溢れ出て，商店や事務，運搬，交通，通信機関，学習，そして家庭生活にまで広がっていく。能率を媒介にして，労働者の身体や家庭が，生産という巨大なプロセスの一部に組み込まれていく。部分は全体のために配慮され，部分の積分が全体を作る。私たちはここに一つのシステムの成立を見出すことができる。

　このようなシステム化は，互換性によって可能となる。許容値の範囲内であれば，差異があろうとも，十分に作動する。また，互換可能な部品は，異なる作業場や工場でも共通して用いることができる。逆にいえば，標準化・規格化は，システム化の技術でもある。たとえば，工程や在庫の管理，原価計算や予算統制といった標準化は会計を統合し，また，カードやルーズリーフといった事務製品の規格化は情報の書き込み，流通，蓄積，処理を統合する。このような技術は，会計のような資本の移動の技術，コンテナのようなモノの移動の技術，プロトコルのような情報の移動の技術と比較可能である。

　だが，標準化と規格化という技術が，一方的に作用しているわけではない。他方では，能率を受け入れる人びとの身体が存在しているのである。そして，能率はしばしば熱意をもって受け入れられる。

能率はそれ自体が固有の価値をもつようになり，いわば能率のために能率が追求される。そのような能率への崇拝，熱意，執着は，いかにして生じ，現在，どのような姿をもっているのだろうか（Bell, 2000；ミュラー, 2019；新倉, 2015）。生産の技術が，どのようにして生活の技術になるのか。ここに，私たちが，技術と文化のメディア論として考えるべき問題圏の一つがあると思われる。

● ディスカッションのために

1　本章で繰り返し用いられている「能率」とはどのような意味か。本文中の言葉を用いてまとめてみよう。

2　上でまとめた「能率」を重視する文化や社会集団は，どのような技術的条件の下で可能になるのか。「標準」という語に注目して，本文中の言葉を用いてまとめてみよう。

3　人々の行動や生活を測定し規格化するという考え方は，現代の社会のさまざまな場面に潜んでいる。あなたを「規格化」する技術にはどのようなものがあるだろうか。

【引用・参考文献】

市野川容孝（2015）．「日本が文化に目覚めるとき──文化概念の知識社会学」内田隆三［編］『現代社会と人間への問い──いかにして現在を流動化するのか？』せりか書房，pp.139-163.

奥田健二（1985）．『人と経営──日本経営管理史研究』マネジメント社

柏木　博（1995）．『家事の政治学』青土社

ギーディオン, S. ／栄久庵祥二［訳］（2008）．『機械化の文化史──ものいわぬものの歴史』鹿島出版会（Giedion, S. (1948). *Mechanization takes command: A contribution to anonymous history*. New York: Oxford University Press.）

コーワン, R. S. ／高橋雄造［訳］（2020）．『お母さんは忙しくなるばかり──家事労働とテクノロジーの社会史』法政大学出版局（Cowan, R. S. (1983). *More work for mother: The ironies of household technology from the open hearth to the microwave*. New York: Basic Books.）

佐々木聡（1998）．『科学的管理法の日本的展開』有斐閣

大日本文明協会（1919）．『科学的管理法』大日本文明協会

高橋　衛（1994）．『「科学的管理法」と日本企業──導入過程の軌跡』御茶の水書房

鶴見俊輔（1976）．「民衆娯楽から国民娯楽へ」『思想』*624*, 1012-1022.

寺出浩司（1994）．『生活文化論への招待』弘文堂

新倉貴仁（2015）．「都市とスポーツ──皇居ランの生 - 政治」『iichiko』*126*, 83-96.

新倉貴仁（2017）．『「能率」の共同体——近代日本のミドルクラスとナショナリズム』岩波書店

能率展覧会（1924）．『能率展覧会誌』能率展覧会総務部

ハウンシェル，D. A.／和田一夫・金井光太朗・藤原道夫［訳］（1998）．『アメリカン・システムから大量生産へ——1800–1932』名古屋大学出版会（Hounshell, D. A. (1984). *From the American system to mass production, 1800–1932: The development of manufacturing technology in the United States*. Baltimore, MD: Johns Hopkins University Press.）

橋本毅彦（2001）．「蒲鉾から羊羹へ——科学的管理法導入と日本人の時間規律」橋本毅彦・栗山茂久［編］『遅刻の誕生——近代日本における時間意識の形成』三元社，pp.123–153.

橋本毅彦（2002）．『〈標準〉の哲学——スタンダード・テクノロジーの三〇〇年』講談社

橋本毅彦（2013）．『「ものづくり」の科学史——世界を変えた《標準革命》』講談社

ブアスティン，D. J.／新川健三郎・木原武一［訳］（1976）．『アメリカ人——大量消費社会の生活と文化』河出書房新社（Boorstin, D. J. (1973). *The Americans: The democratic experience*. New York: Random House.）

マイヤー，O.・ポスト，R. C.／小林達也［訳］（1984）．『大量生産の社会史』東洋経済新報社（Mayr, O., & Post, R. C. (1981). *Yankee enterprise: the rise of the American system of manufactures*. Washington, DC: Smithsonian Institution.）

南 博・社会心理研究所［編］（1965）．『大正文化』勁草書房

ミュラー，J. Z.／松本 裕［訳］（2019）．『測りすぎ——なぜパフォーマンス評価は失敗するのか？』みすず書房（Muller, J. Z. (2018). *The tyranny of metrics*. Princeton, NJ: Priceton University Press.）

森本厚吉（1921）．「『文化生活』の公刊に就いて」『文化生活』1921, *1*(1), 2.

安田敏朗（2016）．『漢字廃止の思想史』平凡社

吉野作造・森本厚吉・有島武郎（1921）．『私どもの主張』文化生活研究会

吉見俊哉（2018）．『現代文化論——新しい人文知とは何か』有斐閣

レヴィンソン，M.／村井章子［訳］（2007）．『コンテナ物語——世界を変えたのは「箱」の発明だった』日経BP社（Levinson, M. (2006). *The box: How the shipping container made the world smaller and the world economy bigger*. Princeton, NJ: Princeton University Press.）

Bell, D. (2000). *The end of ideology: On the exhaustion of political ideas in the fifties*. Cambridge: Harvard University Press. (first published in 1960)

Beniger, J. R. (1986). *The control revolution: Technological and economic origins of the information society*. Cambridge, MA: Harvard University Press.

Hughes, T. P. (1989). *American genesis: A century of invention and technological enthusiasm, 1870–1970*. Chicago, IL: University of Chicago Press.

Tichi, C. (1987). *Shifting gears: Technology, literature, culture in modernist America*. Chapel Hill, NC: The University of North Carolina Press.

●本書関連ブックリスト

ここには海外のメディア論の文献を時系列に沿って並べている。近年のメディア論の「百花繚乱」ともいえる充実の一端を，少しでも共有したいという意図からである。だが同時に，そのような無数の「花」がいくつかの共通の「茎」や「根」を有していることを見落とすべきではない。以下のブックリストは網羅するものではなく，その選択にはどうしても恣意性が付随する。また邦文の研究を加えていない。いずれも，編者の能力や紙幅の都合に由来する限界である。本リストを足掛かりとして，読者がそれぞれに補われることを望みたい。（編者一同）

1922

Ogburn, William Fielding, *Social Change: With Respect to Culture and Original Nature*, New York: B. W. Huebsch.

1934

Mumford, Lewis, *Technics and Civilization*, London: Harcourt, Brace and Company.（=1972, 生田　勉訳『技術と文明』美術出版社.）

1936

Benjamin, Walter, „Das Kunstwerk im Zeitalter seiner technischen Reproduzierbarkeit (Zweite Fassung)", Rolf Tiedemann und Hermann Schweppenhäuser (Hgg.), *Gesammelte Schriften VII・I*, Frankfurt am Main: Suhrkamp, 350–384.〔※出版年は 1989 年〕（=1995, 浅井健二郎編訳・久保哲司訳「複製技術時代の芸術作品」『ベンヤミン・コレクション I ──近代の意味』筑摩書房, 583–640 頁.）

1948

Giedion, Siegfried, *Mechanization Takes Command: A Contribution to Anonymous History*, New York: Oxford University Press.（=2008, 榮久庵祥二訳『機械化の文化史──ものいわぬものの歴史』鹿島出版会.）

Wiener, Norbert, *Cybernetics: Or Control and Communication in the Animal and the Machine*, Cambridge, MA: MIT Press.（=2011, 池原止戈夫他訳『サイバネティックス──動物と機械における制御と通信』岩波書店.）

1949

Shannon, Calude E. and Warren Weaver, *The Mathematical Theory of Communication*, Urbana, IL: University of Illinois Press.（=2009, 植松友彦訳『通信の数学的理論』筑摩書房.）

1950

Innis, Harold A., *Empire and Communications*, Oxford: Clarendon Press.

Riesman, David, Nathan Glazer and Reuel Denney, *The Lonely Crowd: A Study of the Changing American Character*, New Haven, CT: Yale University Press.（=1964, 加藤秀俊訳『孤独な群衆』みすず書房.）

1951

Innis, Harold A., *The Bias of Communication*, Toronto: University of Toronto Press.（=2021, 久保秀幹訳『メディアの文明史──コミュニケーションの傾向性とその循環』筑摩書房.）

McLuhan, Marshall, *The Mechanical Bride: Folklore of Industrial Man*, New York: Vanguard Press.（=1991, 井坂　学訳『機械の花嫁──産業社会のフォークロア』竹内書店新社.）

1954

Heidegger, Martin, *Vorträge und Aufsätze*, Pfullingen: Verlag Günter Neske Pfullingen.（=2009, 関口　浩訳『技術への問い』平凡社．※抄訳）

1957

Hoggart, Richard, *The Uses of Literacy: Aspects of Working-Class Life, with Special References to Publications and Entertainments*, London: Chatto and Windus. (=1974, 香内三郎訳『読み書き能力の効用』晶文社.)

1958

Febvre, Lucien et Henri Jean Martin, *L'apparition du livre*, Paris: Albin Michel. (=1985, 関根素子・長谷川輝夫・宮下志朗・月村辰雄訳『書物の出現』筑摩書房.)

1961

Boorstin, Daniel J., *The Image: Or, What Happened to the American Dream*, London: Weidenfeld and Nicolson. (=1964, 後藤和彦・星野郁美訳『幻影の時代──マスコミが製造する事実』東京創元社.)

1962

Kenner, Hugh, *Flaubert, Joyce, and Beckett: The Stoic Comedians*, Boston, MA: Beacon Press. (=1998, 富山英俊訳『ストイックなコメディアンたち──フローベール，ジョイス，ベケット』未来社.)

McLuhan, Marshall, *The Gutenberg Galaxy: The Making of Typographic Man*, London: Routledge & Kegan Paul. (=1986, 森 常治訳『グーテンベルクの銀河系──活字人間の形成』みすず書房.)

1963

Havelock, Eric A., *Preface to Plato*, Cambridge, MA: Harvard University Press. (=1997, 村岡晋一訳『プラトン序説』新書館.)

1964

Leroi-Gourhan, André, *Le geste et la parole*, Paris: Albin Michel. (=2012, 荒木亨訳『身ぶりと言葉』筑摩書房.)

Marx, Leo, *The Machine in the Garden: Technology and the Pastoral Ideal in America*, New York: Oxford University Press. (=1972, 榊原胖夫・明石紀雄訳『楽園と機械文明──テクノロジーと田園の理想』研究社出版.)

McLuhan, Marshall, *Understanding Media: The Extensions of Man*, New York: McGraw-Hill. (=1987, 栗原 裕・河本仲聖訳『メディア論──人間の拡張の諸相』みすず書房.)

1967

Derrida, Jacques, *De la grammatologie*, Paris: Les Éditions de Minuit. (=1972, 足立和浩訳『根源の彼方に──グラマトロジーについて』現代思潮新社.)

1966

Foucault, Michel, *Les mots et les choses: une archéologie des sciences humaines,* Paris: Gallimard. (=1974, 渡辺一民・佐々木明訳『言葉と物──人文科学の考古学』新潮社.)

1969

Foucault, Michel, *L'archéologie du savoir*, Paris: Gallimard. (=2012, 慎改康之訳『知の考古学』河出書房新社.)

1970

Baudrillard, Jean, *La société de consommation: ses mythes, ses structures*, Paris: Editions Denoël. (=2015, 今村仁司・塚原 史訳『消費社会の神話と構造』紀伊國屋書店.)

1972

Deleuze, Gilles et Félix Guattari, *L'anti-Œdipe*, Paris: Les Editions de Minuit. (=2006, 宇野邦一訳『アンチ・オイディプス──資本主義と分裂症』河出書房新社.)

Goldstine, Herman H., *The Computer from Pascal to von Neumann*, Princeton, NJ: Princeton University Press. (=2016, 末包良太・米口 肇・犬伏茂之訳『計算機の歴史 ──パスカルからノイマンまで』共立出版.)

1973

Boorstin, Daniel J., *The Americans: The Democratic Experience,* New York: Random House.
（＝1976, 新川健三郎・木原武一訳『アメリカ人——大量消費社会の生活と文化』河出書房新社.）

Hall, Stuart, *Encoding and Decoding in the Television Discourse.* Discussion Paper. University of Birmingham.（accessed on Oct. 28 2021, http://epapers.bham.ac.uk/2962/）

1974

Williams, Raymond, *Television: Technology and Cultural Form,* London: Fontana.（＝2020, 木村茂雄・山田雄三訳『テレビジョン——テクノロジーと文化の形成』ミネルヴァ書房.）

1975

Foucault, Michel, *Surveiller et punir: naissance de la prison,* Paris: Gallimard.（＝1977, 田村俶訳『監獄の誕生——監視と処罰』新潮社.）

1976

Aitken, Hugh G. J., *Syntony and Spark: The Origins of Radio,* New York: Wiley.

1977

Chandler, Jr., Alfred D., *The Visible Hand: The Managerial Revolution in American Business,* Cambridge, MA: Belknap Press.（＝1979, 鳥羽欽一郎・小林袈裟治訳『経営者の時代——アメリカ産業における近代企業の成立』東洋経済新報社.）

Goody, Jack, *The Domestication of the Savage Mind,* Cambridge: Cambridge University Press.（＝1986, 吉田禎吾訳『未開と文明』岩波書店.）

Pool, Ithiel de Sola ed., *The Social Impact of the Telephone,* Cambridge, MA: MIT Press.

Schivelbusch, Wolfgang, *Geschichte der Eisenbahnreise: zur Industrialisierung von Raum und Zeit im 19. Jahrhundert,* München: Hanser.（＝1982, 加藤二郎訳『鉄道旅行の歴史——19世紀における空間と時間の工業化』法政大学出版局.）

Virilio, Paul, *Vitesse et politique,* Paris: Éditions Galilée.（＝2001, 市田良彦訳『速度と政治——地政学から時政学へ』平凡社.）

1981

Mayr, Otto and Robert C. Post, eds., *Yankee Enterprise: The Rise of the American System of Manufactures,* Washington, D. C.: Smithsonian Institution.（＝1984, 小林達也訳『大量生産の社会史』東洋経済新報社.）

1982

Ong, Walter J., *Orality and Literacy: The Technologizing of the Word,* London and New York: Methuen.（＝1991, 桜井直文・林正寛・糟谷啓介訳『声の文化と文字の文化』藤原書店.）

Postman, Neil, 1982, *The Disappearance of Childhood,* New York: Delacorte Press.（＝1985, 小柴一訳『子どもはもういない——教育と文化への警告』新樹社.）

1983

Anderson, Benedict, *Imagined Communities: Reflections on the Origin and Spread of Nationalism,* London and New York: Verso.（＝2007, 白石隆・白石さや訳『定本 想像の共同体——ナショナリズムの起源と流行』書籍工房早山.）

Eisenstein, Elizabeth L., *The Printing Revolution in Early Modern Europe,* Cambridge and New York: Cambridge University Press.（＝1987, 小川昭子他訳『印刷革命』みすず書房.）

Flusser, Vilém, *Für eine Philosophie der Fotografie,* Göttingen: European Photography.（＝1999, 深川雅文訳『写真の哲学のために——テクノロジーとヴィジュアルカルチャー』勁草書房.）

Hughes, Thomas Parke, *Networks of Power: Electrification in Western Society, 1880–1930,* Baltimore, MD: Johns Hopkins University Press.（＝1996, 市場泰男訳『電力の歴史』平凡社.）

Kern, Stephen, *The Culture of Time and Space 1880-1918*, Cambridge, MA: Harvard University Press.(=1993, 浅野敏夫訳『時間と空間の文化――1880-1918 年』法政大学出版局.)

1984

Hounshell, David A., *From the American System to Mass Production, 1800-1932: The Development of Manufacturing Technology in the United States*, Baltimore, MD: Johns Hopkins University Press. (=1998, 和田一夫・金井光太朗・藤原道夫訳『アメリカン・システムから大量生産へ――1800-1932』名古屋大学出版会.)

Noble, David F., *Forces of Production: A Social History of Industrial Automation*, New York: Alfred A. Knopf.

Virilio, Paul, *Gueere et cinéma I: logistique de la perception*, Paris: Cahiers du Cinéma/ Éditions de l'Etoile.(=1999, 石井直志・千葉文夫訳『戦争と映画――知覚の兵站術』平凡社.)

1985

Kittler, Friedrich, *Aufschreibesysteme 1800·1900*, München: Wilhelm Fink Verlag. (=2021, 大宮勘一郎・石田雄一訳『書き取りシステム 1800·1900』インスクリプト.)

Meyrowitz, Joshua, *No Sense of Place: The Impact of Electronic Media on Social Behavior*, New York: Oxford University Press. (=2003, 安川一・高山啓子・上谷香陽訳『場所感の喪失〈上〉――電子メディアが社会的行動に及ぼす影響』新曜社.)

1986

Beniger, James R., *The Control Revolution: Technological and Economic Origins of the Information Society*, Cambridge, MA: Harvard University Press.

Kittler, Friedrich, *Grammophon Film Typewriter*, Berlin: Brinkmann und Bose. (=1999, 石光泰夫・石光輝子訳『グラモフォン・フィルム・タイプライター』筑摩書房.)

Rodgers, Everett M., *Communication Technology: The New Media in Society*, New York: Free Press. (=1992, 安田寿明訳『コミュニケーションの科学――マルチメディア社会の基礎理論』共立出版.)

1987

Bijker, Wiebe E., Thomas P. Hughes, and Trevor J. Pinch, *The Social Construction of Technological Systems: New Directions in the Sociology and History of Technology*, Cambridge, MA: MIT Press.

Douglas, Susan J., *Inventing American Broadcasting, 1899-1922*, Baltimore, MD: Johns Hopkins University Press.

Tichi, Cecelia, *Shifting Gears: Technology, Literature, Culture in Modernist America*, Chapel Hill, NC: University of North Carolina Press.

1988

Gumbrecht, Hans Ulrich und K. Ludwig Pfeiffer (Hgg.), *Materialität der Kommunikation*, Frankfurt am Main: Suhrkamp. (=1994, William Whobrey trans., *Materialities of Communication*, Stanford, CA: Stanford University Press.)

Lyotard, Jean-François, *L'inhumain: causeries sur le temps*, Paris: Galilée.(=2010, 篠原資明・上村博・平芳幸浩訳『非人間的なもの――時間についての講話』法政大学出版局.)

Marvin, Carolyn, *When Old Technologies Were New: Thinking about Electric Communication in the Late Nineteenth Century*, Oxford: Oxford University Press. (=2003, 吉見俊哉・水越伸・伊藤昌亮訳『古いメディアが新しかった時――19 世紀末社会と電気テクノロジー』新曜社.)

1989

Carey, James W., *Communication as Culture: Essays on Media and Society*, Boston, MA: Unwin Hyman.

Hughes, Thomas Parke, *American Genesis: A Century of Invention and Technological Enthusiasm, 1870-1970*, New York: Viking.

Yates, JoAnne, *Control through Communication: The Rise of System in American Management*, Baltimore, MD: Johns Hopkins University Press.

Zielinski, Siegfried, 1989, *Audiovisionen: Kino und Fernsehen als Zwischenspiele in der Geschichte*, Reinbek bei Hamburg: Rowohlt. (=1999, Gloria Custance trans., *Audiovisions: Cinema and Television as Entr'actes in History*, Amsterdam: Amsterdam University Press.)

1990

Crary, Jonathan, *Techniques of the Observer: On Vision and Modernity in the Nineteenth Century*, Cambridge, MA: MIT Press. (=2005, 遠藤知巳訳『観察者の系譜──視覚空間の変容とモダニティ』以文社.)

Nye, David E., 1990, *Electrifying America: Social Meanings of a New Technology, 1880–1940*, Cambridge, MA: MIT Press.

Poster, Mark, *The Mode of Information: Poststructuralism and Social Context*, Chicago, IL: University of Chicago Press. (= 1991, 室井　尚・吉岡　洋訳『情報様式論──ポスト構造主義の社会理論』岩波書店.)

Rabinbach, Anson, *The Human Motor: Energy, Fatigue, and the Origins of Modernity*, New York: Basic Books.

1991

Fischer, Claude S., 1992, *America Calling: A Social History of the Telephone to 1940*, Berkeley, CA: University of California Press. (=2000, 吉見俊哉・松田美佐・片岡みい子訳『電話するアメリカ──テレフォンネットワークの社会史』NTT 出版.)

Headrick, Daniel R., *The Invisible Weapon: Telecommunications and International Politics, 1851–1945*, New York: Oxford University Press. (=2013, 横井勝彦・渡辺昭一監訳『インヴィジブル・ウェポン──電信と情報の世界史 1851–1945』日本経済評論社.)

Stafford, Barbara Maria, *Body Criticism: Imaging the Unseen in Enlightenment Art and Medicine*, Cambridge, MA: MIT Press. (=2006, 高山　宏訳『ボディ・クリティシズム──啓蒙時代のアートと医学における見えざるもののイメージ化』国書刊行会.)

1993

Bolz, Norbert, *Am Ende der Gutenberg-Galaxis: Die neuen Kommunikationsverhältnisse*, München: Wilhelm Fink Verlag. (=1999, 識名章喜・足立典子訳『グーテンベルク銀河系の終焉──新しいコミュニケーションのすがた』法政大学出版局.)

Bredekamp, Horst, *Antikensehnsucht und Maschinenglauben: Die Geschichte der Kunstkammer und die Zukunft der Kunstgeschichte*, Berlin: Klaus Wagenbach. (=1996, 藤代幸一・津山拓也訳『古代憧憬と機械信仰──コレクションの宇宙』法政大学出版局.)

Friedberg, Anne, *Window Shopping: Cinema and the Postmodern*, Berkeley, CA: University of California Press. (=2008, 井原慶一郎・宗　洋・小林朋子訳『ウインドウ・ショッピング──映画とポストモダン』松柏社.)

Heims, Steve Joshua, *Constructing a Social Science for Postwar America: The Cybernetics Group 1946–1953*, Cambridge, MA: MIT Press. (=2001, 忠平美幸訳『サイバネティクス学者たち──アメリカ戦後科学の出発』朝日新聞社.)

Kittler, Friedrich, *Draculas Vermächtnis: Technische Schriften*, Leipzig: Reclam Verlag. (=1998, 原　克・大宮勘一郎・前田良三・神尾達之・副島博彦訳『ドラキュラの遺言──ソフトウェアなど存在しない』産業図書.)

Siegert, Bernhard, *Relais: Geschicke der Literatur als Epoche der Post 1751–1913*, Berlin: Brinkman und Bose. (=1999, Kevin Repp trans., *Relays: Literature as an Epoch of the Postal System*, Stanford, CA: Stanford University Press.)

1994

Silverstone, Roger, *Television and Everyday Life*, London: Routledge.

260

Stiegler, Bernard, *La technique et le temps tome 1: la faute d'Épiméthée*, Paris: Éditions Galiléé. (=2009, 石田英敬監修・西　兼志訳『技術と時間 1──エピメテウスの過失』法政大学出版局.)

1995

Turkle, Sherry, *Life on the Screen: Identity in the Age of the Internet*, New York: Simon & Schuster. (=1998, 日暮雅通訳『接続された心──インターネット時代のアイデンティティ』早川書房.)

1996

Edwards, Paul N., *The Closed World: Computers and the Politics of Discourse in Cold War America*, Cambridge, MA: MIT Press. (=2003, 深谷庄一監訳『クローズド・ワールド──コンピュータとアメリカの軍事戦略』日本評論社.)

Stiegler, Bernard, *La technique et le temps tome 2: la désorientation*, Paris: Éditions Galilée. (=2010, 石田英敬監修・西　兼志訳『技術と時間 2──方向喪失（ディスオリエンテーション）』法政大学出版局.)

1997

Batchen, Geoffrey, *Burning with Desire: The Conception of Photography*, Cambridge, MA: MIT Press. (=2010, 前川　修・佐藤守弘・岩城覚久訳『写真のアルケオロジー』青弓社.)

Debray, Régis, *Transmettre*, Paris: Odlie Jacob. (=2000, 西垣　通監修・嶋崎正樹訳『メディオロジー入門──「伝達作用」の諸相』NTT 出版.)

1998

Ceruzzi, Paul E., *A History of Modern Computing*, Cambridge, MA: MIT Press. (=2008, 宇田理・高橋清美監訳『モダン・コンピューティングの歴史』未来社.)

1999

Abbate, Janet, *Inventing the Internet*, Cambridge, MA: MIT Press. (=2002, 大森義行・吉田晴代訳『インターネットをつくる──柔らかな技術の社会史』北海道大学図書刊行会.)

Bolter, Jay David and Richard Grusin, *Remediation: Understanding New Media*, Cambridge, MA: MIT Press.

Bowker, Geoffrey C. and Susan Leigh Star, *Sorting Things Out: Classification and Its Consequences*, Cambridge, MA: MIT Press.

Hayles, N. Katherine, *How We Became Posthuman: Virtual Bodies in Cybernetics, Literature, and Informatics*. Chicago, IL: University of Chicago Press.

Peters, John Durham, *Speaking into the Air: A History of the Idea of Communication*, Chicago, IL: University of Chicago Press.

2000

Hardt, Michael and Antonio Negri, *Empire*, Cambridge, MA: Harvard University Press. (=2003, 水嶋一憲・酒井隆史・浜　邦彦・吉田俊実訳『帝国──グローバル化の世界秩序とマルチチュードの可能性』以文社.)

Sconce, Jeffrey, *Haunted Media: Electronic Presence from Telegraphy to Television*, Durham: Duke University Press.

Vismann, Cornelia, *Akten: Medientechnik und Recht*, Fankfurt am Main: Fischer Taschenbuch. (=2008, Geoffrey Winthrop-Young trans., *Files: Law and Media Technology*, Stanford, CA: Stanford University Press.)

2001

Manovich, Lev, *The Language of New Media*, Cambridge, MA: MIT Press. (=2013, 堀　潤之訳『ニューメディアの言語──デジタル時代のアート，デザイン，映画』みすず書房.)

Stiegler, Bernard, *La technique et le temps tome 3: le temps du cinéma et la question du mal-être*, Paris: Éditions Galilée. (=2013, 石田英敬監修・西　兼志訳『技術と時間3——映画の時間と〈難−存在〉の問題』法政大学出版局.)

2002

Massumi, Brian, *Parables for the Virtual: Movement, Affect, Sensation*, Durham: Duke University Press.

Mindell, David A., *Between Human and Machine: Feedback, Control, and Computing before Cybernetics*, Baltimore, MD: Johns Hopkins University Press.

Zielinski, Siegfried, *Archäologie der Medien: Zur Tiefenzeit des technischen Hörens und Sehens*, Reinbek bei Hamburg: Rowohlt Taschenbuch Verlag. (=2008, Gloria Custance trans., *Deep Time of the Media: Toward an Archaeology of Hearing and Seeing by Technical Means*, Cambridge, MA: MIT Press.)

2003

Sterne, Jonathan, *The Audible Past: Cultural Origins of Sound Reproduction*, Durham: Duke University Press. (=2015, 中川克志・金子智太郎・谷口文和訳『聞こえくる過去——音響再生産の文化的起源』インスクリプト.)

2004

Galloway, Alexander R., *Protocol: How Control Exists after Decentralization*, Cambridge: MIT Press. (=2017, 北野圭介訳『プロトコル——脱中心化以後のコントロールはいかに作動するのか』人文書院.)

Hansen, Mark B. N., *New Philosophy for a New Media*, Cambridge, MA: MIT Press.

Liu, Alan, *The Laws of Cool: Knowledge Work and the Culture of Information*, Chicago, IL: University of Chicago Press.

2005

Hayles, N. Katherine, *My Mother Was a Computer: Digital Subjects and Literary Texts*, Chicago, IL: University of Chicago Press.

Juul, Jesper, *Half-real: Video Games between Real Rules and Fictional Worlds*, Cambridge, MA: MIT Press. (=2016, 松永伸司訳『ハーフリアル』ニューゲームズオーダー.)

Latour, Bruno, *Reassembling the Social: An Introduction to Actor-Network-Theory*, Oxford: Oxford University Press (=2019, 伊藤嘉高訳『社会的なものを組み直す——アクターネットワーク理論入門』法政大学出版局.)

Parks, Lisa, *Cultures in Orbit: Satellites and the Televisual*, Durham: Duke University Press.

2006

Bernard, Andreas, *Die Geschichte des Fahrstuhls: Über einen beweglichen Ort der Moderne*, Frankfurt am Main: S. Fischer Verlag. (=2016, 井上周平・井上みどり訳『金持ちは、なぜ高いところに住むのか——近代都市はエレベーターが作った』柏書房.)

Friedberg, Anne, *The Virtual Window: From Alberti to Microsoft*, Cambridge, MA: MIT Press. (=2012, 井原慶一郎・宗　洋訳『ヴァーチャル・ウィンドウ——アルベルティからマイクロソフトまで』産業図書.)

Gitelman, Lisa, *Always Already New: Media, History, and the Data of Culture*, Cambridge, MA: MIT Press.

Jenkins, Henry, *Convergence Culture: Where Old and New Media Collide*, New York: New York University Press. (=2021, 渡部宏樹・北村紗衣・阿部康人訳『コンヴァージェンス・カルチャー——ファンとメディアがつくる参加型文化』晶文社.)

Levinson, Marc, *The Box: How the Shipping Container Made the World Smaller and the World Economy Bigger*, Princeton, NJ: Princeton University Press.(=2007, 村井章子訳『コンテナ物語——世界を変えたのは「箱」の発明だった』日経BP社.)

Mulvey, Laura, *Death 24x a Second: Stillness and the Moving Image*, London: Reaktion Books.

2008

Kirschenbaum, Matthew, *Mechanisms: New Media and the Forensic Imagination*, Cambridge, MA: MIT Press.

Krämer, Syille, *Medium, Bote, Übertragung: Kleine Metaphysik der Medialität*, Frankfurt am Main: Suhrkamp.(=2014, 宇和川　雄・勝山紘子・川島　隆・永畑紗織訳『メディア，使者，伝達作用──メディア性の「形而上学」の試み』晃洋書房。)

Larkin, Brian, *Signal and Noise: Media, Infrastructure, and Urban Culture in Nigeria*, Durham: Duke University Press.

2009

LaMarre, Thomas, *The Anime Machine: A Media Theory of Animation*, Minneapolis, MN: University of Minnesota Press. (=2013, 藤木秀朗監訳・大﨑晴美訳『アニメ・マシーン──グローバル・メディアとしての日本アニメーション』名古屋大学出版会。)

Montfort, Nick and Ian Bogost, *Racing the Beam: The Atari Video Computer System*, Cambridge, MA: MIT Press.

2010

Blair, Ann, M., *Too Much to Know: Managing Scholarly Information before the Modern Age*, New Heaven, CT: Yale University Press. (=2018, 住本規子・廣田篤彦・正岡和恵訳『情報爆発──初期近代ヨーロッパの情報管理術』中央公論新社。)

Mitchell, W. J. T. and Mark B. N. Hansen eds., *Critical Terms for Media Studies*, Chicago, IL: University of Chicago Press.

2011

Chun, Wendy Hui Kyong, *Programmed Visions: Software and Memory*, Cambridge, MA: MIT Press.

Pariser, Eli, *The Filter Bubble: What the Internet Is Hiding from You*, New York: Penguin Press. (=2016, 井口耕二訳『フィルターバブル──インターネットが隠していること』早川書房。)

Vaidhyanathan, Siva, *The Googlization of Everything: (And Why We should Worry)*, Berkeley, CA: University of California Press. (=2012, 久保儀明訳『グーグル化の見えざる代償──ウェブ・書籍・知識・記憶の変容』インプレスジャパン。)

2012

Fuller, Matthew and Andrew Goffey, *Evil Media*, Cambridge, MA: MIT Press.

Parikka, Jussi, *What is Media Archaeology?*, Cambridge: Polity Press.

Steinberg, Marc, *Anime's Media Mix: Franchising Toys and Characters in Japan*, Minneapolis, MN: University of Minnesota Press. (=2015, 中川　譲訳『なぜ日本は〈メディアミックスする国〉なのか』KADOKAWA。)

Sterne, Jonathan, *MP3: The Meaning of a Format*, Durham: Duke University Press.

2013

Crary, Jonathan, *24/7: Late Capitalism and the Ends of Sleep*, London: Verso. (=2015, 岡田温司監訳・石谷治寛訳『24/7──眠らない社会』NTT 出版。)

Ernst, Wolfgang, *Digital Memory and the Archive*, Minneapolis, MN: University of Minnesota Press.

Manovich, Lev, *Software Takes Command*, New York: Bloomsbury.

Nye, David E., *America's Assembly Line*, Cambridge, MA; London: MIT Press.

2014

Gitelman, Lisa, *Paper Knowledge: Toward a Media History of Documents*, Durham: Duke University Press.

2015

Franklin, Seb, *Control: Digitality as Cultural Logic*, Cambridge, MA: MIT Press.

Parikka, Jussi, *A Geology of Media*, Minneapolis, MN: University of Minnesota Press.

Parks, Lisa and Nicole Starosielski eds., *Signal Traffic: Critical Studies of Media Infrastructures*, Urbana, IL: University of Illinois Press.

Peters, John Durham, *The Marvelous Clouds: Toward a Philosophy of Elemental Media*, Chicago, IL: University of Chicago Press.

Siegert, Bernhard, *Cultural Techniques: Grids, Filters, Doors, and Other Articulations of the Real*, trans. Geoffrey Winthrop-Young, New York: Fordham University Press.

Starosielski, Nicole, *The Undersea Network*, Durham: Duke University Press.

2016

O'Neil, Cathy, *Weapons of Math Destruction: How Big Data Increases Inequality and Threatens Democracy*, New York: Crown.（=2018, 久保尚子訳『あなたを支配し、社会を破壊する、AI・ビッグデータの罠』インターシフト.）

Rossiter, Ned, *Software, Infrastructure, Labor: A Media Theory of Logistical Nightmares*, New York: Routledge.

2017

Cheney-Lippold, John, *We are Data: Algorithms and the Making of Our Digital Selves*, New York: New York University Press.（=2018, 高取芳彦・武邑光裕訳『WE ARE DATA──アルゴリズムが「私」を決める』日経BP社.）

Cubitt, Sean, *Finite Media: Environmental Implications of Digital Technologies*, Durham: Duke University Press.

Morley, David, *Communications and Mobility: The Migrant, the Mobile Phone, and the Container Box*, Hoboken, NJ: Wiley Blackwell.

Mullaney, Thomas, *The Chinese Typewriter: A History*, Cambridge, MA: MIT Press.（=2021, 比護 遙訳『チャイニーズ・タイプライター──漢字と技術の近代史』中央公論新社.）

Srnicek, Nick, *Platform Capitalism*, Cambridge: Polity.

2018

LaMarre, Thomas, *The Anime Ecology: A Genealogy of Television, Animation, and Game Media*, Minneapolis, MN: University of Minnesota Press.

Muller, Jerry Z., *The Tyranny of Metrics*, Princeton, NJ: Priceton University Press.（=2019, 松本 裕訳『測りすぎ──なぜパフォーマンス評価は失敗するのか？』みすず書房.）

Parisi, David, *Archaeologies of Touch: Interfacing with Haptics from Electricity to Computing*, Minneapolis, MN: University of Minnesota Press.

Parks, Lisa, *Rethinking Media Coverage: Vertical Mediation and the War on Terror*, New York: Routledge.

2019

Lobato, Ramon, *Netflix Nations: The Geography of Digital Distribution*, New York: New York University Press.

Steinberg, Marc, *The Platform Economy: How Japan Transformed the Consumer Internet*, Minneapolis, MN: University of Minnesota Press.

2020

Marino, Mark C., *Critical Code Studies*, Cambridge, MA: MIT Press.

2021

Robertson, Craig, *The Filing Cabinet: A Vertical History of Information*, Minneapolis, MN: Universtiy of Minnesota Press.

事項索引

人名索引

執筆者紹介（* は編者）

梅田 拓也*（ウメダ タクヤ）
同志社女子大学学芸学部
メディア創造学科助教
担当：はじめに，第 1 章，本書関連ブックリスト

近藤 和都*（コンドウ カズト）
大東文化大学社会学部専任講師
担当：はじめに，第 9 章，本書関連ブックリスト

新倉 貴仁*（ニイクラ タカヒト）
成城大学文芸学部
マスコミュニケーション学科准教授
担当：はじめに，第 14 章，本書関連ブックリスト

辻井 敦大（ツジイ アツヒロ）
立命館大学衣笠総合研究機構専門研究員
担当：第 2 章

遠藤 みゆき（エンドウ ミユキ）
東京都写真美術館学芸員（映像部門）
担当：第 3 章

松井 広志（マツイ ヒロシ）
愛知淑徳大学創造表現学部准教授
担当：第 4 章

日高 良祐（ヒダカ リョウスケ）
東京都立大学システムデザイン研究科インダストリアルアート学域助教
担当：第 5 章

トマゾ・バルベッタ
（Tommaso Barbetta）
東京大学大学院学際情報学府
博士後期課程
担当：第 6 章

永田 大輔（ナガタ ダイスケ）
明星大学・二松学舎大学・東京工科大学・日本体育大学等非常勤講師
担当：第 7 章

大久保 遼（オオクボ リョウ）
明治学院大学社会学部准教授
担当：第 8 章

松山 秀明（マツヤマ ヒデアキ）
関西大学社会学部准教授
担当：第 10 章

太田 美奈子（オオタ ミナコ）
新潟大学人文学部助教
担当：第 11 章

飯田 豊（イイダ ユタカ）
立命館大学産業社会学部准教授
担当：第 12 章

林 凌（ハヤシ リョウ）
独立行政法人日本学術振興会特別研究員
担当：第 13 章

［シリーズ］メディアの未来⓮

技術と文化のメディア論

2021 年 11 月 30 日　　初版第 1 刷発行

編著者　梅田拓也
　　　　近藤和都
　　　　新倉貴仁
発行者　中西　良
発行所　株式会社ナカニシヤ出版
☎ 606-8161　京都市左京区一乗寺木ノ本町 15 番地
　　　　　　　Telephone　075-723-0111
　　　　　　　Facsimile　075-723-0095
　　　Website　http://www.nakanishiya.co.jp/
　　　Email　iihon-ippai@nakanishiya.co.jp
　　　　　　　郵便振替　01030-0-13128

印刷・製本＝ファインワークス／装幀＝白沢　正
Copyright © 2021 by T. Umeda, K. Kondo, & T. Niikura
Printed in Japan.
ISBN978-4-7795-1482-1

本書のコピー，スキャン，デジタル化等の無断複製は著作権法上の例外を除き禁じられています。本書を代行業者の第三者に
依頼してスキャンやデジタル化することはたとえ個人や家庭内の利用であっても著作権法上認められていません。